语言生活皮书

上海语言生活状况报告

（2022）

张日培　赵蓉晖　主编

创于1897　商务印书馆　The Commercial Press

编写说明

　　《上海语言生活状况报告》是反映上海语言生活状况的地方语言生活绿皮书。通过各种调查报告，介绍语言使用状况、透视重要语言事件、探讨热点语言问题、记述城市语言规划，旨在服务、引导上海语言生活健康发展，提升上海语言生活治理能力，助力上海打造全球卓越城市的发展愿景。

　　《上海语言生活状况报告（2022）》由教育部语言文字信息管理司指导，上海市语言文字工作委员会办公室组编，国家语委科研机构国家语言文字政策研究中心（上海市教育科学研究院）和中国外语战略研究中心（上海外国语大学）共同执行，依托上海多所高校语言学术力量共同编制。

　　各调研项目组为本报告编撰做出了贡献，有关专家为本报告编撰提出了重要学术指导意见，相关出版单位给予了支持与关心。本报告也是上海市教育科学研究 2021 年度一般项目"城市语言规划视角下上海市语言文字监测与评估体系构建研究"（C2021204）、国家语委"十三五"科研规划 2019 年度中心项目"智能时代的公共语言服务需求与资源建设研究"（ZDI135-108）、国家语委"十三五"科研规划 2020 年度中青班项目"应急语言服务中人机协作的多语交际研究"（ZDI135-137）、国家语委"十三五"科研规划 2022 年度中青班项目"上海语文现代化资料整理与研究（1892—1949）"、上海市人大常委会办公厅委托项目"上海市国际交往语言环境建设立法调研"、教育部语用司委托项目"城市公共场所语言文字使用调查"的成果之一。在此特致谢忱！

编　者

目　录

总述：2019年以来的上海语言生活状况

作为社会生活的反映，上海这座国际化特大型城市的语言生活，始终与城市建设和经济社会的发展共生共变；作为语言规划的治理对象，上海这座中国第一大经济城市的语言生活，始终在国家语言政策、城市语言规划、社会语言意识的共同作用下不断演进。2019年以来的上海语言生活，是在"开放、创新、包容"城市品格指引下的传承，也有着特定历史阶段的新变化、新发展和新特点。

一　语言文字工作进入新阶段

2019年以来，上海语言文字工作深入贯彻党和国家关于新时代语言文字工作的要求和部署，紧密结合上海语言生活实际，全面推进国家通用语言文字推广普及、语言文字规范化监督管理、城市和谐语言生活构建、中华优秀语言文化传承弘扬等各项工作，隆重庆祝新中国成立70周年和中国共产党成立100周年，成功承办第22届全国推广普通话宣传周开幕式暨庆祝中华人民共和国成立70周年经典诵读展示活动，成功举办"党的语言文字事业百年光辉历程"上海巡展暨"党的语言文字事业在上海"展，取得重要成绩。

2019年以来的上海语言文字工作进入新阶段有三大标志性事件。一是市政府办公厅于2021年3月首次印发对语言文字工作进行全面规划的指导性文件《上海市人民政府办公厅关于本市全面加强新时代语言文字工作的实施意见》（以下简称《实施意见》），深入贯彻落实全国语言文字会议精神，提出到2025年和2035年的发展目标，就全面提升国家通用语言文字普及水平、语言文字规范水平、语言文字服务水平、语言文化铸魂育人水平和语言文字治理水平做出具体部署，标志着上海语言文字工作进入了高质量发展的新阶段。二是2021年4月召开的全市语言文字会议，出席范围覆盖市语委各委员单位、各区人民政府和在沪各高校，参会人员规模达到空前的600多人，会议传达全国语言文字会议精神、部署《实施意见》的贯彻落实工作，标志着"行业部门各司其职、地区政府属地管理、高等院校智力支持"的工作格局进一步形成。三是市教委于2019年成立"教材和语言文字管理处",进一步加强语言文字职能机构和人员队伍建设,并主动对接国家当前的重点关注方向,将国家通用语言文字推广普及和"三科"统编教材推行结合起来同谋划、同部署、同推进;同时,依托在沪国家语委研究基地建设语言文字智库,支持语言文字类社会团体和专业媒体在语言文字工作中更好发挥作用,依托高校等有关单位新建一批国家级和市级语言文字推广基地,标志着"政府发挥主导作用、研究基地提供决策支持、推广基地助力决策实施、社会力量积极参与、专业媒体宣传引导"的城市语言治理体系日臻完善。

二 国家通用语言文字高水平普及

国家通用语言文字普及状况是考察语言生活的重要甚至首要指标。2017年以来,教育部、国家语委在全国范围内以县域为单位开展普通话普及情况普查,并于2020年发布调查结果数据,宣告全国普通话平均普及率达到80.72%,实现了"普通话基本普及"的目标。其中,认定上海的普通话普及率为89.44%。此次调查,抽样范围覆盖城乡,抽样实施通过公安部门的户籍管理系统进行,以调查员参照普通话水平测试标准对调查对象普通话能力的判定为依据,与以往上海自己开展的相关调查相比,过程控制更为严格。21世纪以来,市语委、市统计局及相关重大课题组等开展过一系列普通话普及率调查,以"考察日常交际中的语言障碍问题是否解决"为目标,采取随机抽样方式,以调查对象自述"是否会说普通话"或"是否遇到过普通话交流方面的障碍"为依据,结果数据比此次调查还要高出几个百分点。

总体而言,上海的国家通用语言文字普及处于较高水平,日常交际中的方言障碍基本消除。同时,也还需要加强调查研究,结合最新的人口普查数据[1],锁定尚不具备普通话能力的约10%人口,或加强培训,或提供对其来说不存在交际障碍的语言服务,分类施策、精准施策,努力解决好特大城市运转中的语

---

[1] 2021年5月上海公布的第七次人口普查数据主要有:全市常住人口为24 870 895人,其中外省市来沪常住人口为10 479 652人,占比42.1%。0~14岁人口为243.63万人,占比9.8%;15~59岁人口为1661.91万人,占比66.8%;60岁及以上人口为581.55万人,占比23.4%。居住在城镇的人口为2220.94万人,占比89.3%;居住在乡村的人口为266.15万人,占比10.7%。

言问题。此外，更需要准确把握上海语言生活的宏观态势，推动国家通用语言文字工作从"普及"向"提高"转型，从普及率的提高向普及质量的提升转型。

三　语用规范监测管理力度进一步加大

语言文字应用规范水平关乎语言文字交际功能的有效发挥和信息无障碍社会的完善构建，关乎社会文明程度和城市文明形象的提升，是评价语言生活质量、语言环境优劣的重要指标。促进语言文字应用规范，是语言规划的初心使命。开展对语言文字应用的实时监测，及时发现问题，及时针对问题加强培训和纠正，是改革开放以来上海推进语言规范建设的主要路径。从定期集中监测到不定期动态监测，从明查到明查暗访相结合，从重点区域和场所监测到全域性语言景观监测，从组织专家监测到社会志愿者广泛参与监测，从中文使用规范监测到外文译写规范监测，监测管理的机制日益完善、内容不断深化。2019年以来，相关工作力度进一步加大。2019 年 10 月，市语委、市文明办联合成立市语言文字志愿服务总队，主要负责对全市主要公共场所语言景观的语言文字规范化进行监测。2021 年，市语委根据《实施意见》的要求，启动"语言文字规范监测通报专项行动"，组织项目组，根据监测对象和范围全市统一、监测数据采集方法全市统一、差错认定标准全市统一、市级统一组织实施的"四统一"原则，对全市 16 个区的政务、媒体、文化旅游窗口单位及公益广告的语言文字应用规范化水平进行量化测评，结果显示：各区政府公文、政府网站要闻、官方微信公众号的规范水平较高，区报的规范水平仍有提升空间，行政服务中心、图书馆、公园及公益广告中的中文使用总体规范，但英文译写不规范问题仍显突出。

上海的《咬文嚼字》杂志受市语委委托，连续开展出版物和新闻媒体语言文字规范监测，3 年来累计监测了 20 种图书、20 种报纸、20 种期刊、30 种教材教辅的语言文字规范情况，测查总字数达 960 万，结果显示：根据出版物编校质量检测标准[①]，图书、期刊、报纸的合格率分别为 89%、85% 和 85%，规范水平总体较高。同时，继续发布"年度十大语文差错"，3 年来，从"新冠"等的读音错误，到形近字、音同字的误用，再到"差强人意"等词语的色彩误用

---

① 图书差错率在 1‰ 以内，期刊差错率在 2‰ 以内，报纸差错率在 3‰ 以内。

等，分析差错性质，指出正确用法，对社会语用"匡谬正俗"。尽管这些差错不完全发生在上海，但对上海的语言文字规范化建设具有重要意义。

2019 年以来，国家对语用文明问题愈发关注和重视，上海的市场管理部门依法对广告中的不文明用语做出处罚。典型案例如：2020 年 9 月 25 日，市市场监管局认定两则使用了"白嫖"的微信公众号广告违反了《中华人民共和国广告法》第九条第（七）项规定，"发布广告妨碍社会公共秩序或者违背社会良好风尚"，分别做出责令停止发布，罚款 25 万元和 30 万元的处罚决定[①]；2021 年 11 月 12 日，长宁区市场监管局认定"渣男土豆"的菜品广告立牌也违反了《中华人民共和国广告法》第九条第（七）项规定，并做出罚款 2 万元、责令整改的处罚决定。

四　无障碍语言服务取得重要新进展

面向残疾人、老年人等特殊人群的无障碍语言服务体现着城市的温度。上海从 20 世纪 80 年代起就开始建设无障碍环境，2003 年在全国率先发布《上海市无障碍设施建设和使用管理办法》（以下简称《无障碍办法》）后，以 2007 年国际特奥会、2010 年世博会等为契机，无障碍环境建设取得快速发展。2019 年以来的重要新进展集中体现为对《无障碍办法》的修订和重新发布。2021 年 3 月 12 日颁布、6 月 1 日起施行的新《无障碍办法》内容大大扩增，从老办法的 19 条增加至 51 条，就"无障碍信息传播与交流"特设一章，对公共信息无障碍、影视无障碍、阅读无障碍、网站及移动终端应用无障碍、紧急呼叫与热线服务无障碍、公共活动信息交流服务无障碍等做出明确而具体的规定，同时在"无障碍社会服务"专章下就选举活动、考试活动、政务服务、文化旅游服务、公共服务、医疗卫生服务、教育教学服务、公共交通服务、智能信息服务、应急避难服务中的无障碍建设提出明确而具体的要求。全篇至少 7 次提到"手语翻译服务"、4 次提到"盲文"、6 次提到为残疾人和老年人提供"语音（播报）"等服务。

除了政策法规，实践层面的无障碍语言服务举措主要包括 5 个方面。一是大力宣传推广国家通用手语和国家通用盲文。中国残联、教育部、国家语委 2018 年联合发布《国家通用手语常用词表》和《国家通用盲文方案》后，上海

---

① 参见：https://www.aisoutu.com/a/357272。

市残联、聋协、盲协以及上海大学中国手语及聋人研究中心、本市各聋校和市盲童学校等举办大量培训班，并在日常教育教学中全面推行国家通用手语和国家通用盲文。二是 2019 年在 12345 政务服务便民热线（以下简称"12345 热线"）开通手语视频服务，2020 年在新冠疫情防控新闻发布会上配备同步手语翻译，都在全国开风气之先。三是积极推广全程提供手语服务的"助聋门诊"，2018 年市残联和团市委在区级医院启动"问诊手语翻译服务"试点工作，到 2021 年底，全市开设助聋门诊的医院已达 10 家。四是以"国际残疾人日"等为契机，深入开展助聋、助盲公益服务活动。五是大力推进政务公共服务网站无障碍建设，"一网通办"等政府网站纷纷推出无障碍版和长者版。2019 年 3 月中国互联网协会发布的《上海市政务公共服务网站无障碍建设情况报告（一季度）》[①] 显示，在 18 个各级政府门户网站中，有 17 个政府门户网站开展了无障碍建设工作，门户网站的无障碍建设比例达到 94.44%；在各级政府党政机关 42 个网站中，有 38 个网站开展了无障碍相关工作，建设比例为 90.48%。当然，各级人民政府门户网站及政务公共服务网站无障碍版的可感知性、可操作性、可理解性和第三方辅助工具兼容性仍需进一步提升，各类读屏软件的读图功能还有待开发。

五　方言文化传承热度不减

自 21 世纪初曲艺界和方言学界提出相关话题，到 2009 年前后在上海社会形成全民性的热点，及至 2019 年以来，"上海方言文化传承"仍是上海社会语言意识的主要敏感点。

曲艺界热心人士继续在每年的"两会"上提交关于"保护传承上海话"的提案或建议，媒体、社会文化机构等面向学前儿童的上海话传习活动不胜枚举。短视频成为上海方言文化传播的人气手段，上海话短视频获得了广泛的传播，一系列上海话抖音博主"出圈"，还有一些抖音博主经常发布崇明话、奉贤话、嘉定话等郊区方言短视频。2022 年 5 月，"我是云南的，云南怒江的"说唱短视频火爆全网，引发全国范围内家乡话大展示，上海的博主们也纷纷上场，展示的家乡话不仅包括市区的"上海闲话"，还几乎覆盖了各郊区方言。

政府部门积极回应社会诉求，因势利导，顺势而为，大力宣传"主体多样"

---

① 参见：http://wza.people.com.cn/wza2013/a/zhuanti/dcbg/201903/shanghai/。

的国家语言文字方针政策，积极传播语言资源理念，着力推进方言文化传承的公共设施和基础工程建设。市语委、市教委依托上海大学上海文化展览馆建设的上海方言文化展示体验馆于2020年10月开馆，该馆运用现代技术手段，介绍展示上海方言随上海城市开埠和发展的历史源流、上海语言资源有声数据库采录的语言数据，深入浅出地介绍上海方言的语音特点、词汇系统以及特有的表达方式、话语内涵、语言典故，同时通过模拟会话、趣味测试等方式，与参观者交流互动，让参观者深入体验上海话的独特魅力。市方志办组织，复旦大学、上海大学等高校知名学者主持编纂的《上海市志·民俗·方言分志·方言卷（1978—2010）》于2021年12月出版。

当前，短视频和相关媒体节目中能说流利、"标准"上海话的学前儿童正逐渐增多。这说明"上海话热"形成十多年来，上海的社会语言意识乃至语言生态已悄然发生变化，年轻的家长们在与孩子的日常交流中不再排斥上海话，在送孩子学拼音、学普通话主持朗诵、学英语的同时，也支持鼓励孩子参加各种上海话传习活动。社会意识的觉醒、社会热情的迸发，对减缓因经济社会发展、人员流动加剧而人力难以阻挡的方言衰微，促进方言的代际传承，具有积极意义，作用也较为明显。

六　国际化语言环境建设有进步也还有短板

2019年以来，上海的经济总量跃居全球城市第六位，首次跻身"全球金融中心指数（GFCI 28）"、《新华-波罗的海国际航运中心发展指数报告（2020）》两个排名前三[①]，累计设立跨国公司地区总部已达831家、外资研发中心已达506家[②]，常住外国人口逾17万、居全国之首，国际化程度进一步加深。上海面向国际化需求的城市语言环境建设从21世纪初就已起步，20多年来取得不少成效，如以迎办亚太经合组织领导人峰会、世博会等为契机的市民普通话和英语双语学习活动，世博会、进博会等重大国际活动中的多语种志愿者及翻译服务，公共场所英文译写规范管理，地方性法规、规章的对外翻译，市区两级政府网站的外文版建设，962288上海对外信息服务热线及12345热线多语种外语坐席的设立，外宣外贸公共翻译基地的建设，等等。此外，随着英语教育的普

① 参见：https://baike.baidu.com/item/2020年上海十大新闻/55670265?fr=aladdin。
② 参见：https://baijiahao.baidu.com/s?id=1720665016688461379&wfr=spider&for=pc。

及，英孚教育的英语熟练度指标调查早在 2014 年就发布报告称，上海的英语水平已超过香港；而基础教育阶段除英语以外的多语种外语教育也已覆盖了 85 所中小学、17 个语种，高校的外语专业开设已近 50 个语种。

然而，城市生活中的外语障碍问题仍然存在，特别在 2019 年以来的垃圾分类推行和新冠疫情防控中集中凸显出来。上海采取一系列措施努力增加公共外语信息供给，如市外办网站和微信公众号以中、英、法、日、韩 5 种语言推送上海防疫情况媒体发布稿，上海日报社的微信公众号"上海日报 SHINE"和上海广播电视台的微信公众号"上海外语频道 ICS"以英文推送疫情相关信息，12345 热线的外语坐席增至 7 个语种，等等。但也还存在短板，如 2019 年推行垃圾分类，据调查，作为一项面向全民而内容复杂的重要治理举措，在沪外国人有的还不知晓，有的讲不清楚垃圾分类的具体规则，能够全面了解和掌握分类规则的外国人要么中文交流没有障碍，要么通过本国人交流群等非正式渠道获得有用信息，官方外语信息资源供给的数量和可达性都还存在不少问题。又如 2020 年初的新冠疫情防控，外国人居住集中的社区在宣传执行防控规定方面遇到突出的语言沟通问题，市有关部门紧急调配外语服务志愿者下社区提供服务，市区两级外事部门组织力量翻译了一批疫情防控规定，但远不能满足需求，各相关社区只能各显神通，联系请求有关高校的外语专业师生帮助翻译涉及多语种的疫情防控规定或在线提供相关翻译服务，建立有效应对重大突发事件的应急外语服务机制迫在眉睫。在 2022 年的新一轮疫情中，在沪 17 所高校联合发起开展主题为"语言大白守'沪'行动"的外语志愿者公益服务活动，发动各语种外语专业人士在线注册成为志愿者，为在沪外籍人士和社区防疫工作人员提供无接触式的"云端"多语种即时应急翻译服务，帮助他们解决疫情特殊时期不同语言文化相互交流沟通中的语言难题，做出了积极有益的探索，其实践情况及成效我们将持续关注。

总体而言，在基本解决了国内人员流动带来的方言障碍问题后，国际人员流动带来的外语障碍问题，成为当前上海的重点关切。上海在外语服务供给侧方面已经做了很多工作，但在有效触达需求侧、帮助需求侧解决实际问题方面，还存在明显不足。如"一网通办"的外语版只能提供信息服务而无法在线办事，12345、962288 热线在常住外国人中的知晓率、使用率很低。上海有关部门已经意识到这些方面的短板，并努力推动这些问题的解决。2021 年 9 月，市人大外事委召开咨询座谈会，专题研究通过立法推动国际交往语言环境建设的问题。

2021年11月26日，北京市人大常委会率先颁布《北京市国际交往语言环境建设条例》，上海的相关立法调研工作也进一步提上了议事日程。

七 民生热点激发话语创造与传播

城市建设治理的新理念、城市功能的新发展推动着上海的话语创新。2019年以来，上海先后印发《中共上海市委关于深入贯彻落实"人民城市人民建，人民城市为人民"重要理念，谱写新时代人民城市新篇章的意见》《中共上海市委关于厚植城市精神彰显城市品格全面提升上海城市软实力的意见》《上海市国民经济和社会发展第十四个五年规划和二○三五年远景目标纲要》等重要文件，"人民城市""具有世界影响力的社会主义现代化国际大都市""红色基因、海派魅力、江南风韵的国际文化大都市""四大功能""五个中心""四大品牌""五型经济""建筑可阅读""让每个孩子都享有公平而有质量的教育"等话语凝神聚力。

围绕民生热点的话语创造及"出圈"传播折射出上海市民的积极心态。流行语记录社会变迁、折射大众心态、反映热点事件，随着信息技术和现代传媒的发展，流行语的传播突破了时空界限，很多流行语没有鲜明的地域痕迹。2019年以来，中国社会产生大量流行语，如"逆行者、复工复产、直播带货、网课、996、凡尔赛、硬核"等，上海民众参与建构与传播，但都没有明显的上海地域色彩。唯独2019年中国媒体十大流行语之一的"垃圾分类"，源自上海，全国"热搜"。2019年1月31日市第十五届人民代表大会第二次会议通过的《上海市生活垃圾管理条例》（以下简称《条例》）被称为"史上最严"。《条例》将生活垃圾分为干垃圾、湿垃圾、可回收垃圾和有害垃圾4类，每一类中涉及的项目繁多，特别是"干垃圾"和"湿垃圾"所指的并不是字面含义，需要了解具体的分类规定才能正确区分。为推动垃圾分类有效实施，随着《条例》的正式发布，上海各大媒体不断加大宣传力度，各社区、单位、学校、商场、旅游景点、交通出行等场所也都设置了垃圾分类的宣传标语及设施，提醒所有在沪人员严格遵守垃圾分类政策。此外，上海还通过向居民发放垃圾分类指导手册、开发"垃圾分类查询"移动应用等举措，帮助市民尽快了解垃圾分类规则，适应垃圾管理新规。上海市民积极配合，街头巷尾热议，网络空间"热搜"，还自发编制幽默诙谐的歌谣、简洁实用的贴士、生动形象的图解等，形成全民学习垃圾分类新规的"盛景"，促进了垃圾分类新规的广泛传播。刷爆朋友圈的"你是什么垃圾"段

子和"阿拉上海宁，最近不谈股票，不谈房价，甚至连朋友也不谈……一门心思统统扑在垃圾上"等网语，反映出上海市民既投入配合又自我调侃的积极而乐观的心态；"拎得清"这个上海话词语也随之成为网络热词；"是干是湿，让猪试吃"的佩奇法则，充分体现着上海市民的幽默智慧[①]。

八　余论

近几年，上海的语言生活有着独特的时代印记，有温度，有热度，有催人奋进的力量，有诙谐快乐的体验，有对雅正的追求，也有博眼球的"擦边球"，有成绩成效，也有短板不足和问题，本报告分不同专题进行了较为深入、细致的介绍和分析。2019 年以来，上海还颁布了《关于全面推进上海城市数字化转型的意见》，获得了世界智慧城市大奖，这是观察语言生活的重要时代背景，本报告在这方面观察、思考得还很不全面、系统和深入，未来将重点关注。

（张日培）

---

① 田源、潘丹婷《垃圾分类名称引社会关注》，载《中国语言生活状况报告（2020）》，商务印书馆2020 年版。

第一部分

特 稿 篇

上海市人民政府办公厅关于本市全面加强新时代语言文字工作的实施意见（删减版）

为贯彻落实全国语言文字会议精神和《国务院办公厅关于全面加强新时代语言文字工作的意见》要求，经市政府同意，现提出本市全面加强新时代语言文字工作实施意见如下。

一 总体要求

（一）指导思想

以习近平新时代中国特色社会主义思想为指导，全面落实全国语言文字会议精神，大力推广和规范使用国家通用语言文字，科学保护和传承传播中华优秀语言文化，着力提升语言文字公共服务水平和市民语言文字应用能力，构建规范、文明、健康、和谐的社会语言生活，为上海提升城市文化软实力，推动高质量发展、创造高品质生活贡献力量。

（二）发展原则

——坚持服务大局，促进可持续发展。将语言文字工作融入立德树人、城市治理和精神文明创建，融入"五个中心"建设和"四大品牌"打造，推动语言文字工作在服务国家战略和城市形象创塑、服务各行业建设和区域功能提升的大局中深入持续发展。

——坚持巩固提高，促进高质量发展。立足高起点推进，全面提升国家通用语言文字普及质量、社会语言文字应用规范化水平、语言文字公共服务能级、中华优秀语言文化传承传播效能以及超大城市语言生活治理能力。

——坚持统筹推进，促进和谐发展。统筹推进语言规范、语言保护与语言服务，妥善处理好国家通用语言文字与方言、繁体字、外文的关系，加强社会语言文明建设，构建健康和谐的语言生活。

——坚持科研引领，促进创新发展。关注现实需求，紧盯前沿问题，加强语言研究，建设语言智库，践行技术赋能，努力增强本市语言文字工作的科学性。

（三）发展目标

到 2025 年，城区全面普及国家通用语言文字，重点领域和公共场所的中外文使用规范化水平显著提高，适应国际化城市发展需求的语言文字公共服务体系基本形成，中华优秀语言文化传承弘扬取得明显成效，语言文化在"上海文化"品牌建设中的作用更加凸显，落实和服务国家语言战略更加有力。到 2035 年，国家通用语言文字推广普及更全面、更充分，广大市民适应国际化需求的多语能力、彰显文化自信的语言文化素养全面提升，基本实现城市语言生活治理体系和治理能力现代化。

二 全面提升国家通用语言文字普及水平

（一）依法推广国家通用语言文字

加强语言文字法律法规宣传教育，纳入法治宣传教育五年规划。深入开展全国推广普通话宣传周活动，纳入各部门宣教工作职责，创新宣传方式，深化宣传内容。落实依法管理，确保国家通用语言文字作为机关公务、教育教学、新闻出版、广播影视、公共服务等的基本用语用字。

（二）加强学校国家通用语言文字教育教学

加强基础教育阶段的普通话、规范汉字和汉语拼音教学，开展中小学生国家通用语言文字能力监测与研究。推动高等学校、职业院校开设语言文字类通识课程，提高学生听说读写能力和语文素养。加强对各级各类学校校园用语用字规范的监督检查，构建良好育人环境。

（三）开展重点人群国家通用语言文字培训

将语言文字政策法规和规范标准、普通话和规范汉字使用能力纳入教师、

公务员、编辑、记者以及网络信息、公共服务、托幼保育、家政服务、广告牌匾设计制作等行业人员职业能力培训的内容。探索线上线下相结合的培训方式，完善相关培训考核机制，组建语言文字规范化培训讲师团，开发一批精品培训课程，打造一批精品培训平台。

（四）强化国家通用语言文字水平测试

依法加强普通话水平测试，确保高等学校、职业院校学生的参测率达到100%，推进教师、播音员、主持人等适龄人员的普通话达标率和持证上岗率达到100%，推进公共服务行业从业人员的普通话水平达到规定要求。依法加强汉字应用水平测试，推动相关行业人员的汉字应用水平达到国家规定的要求。开展市民国家通用语言文字能力调查与质量监测。

三　全面提升语言文字规范水平

（一）加强公共传媒和机关公文语言文字规范质量检测

定期开展对广播电视电影用语用字规范化水平，以及报纸、期刊、图书、机关公文、重要门户网站、主要政务"两微一端"等编校质量的第三方检测，督促检测不合格单位完善内控机制、提升规范质量。

（二）加强公共服务语言文字规范化水平监督监测

完善社会语言文字应用"两级政府、三级管理"体系，加大行业系统监管力度和属地管理统筹力度。定期开展对市民服务窗口、交通集散枢纽、文博会展场馆、旅游景区景点、绿化园林设施、医疗卫生机构、体育健身场所、邮电金融网点，以及地名路名标志、道路交通标志、市容环卫标志、安全设施标志等语言文字规范情况的监督监测。加强对语言文字不规范现象的依法管理。

（三）加强教材执行语言文字规范标准情况监督检查

将语言文字规范纳入教材审核和评奖的内容，定期开展对中小学校（幼儿园）、职业院校和高等学校在用各类教材（教育活动资料）贯彻执行语言文字规范标准情况的专项检查。

（四）加强语言文明建设

加强语言文明宣传教育，纳入各类精神文明创建工程，融入新时代文明实践中心建设，通过加大公益宣传力度、评选发布正能量文明用语等，营造语言使用文明诚信、积极健康的舆论氛围。加大对违反公序良俗的广告语的市场管理执法力度。加强对属地互联网站、自媒体等的管理，推动网络游戏、网络音视频、网络直播、网络文学、网络社交等主要网站平台建章立制，坚决遏阻庸俗暴戾等网络语言传播。

四　全面提升语言文字服务水平

（一）优化外语服务

提升公共信息外语服务水平，以交通、旅游、文博、体育、医疗、商业购物、休闲娱乐等行业为重点，深入贯彻实施公共服务领域外文译写国家标准。提升面向重大国际性活动、重大突发公共事件应对处置、出入境管理、国际化社区治理等的多语种外语服务水平，建设多语种外语人才资源库，设立多语种翻译专业机构，权威发布城市运转、社会治理、基础保障、公共事务等政府信息的多语种外语译文。

（二）完善手语盲文服务

推广普及国家通用手语和通用盲文，加强视障听障人士语言无障碍环境建设，完善公共服务和精神文化领域的手语盲文服务，推动重大新闻、涉及民生的政府新闻发布设立实时手语翻译。加强特殊教育学校师生国家通用手语能力培养，加大手语和盲文专业人才培养力度，开展手语翻译行业规范标准研究，完善手语翻译资格认证制度。

（三）推进领域语言服务

加强语言康复服务，发展语言康复事业，推动语言障碍研究和语言康复治疗技术开发利用。加强司法语言服务，依法保障当事人语言权利，落实法庭语言翻译，完善书面语鉴定机制，促进立法语言规范。加强流动人口语言服务，提升其就业能力，推动其融入社会。加强老年人语言服务，解决好智能化时代

老年人遇到的语言问题，为老年人提供更周全、更贴心、更直接的便利化服务。加强乡村语言服务，加大语言教育对口支援力度，开展乡村民宿经营从业人员语言能力培训，组织乡村民宿语言创意交流展示等活动，助力乡村振兴国家战略。推动长三角交通、旅游、文化、体育、医疗卫生等领域语言文字公共服务一体化，助力长三角一体化发展国家战略。

（四）夯实语言服务能力基础

深入开展语言服务、语言经济、语言产业、语言景观、语言治理等基础和应用研究，制定具有上海特色、服务上海高质量发展的语言文字发展规划。加强对上海语言资源、语言应用、语言舆情的动态监测，定期发布城市语言生活皮书，妥善应对突发语言舆情。鼓励高等学校、科研机构等开展语言文字科研，在市哲学社会科学规划、教育科研规划以及自然科学基金项目中加大对语言文字类项目的支持力度。继续推进基础教育多语种外语教学，切实加强高等学校语言学和应用语言学及相关学科建设，推动交叉学科发展，融入新文科建设，培养储备各类型语言服务人才。

（五）推进技术赋能语言服务

鼓励和引导相关企业发挥在语言智能领域的技术优势，研发国家通用语言文字和多语种外语自适应学习、机器翻译以及手语盲文服务等智能技术产品。建设语言文字规范标准检索查询系统，服务社会应用。优化少数民族教师国家通用语言文字能力远程培训网络资源，助力教育和语言文字对口支援。深入探讨面向人民美好生活需求的语言文字信息技术产品需求，积极培育语言技术产业和市场。

五　全面提升语言文化铸魂育人水平

（一）深入实施中华经典诵读工程

积极开展中华经典诵写讲活动，打造更多活动品牌，扩大活动参与范围。推动中华经典诵读课程化、信息化、艺术化、社区化，设立中华经典诵读校本课程研究实验中心，推出一批精品课程，建设一批精品教材，打造一批基地学校，纳入社区教育课程体系。搭建平台、完善机制，推动中小学校书法教育协同创新、特色发展。加大媒体传播力度，做大做强"诗书中华"等品牌节目。加大培训力度，提升教师中华语言文化素养和教学能力。

（二）大力推进全民阅读

完善指导标准，打造一批书香校园、书香社区和书香家庭。加强阅读基础研究和阅读实践指导，推动中小学生阅读习惯培养和媒介素养形成。搭建小视频、微电影、慕课等阅读推广平台，建设红色故事、海派文化等阅读基础资源，开展"青衿书苑"等阅读品牌活动，营造全民阅读社会氛围。

（三）科学保护方言文化资源

进一步加强城区和远郊区方言及口传文化保护性调查、监测、保存与研究，开展上海方言文化资源建设。丰富"上海方言文化展示体验馆"展陈内容，支持有关机构面向青少年开展社区方言文化传习、童谣传唱等活动。

（四）积极推动中华语言文化传承传播与合作交流

支持相关高等学校提升国际中文教育办学质量，建设好国际汉语教师研修基地和"一带一路"华文教育基地，加强师资队伍建设和精品教材研发。吸引海外中文教师来沪攻读学位。推动公办学校国际部加强中文教育。打造面向国际学生的中文学习多媒体课程，继续开展面向国际学生的中华语言文化品牌活动。支持相关企事业单位参与国家"全球中文学习平台"基础资源建设。推动科研激励和人才评价机制改革创新，鼓励科研成果中文首发。为在沪居留的国际人士学习中文提供服务。积极参与海外普通话水平测试中心建设。加强与港澳台地区的语言文化合作交流，打造更多语言文化活动品牌，探索语言文字科研协作机制。加强语言文字国际交流与合作，将语言文化纳入与友好城市的合作交流内容。

六 全面提升语言文字治理水平

（一）加强组织领导，健全治理体系

坚持和加强党对语言文字工作的政治领导、思想领导和组织领导。坚持和

强化政府责任，将语言文字工作纳入政府议事日程和绩效管理目标、纳入经济社会发展规划和公共财政预算、纳入教育事业发展规划和政府履行教育职责评价体系。着力加强市区两级机构队伍建设，配强、配齐市语委办工作人员，确保区教育行政部门落实语言文字工作机构和专人，帮助基层干部解决实际困难和问题。依法推动街、镇履职尽责，落实语言文字属地管理。各级财政要保证语言文字工作经费，做到专款专用。坚持和强化社会参与，在市语言文字志愿服务总队框架下，建设一批高水平专家队伍和师资队伍，依托高中学生社会实践项目建设社会语言文字应用"啄木鸟"志愿者队伍，依托高等学校外语专业建设多语种语言服务志愿者队伍。支持在沪的国家语委科研机构和语言文字推广基地建设，设立语言文字科研指导服务中心，培育一批高质量语言智库，建设好语言文字社会团体和学术团体。加强语言文字类专业媒体建设，打造一批语言政策宣传、语言规范咨询、语言文化传播等"两微"平台、视频播放平台、融媒体平台。

（二）促进部门联动，完善治理体制

坚持语委统筹、部门协同、各司其职、齐抓共管。进一步完善语委全委会制度、委员单位述职制度，依法建立语言文字工作公示公报、创建示范、表彰奖励制度，依法开展区域和行业语言文字工作督导评估，评估结果向社会公示。进一步落实语言文字依法管理，完善执法体系，开展执法检查，纳入"一网通管"，加强综合执法，推动联合执法。

（三）实施专项行动，整合治理资源

实施"重点人群语言能力培训""区域和行业语言文字规范化水平监测通报""城市语言服务资源建设""中华经典诵读"和"城市语言文字基础能力提升"五大专项行动，以此为抓手，系统整合人力、物力、智力、技术、制度等各方资源，全面落实各项重点任务。

上海市人民政府办公厅

2021 年 3 月 12 日

（本文有删减）

推动本市新时代语言文字工作
高质量发展

　　语言文字是人类文明的载体，是相互沟通理解的钥匙，蕴藏着一个民族独特的文化智慧。语言文字事业具有基础性、全局性、社会性和全民性的特点，全面加强新时代语言文字工作，对促进经济社会发展和科技进步，促进国民素质提高和美好生活建设，推动历史文化传承和国家文化软实力提升，推进社会主义现代化强国建设，具有重大意义。作为全国改革开放的排头兵、创新发展的先行者，上海应在语言文字工作方面以更高标准、更严要求全面落实全国语言文字会议精神和《国务院办公厅关于全面加强新时代语言文字工作的意见》要求。同时，作为国际化大都市，上海面临的语言需求更加迫切、语言问题更为复杂，在加快推进新时代语言文字工作的过程中，要结合上海实际，坚持需求导向、问题驱动，更好地服务于全市经济社会发展需要。

　　新中国成立以来，特别是党的十八大以来，在市委、市政府的高度重视下，本市语言文字事业成绩显著、成效突出。国家通用语言文字高水平普及，市民语言文字应用能力和语言文化素养显著提升，语言文字应用规范化水平持续提高，语言文化传承创新不断深入，语言文字监测研究与公共服务有效推进，语言文字依法管理和体制机制建设取得长足进步。同时，本市语言文字工作还存在一些短板和不足，国家通用语言文字普及质量仍需提高，社会语言文字应用不规范、不文明的现象还时有发生，语言服务能力亟待加强，语言文化资源的开发利用水平与社会影响力有待进一步提升，各级语言文字工作机构队伍与保障机制建设方面的问题还比较突出。这就要求我们全面对标对表，进而从对标到卓越，着力抓重点、强弱项、补短板，推动本市语言文字工作在新时代高起点推进、高质量发展。

一 高质量推动国家通用语言文字普及提升

语言文字作为沟通交流的工具，是经济发展、社会进步的重要保障。当前，本市国家通用语言文字普及率和普及质量，与城市发展定位仍有一定差距。要在巩固和提高普及率的基础上，加大语言文字法律法规宣传教育和实施力度，提升重点领域的普及质量。要依法加强国家通用语言文字法治宣传，将语言文字法律法规纳入普法规划的内容。要依法强化国家通用语言文字水平测试，扎实推进教师、公务员、播音员、主持人、影视话剧演员等重点岗位人员持证上岗，切实保证高等学校、职业院校学生全员参加普通话水平测试。要将语言文字政策法规和规范标准、普通话和规范汉字使用能力纳入教师、公务员、编辑、记者、媒体从业人员和公共服务领域一线工作人员的职业技能培训和职业发展考核内容。要引导扶持有关机构乃至相关企业加强国家通用语言文字教育培训的基础资源建设，创新教学与测试的方式方法，打造国家通用语言文字自适应学习智能系统、精品在线课程、数字图书、音像制品、教育游戏等，全面推动技术赋能国家通用语言文字学习推广。与此同时，要主动服务国家"推普助力乡村振兴"计划，结合大学生社会实践、结对帮扶等机制，努力把对口支援工作做得更好更有成效，在深化区域合作交流、更好服务全国中提升语言文字工作品质。

二 高质量构建规范文明和谐的城市语言环境

加强语言文字规范化建设，营造规范、文明、和谐的城市语言文字环境，对上海建设社会主义现代化国际大都市、提升城市文明形象具有重要意义。上海一贯重视语言文字规范化建设，对公共场所、新闻媒体等的国家通用语言文字应用进行常态化监测，以迎办世博会、进博会等为契机规范公共场所英文译写，制定颁行全国首个规范外文使用的省级政府规章，坚持开展学校语言文字工作达标建设，培育《咬文嚼字》《语言文字周报》等具有全国影响的语言文字媒体，在语言文字规范化长效管理方面取得了积极成效。同时，社会语言文字应用是动态变化的，用语用字不规范、不文明的现象还时有发生。为此，要研究制定区域与行业语言文字规范化水平监测指标，定期开展监测。要加强监测结果的运用，推动条块结合，落实条抓块管，不断提升各区域领域的语言文字规范化水平。要加强语言文明建设，将语言文字规范要求纳入文明城区、文明村镇、文明社区（小区）、文明行业、文明单位、文明家庭、文明校园创评指标体系和新时代文明实践中心建设。要创新形式，加强正面引导，通过编撰行业文明用语指南、定期开展正能量宣传广告语征集评选发布活动等举措，营造规范、文明、和谐的城市语言环境。

三　高质量供给语言文字公共服务

多言多语是上海城市语言生活的重要特征。根据上海建设"人民城市"和社会主义现代化国际大都市的目标，未来一个时期，上海面临的语言需求与语言问题会愈发复杂多样。为此，要不断提升上海语言服务能力，尤其是面向视听残疾人、在沪外国人、外来打工人、新上海人等特殊人群的语言服务。要完善视听残障人士语言无障碍设施建设，推动重大新闻、涉及民生的政府新闻发布统一设立实时手语翻译。要研究制定具有上海特色、服务上海高质量发展的语言资源开发建设规划、关键语种规划、语言智能发展规划和语言产业发展规划，夯实语言服务能力基础。

四　高质量传承弘扬中华优秀语言文化

语言文字是文化传承的载体和国家繁荣发展的根基。党的十八大以来，上海积极发挥语言文字对于传承发展中华优秀传统文化的独特作用，在开展中华经典诵写讲活动、实施中华经典诵读工程、策划实施《中国诗词大会》等方面取得显著成效。未来要进一步加强品牌建设，继续做大做强"中华经典诵读""诗书中华""书香校园""全民阅读"等品牌。鼓励建设富有地方特色的校园语言文字品牌项目。要创新传播方式，注重结合新技术、新场景，研发一批兼具传承性与创新性的一流语言文化智能产品与媒体平台，开发一批富藏上海语言文化资源的一流展示与体验系统，建设一批致力于培养高端国际中文人才与青年汉学家的一流研修基地与科研机构，打造一批具有国内和国际吸引力与影响力的一流语言文化国际交流品牌活动，努力营造珍视上海语言文化资源、珍爱中华优秀文化的社会氛围。

五　高质量推进语言文字治理体系与治理能力现代化

语言文字工作涉及社会方方面面，应基于全程管理、整体最优、反馈修正、全员参与的原则，不断加强组织建设、健全体制机制，提高治理水平。要进一步健全各级语委组织架构，完善各级语委议事规则，构建包括全委会制度、委员单位述职制度、重大事项报告制度等的工作制度体系。要统一和规范各区的语言文字工作机构设置方式，配齐配强人员队伍。要坚持和完善"各级党委集中统一领导下的语委统筹、各司其职、齐抓共管、条抓块管"的管理体制，将语言文字工作纳入市区两级经济社会发展和教育事业发展规划，纳入各级政府履行教育职责评价体系，纳入对各行业的执法检查与绩效考核体系，纳入"一网通办""一网通管"。要以进博会等重大活动为牵引，创新监管执法模式，提升管理实效。要加强人才培养和队伍建设，构建基于岗位与能力的培训体系，进一步提升语言文字工作人员专业化水平。要注重运用好高校、科研单位等社会力量，培育和发掘一批高水平专家、高水平师资和多语种语言文字志愿服务队伍，打造一批语言政策研究、语言政策宣传、语言规范教育、语言文化传播等科研基地与宣传平台，建设一批语言资源展示、语言应用监测服务等网络系统，扶持语言文字社会团体、学术团体和语言文字智库建设。要进一步发挥高校在语言文字工作中的引领作用，推动高校在语言文字学术研究、人才培养、文化传承、社会服务、国际交流等方面创新发展。

六　结语

我们正处于一个伟大的时代，伟大的时代需要坚实的语言文化底蕴与众志成城的决心和毅力。做好全国语言文字工作的排头兵、城市语言生活高质量发展的先行者，新时代上海语言文字事业任重道远，大有可为。

（市语委）

第二部分

工 作 篇

语言文字工作新进展

2019 年以来，上海语言文字工作全面贯彻党和国家关于新时代语言文字工作的要求和部署，紧密结合上海语言生活实际，守正创新、踔厉奋进，在国家通用语言文字推广普及、语言文字规范化监督管理、语言教育管理与调研、城市和谐语言生活构建、中华优秀语言文化传承弘扬、推普助力脱贫攻坚和乡村振兴对口支援等方面取得新进展。

一 新时代语言文字工作规划部署

2020 年 10 月召开的全国语言文字会议及会前下发的《国务院办公厅关于全面加强新时代语言文字工作的意见》为我国新时代语言文字工作举旗定向。为深入贯彻全国语言文字会议精神，上海制定颁布指导性文件，召开全市语言文字会议，对本市新时代语言文字工作做出全面规划和系统部署。

（一）制定下发新时代语言文字工作指导性文件

2021 年 3 月 12 日，市政府办公厅印发《上海市人民政府办公厅关于本市全面加强新时代语言文字工作的实施意见》（以下简称《实施意见》），明确了本市新时代语言文字工作的指导思想和发展原则，确定了 2025 年和 2035 年中长期发展目标，提出全面提升国家通用语言文字普及水平、全面提升语言文字规范水平、全面提升语言文字服务水平、全面提升语言文化铸魂育人水平、全面提升语言文字治理水平五大重点任务以及 20 项具体工作，设立了"重点人群语言能力培训""区域和行业语言文字规范化水平监测通报""城市语言服务资源建设""中华经典诵读"和"城市语言文字基础能力提升"五大专项行动。

（二）召开全市语言文字会议

2021 年 4 月 1 日，市政府召开全市语言文字会议，学习传达全国语言文字会议精神，深入解读《实施意见》的内容要求，科学研判本市语言文字工作发展形势，主动对接国家战略需求、积极关注现代化国际大都市语言生活全局，以"高起点推进，高质量发展"为主题，就国家通用语言文字推广普及、语言文字使用规范、语言资源科学保护、语言服务能力提升、语言教育体系构建、社会语言生活治理等各方面工作进行了全面部署。副市长、市语委主任陈群出席会议，并就推进本市新时代语言文字工作高质量发展发表重要讲话。市语委全体委员、上海行政区域内各高校分管校长、市相关单位负责人、各区政府分管区长、区语委全体委员、区教育局领导等600多人在主会场和分会场参加会议。会议标志着本市语言文字工作进入了新的历史阶段。

二　庆祝建党百年语言文字工作成就回顾

为庆祝建党100周年，市语委、市教委于2021年11月举办"党的语言文字事业在上海"展。展览分为中国共产党与上海早期的语文现代化运动、国家通用语言文字推广普及、语言文字规范化建设、中华优秀语言文化传承传播、语言服务国计民生、语言文字治理能力建设等6个篇章，全面系统地展示了中国共产党领导的语言文字事业100年来在上海的发展历程和显著成就，展现了语言文字事业为上海经济社会发展、城市软实力提升做出的积极贡献。同期同场，国家语委"党的语言文字事业百年光辉历程"展在上海巡展。

展览是本市教卫系统庆祝建党100周年系列活动之一，由上海市教育科学研究院、宋庆龄陵园管理处承办，选址宋庆龄陵园临展厅，于11月5日开展。截至2021年底，近1.18万人观展，市语言文字工作者协会、复旦大学、上海师范大学、市教育科学研究院、市语言文字水平测试中心、有关区语委等多批次团队结合语言文字学术活动、基层党建活动等参观学习。"学习强国"、上海教育电视台、澎湃新闻等重要学习平台和新闻媒体对展览进行了宣传报道。

三　国家通用语言文字推广普及

国家通用语言文字推广普及是语言文字工作的核心任务。3年来，上海坚持以全国推普宣传周为主要抓手不断加大国家通用语言文字宣传推广力度，以普通话和汉字应用水平培训测试为主要抓手努力提升普及质量。

（一）组织开展全国推普宣传周活动

从第 22 届到第 24 届，先后开展 3 届全国推广普通话宣传周活动。历届推普周期间，市区两级语委、各高校以及市语言文字工作者协会等群众组织，举办各类语言文字竞赛、征文、讲座、专题报告、社会咨询等群众性宣传教育活动，组织开展大量推普宣传、语言文字规范化"啄木鸟"、中华经典诵写讲展示交流等主题活动，并通过张贴宣传画和宣传标语、悬挂宣传横幅、发放宣传纪念品、在重要电视媒体滚动播放推普公益广告等，在全社会营造了浓厚的推普氛围。

（二）依法推进国家通用语言文字水平培训测试

普通话水平测试 3 年来累计测试 316 671 人次。高校、中职校学生参测人数最多，近 27 万，占比近 85%；其他参测人员还包括教师、公务员、演播人员、窗口服务行业人员和社会人员等。参测人员中，普通话水平一级的占 0.3%，二级的占 86.8%，三级的占 12.4%，不入级的占 0.5%。到 2021 年底，本市累计测试超过 200 万人次。

汉字应用水平测试 3 年来累计测试 31 028 人次。参测人员主要是高校学生和中小幼教师。参测人员中，汉字应用水平一级的占 6.3%，二级的占 42.9%，三级的占 41.1%，不入级的占 9.7%。到 2021 年底，本市已累计测试 12 万人次。

四 语言文字规范化监督管理

根据《上海市实施〈中华人民共和国国家通用语言文字法〉办法》第十七条规定，3 年来，上海坚持以"语言文字工作督导评估"和"社会语言文字应用监测"为主要工作举措，不断加大语言文字规范化监督管理力度，取得积极成效。

（一）开展区语言文字工作督导评估

2020 年 6 月和 9 月，市教委、市政府教育督导室在对静安区政府、浦东新区政府依法履行教育责任的综合督政中，除督导"城乡义务教育一体化暨优质均衡发展情况"外，还依据《上海市区县语言文字工作督导评估指标》督导了"语言文字工作推进情况"。督导发现，两区都形成了"党委领导、政府主导、语委统筹、部门支持、社会参与"的语言文字工作管理格局，有效提升了区域语言管理、语言服务能力和语言文字规范化水平，但是，在体制机制建设、条块语言文字工作均衡协同发展、社会语言文字应用规范等方面也还存在一些不足。针对督导发现的问题与不足，浦东、静安两区政府积极落实督导建议，不断开创语言文字工作新局面，以点带面，逐一突破，以示范创建推动区域语言文字工作全面提升。

（二）推进学校语言文字工作达标建设

2019 年以来，上海深入贯彻落实教育部、国家语委《关于进一步加强学校语言文字工作的意见》精神，全面推进中小幼学校和高校切实加强语言文字工作达标建设。对中小幼学校采取"学校自查、区教育局检查、市级抽查"的方式，3 年来进行了一轮全覆盖的自查、检查和抽查工作。在学校自查、区教育局检查的基础上，2019—2020 年间，市语委、市教委组织专家对全市 16 个区的 48 所中小幼学校进行了抽查，达标率 100%。对高校采取学校自查、市级抽查的方式，推动其加强语言文字工作达标建设，3 年来先后完成了对同济大学、华东理工大学、上海财经大学、上海理工大学、上海海关学院、上海音乐学院、上海海洋大学、上海农林职业技术学院、上海商学院、上海政法学院、上海民航职业技术学院、上海视觉艺术学院、复旦大学、上海工艺美术职业学院、上海健康医学院、上海电影艺术职业学院等 16 所高校的语言文字工作达标建设评估，各校均达到了合格标准。截至 2021 年底，全市各级各类学校语言文字工作已验收达标率达到 98.8%。

（三）加强语言文字应用监督监测

进一步完善市区两级监测工作机制。在各区普遍成立监测员队伍、开展常态化监测的基础上，2019 年以来着力构建市级监测工作机制，于 2019 年 10 月成立市语言文字志愿服务总队，纳入市文明办的志愿服务统一管理，专门负责对全市主要公共场所语言景观的语言文字规范化进行监测。同时，在全市范围设立了 20 所"啄木鸟"志愿服务定点高中学校，服务各自所在区的日常监测工作，各定点学校推荐高中生志愿者加入市总队，市、区、校协同开展监测。此外，鼓励全市高中生参加"啄木鸟"社会实践活动，纳入高中阶段综合评价体系。

连续开展出版物和新闻媒体语言文字规范监测。3 年间组织 20 多位语言文

字专家，累计对 20 种图书、20 种报纸、20 种期刊、30 种教材教辅的语言文字规范情况进行监测，共测查字数达 960 万。

启动语言文字规范监测专项行动。根据《实施意见》的要求，组织专家研制行动方案和监测指标，并依据指标初稿，于 2021 年下半年对全市 16 个区的政府公文、政府网站要闻、官方微信公众号、区报、行政服务中心、图书馆、公园、公益广告等 8 个领域的语言文字规范水平开展了试点监测。结果显示，政府公文、政府网站要闻、官方微信公众号的规范水平较高，区报的规范水平有待提升，行政服务中心、图书馆、公园及公益广告中的中文使用总体规范、英文译写不规范问题相对仍显突出。根据监测结果，形成全市总体监测报告和"一区一报告"，指导各区完善语言文字应用监管措施和整改机制，加强监测结果应用，抓重点、补短板，不断提升语言文字规范化水平。

五　语言教育管理与调研

语言教育是语言规划的核心路径。2019 年以来，上海大力推进中小学语文统编教材使用、着力发挥好语文课对提升学生国家通用语言文字能力的主渠道作用，同时立足于国家战略和城市发展需求，全面关注各学段涉及多语种的语言教育以及语言人才培养问题，积极探索推进语言教育体系的构建与完善。

（一）推进语文统编教材使用

根据国家统一部署，上海于 2017 年 9 月启动基础教育阶段包括语文科目在内的三科（道德与法治、语文、历史）国家统编教材使用工作。经过逐年在各学段起始年级使用统编教材，到 2021 年 9 月，小学、初中和高中三科统编教材使用如期实现全覆盖。在为期 4 年的推进过程中，上海深入领会和贯彻国家相关精神和要求，充分发挥三科统编教材落实立德树人根本任务的关键作用，以三科统编教材的配套资源建设为前提，以教材理解与高质量落地为重点，以教师队伍培训与专业发展为保障，采取一系列积极有效的措施，确保了三科统编教材使用的有序推进和高质量落地。

（二）加强语言教育调查研究

组建多个课题组，分别对本市基础教育阶段多语种外语教育状况、高校非中文专业语文教育状况、高校语言学学科建设状况、高校外语专业覆盖语种及人才培养模式、高校播音主持专业人才培养状况、国家通用盲文教育推广状况等进行了调查，开展了小学戏剧教育中的阅读体验和语言审美、汉字书写教育创新性实践、书法类课程对学生汉字习得的功能与作用、基于语文新课标的高中生阅读推进等研究，为促进本市语言教育体系的完善提供支持。

六　城市和谐语言生活构建

为充分发挥语言文字在人民城市建设中的功能、构建现代化国际大都市和谐语言生活，3 年来上海采取多项措施，努力提升社会语言生活服务引导能力。

（一）发布城市语言生活状况报告

依托在沪的国家语委研究基地——市教科院国家语言文字政策研究中心和上海外国语大学中国外语战略研究中心，基于对城市语言生活的实证调查，出版发布《上海语言生活状况报告》，记述城市语言规划、介绍语言使用状况、透视重要语言事件、探讨热点语言问题，服务、引导上海语言生活和谐健康发展，助力上海实现打造全球卓越城市的发展愿景。该报告从 2020 年起每两年出版一本，第一本于 2020 年 6 月 2 日在教育部新闻发布会上发布。

（二）加强面向特定人群的语言服务

依托上海大学国家语言文字推广基地，先后 5 批次对专兼职手语翻译、电视台手语主持、特殊学校教师、公共服务行业从业人员、各区残联工作人员、聋协骨干等共 221 人开展国家通用手语培训；建设中华经典诗词手语版资源库，编写出版《中华经典读本（手语版）》，面向聋人群体推广国家通用手语、传承弘扬中华优秀文化；建设国家通用手语学习平台和语料库，开发了 40 课时国家通用手语网络视频课程。指导上海盲童学校全面推行国家通用盲文，开展盲文信息化研究。依托开放大学等，对 3000 多名 0—3 岁托育服务从业人员开展普通话能力提升远程培训。

（三）加强语言服务调查研究

组建多个课题组，开展国际化大都市多语环境建设研究，调研垃圾分类推

行、新冠疫情防控中的外语服务需求与供给状况，调查旅游领域语言服务状况、医疗领域手语服务状况、助盲无障碍环境建设状况，为新时代语言文字工作全面推进语言服务提供决策参考。

（四）加强语言服务能力建设

支持在沪的国家语委研究基地建设，推动市教科院国家语言文字政策研究中心和上海外国语大学中国外语战略研究中心更好发挥智库功能，培育学术枢纽，为完善城市语言服务和语言生活治理体系奠定基础。指导复旦大学、同济大学、华东师范大学、上海外国语大学、上海大学、上海师范大学、上海咬文嚼字文化传播有限公司、奉贤区青少年活动中心建设好国家语言文字推广基地，为上海在高起点上宣传推广国家通用语言文字，深入实施中华经典诵读工程，加强语言文字和中华经典的研究阐释、教育传承及创新传播提供保障。指导宋庆龄陵园管理处、市语言文字水平培训测试中心建设好市级语言文字推广基地，支持《咬文嚼字》《语言文字周报》等语文类媒体建设，依托市语言文字工作者协会加强队伍建设，动员社会各方力量，共同参与城市语言生活治理。

七　中华优秀语言文化传承弘扬

3 年来，上海语言文字工作积极贯彻落实立德树人根本任务，进一步融入文化大都市建设，引导树立文化自信，更好助力市民文化素养提升。

（一）实施中华经典诵读工程

发挥学校主渠道作用，将中华经典诵读纳入学校整体教育教学活动。支持中小学中华文化经典校本课程实验中心和中华经典诵写讲基地开展中华经典诵写讲课程资源建设。加强上海经典诵读教师队伍建设，推选 200 余名中小学和幼儿园优秀教师参加国家经典诵写讲骨干教师培训和网络专项培训。指导各学校加强经典诵读和规范汉字书写教育，积极开展中华经典诵写讲社团活动。加强活动引领，每年组织开展《中国诗词大会》上海赛区面试选拔活动、留学生中国诗文诵读大会、小学生朗读大会、市民诵读节、市民诗歌节等语言文化品牌活动。2019 年以"普通话诵七十华诞，规范字书爱国情怀"为主题，承办第22 届全国推广普通话宣传周开幕式暨庆祝中华人民共和国成立 70 周年经典诵读展示活动,对中华优秀语言文化进行精彩演绎,通过丰富的艺术形式抒发了浓厚的爱国情怀,表达了对祖国最真挚的热爱和祝福。

(二)开展"书法名家进校园"活动

坚持"以文化人、提升素养"的核心理念,"点面结合、资源共享"的协同机制,将立德树人和提升学生的人文素养作为开展"书法名家进校园"活动的着力点和落脚点,先后举行6场市级书法交流展示活动,30余场书法名家交流研讨会和进校园讲座,制作5节书法家讲座视频课程。充分发挥16所首批市级"书法名家进校园活动定点学校"的引领作用,通过"点"的资源共享和辐射,带动和支撑"面"上书法教育的推进,搭建一个由学生、教师、书法教育工作者、书法家共同参与的活动平台,以提高汉字书写能力为目标,以书写实践为抓手,引导青少年学生感受汉字和书法的魅力,激发热爱汉字、学习书写的热情,全面提升汉字书写水平。

(三)举办中华经典诵写讲大赛上海赛区系列比赛

坚持以赛促学、促教、促练,每年举办中华经典诵写讲大赛上海赛区系列比赛,为全国大赛输送了许多优秀作品,涌现出一批优秀专业师资。2019年以来的3届比赛中,上海赛区共有122个诵读作品获得全国奖项,其中一等奖16个;共有90个讲解作品获得全国奖项,其中一等奖19个;共有223件书法作品获得全国奖项,其中一等奖15个;共有46件篆刻作品获得全国奖项,其中一等奖5个。

(四)推进青少年学生阅读工作

印发《关于推进青少年学生阅读工作的通知》,颁布书香校园建设指导标准,推动各级各类学校建设书香校园。指导"书香校园基地学校"建设阅读课程,完善长效阅读机制建设,通过现场会、交流推进会等形式,不断拓展书香校园建设的辐射引领作用。开展大中小学生分级阅读研究。开展学生阅读状况调查,形成《2019年中小学生课外阅读状况调查报告》《2020年中小学生阅读状况调查报告》《2020年中等职业学校学生阅读状况调查报告》。举办"读红色经典 做信仰传人——百年百书阅读行"主题活动。依托文教结合机制,利用上海书展、童书展的阅读资源,搭建学生阅读习惯养成与阅读活动全媒体宣传

推广平台，举办"青衿书苑"读书会、"七天七堂课"、"情境化读写"等品牌活动，调动学生的阅读兴趣，提升阅读素养，在校园、家庭和全社会营造浓郁的书香氛围，传承弘扬中华优秀传统文化。

（五）加强方言文化保护传承

深入贯彻落实中共中央办公厅、国务院办公厅《关于实施中华优秀传统文化传承发展工程的意见》"大力推广和规范使用国家通用语言文字，保护传承方言文化"的要求，牢固树立语言资源观。根据国家语委要求，继续推进中国语言资源保护工程建设，编制《中国语言资源集·上海》。支持出版《上海市志·民俗·方言分志·方言卷（1978—2010）》。指导市科艺中心举办"小小囡儿歌童谣展示活动"，制作幼儿上海地方语言文化慕课。支持上海大学建成上海方言文化展示体验馆，通过声光电等多模态手段，依托最新文博科技手段，生动形象地介绍上海方言随着上海城市开埠和发展的历史源流，深入浅出地介绍上海方言的语音特点、词汇系统以及特有的表达方式、话语内涵、语言典故，让参观者深入体验上海方言的独特魅力，并在体验中传习上海方言。

八　推普助力脱贫攻坚和乡村振兴对口支援

2019 年以来，上海主动承接国家语委推普助力脱贫攻坚、推普助力乡村振兴相关工作任务，努力发挥资源优势，不断加大对新疆、西藏、云南、贵州等地语言文字工作的对口支援力度，为全国范围实现国家通用语言文字基本普及做出积极贡献。

（一）支援新疆

2018—2019 年，依托华东师范大学民族地区双语教育研究中心，实施上海市教育援疆项目"新疆喀什地区泽普县少数民族教师国语教学能力提升"，得到当地的高度评价和有关部门的高度重视，创出少数民族普通话培训的"泽普模式"，在国家语委举办的多项培训中推广应用。

2019 年，与上海援疆前方指挥部、上海教育报刊总社联合组织开展援疆图书捐赠活动。结合书香校园建设工作，加强与对口支援的喀什地区 4 县的交流，支援喀什地区中小学校图书馆的建设，浦东新区、静安区、徐汇区、长宁区、杨浦区、宝山区、闵行区、松江区等8个区的百余所学校，面向师生举行爱心捐书活动，共捐赠图书超过15.6万册，为喀什地区的文化教育发展提供支持。

（二）支援西藏

根据西藏藏语委办工作需要，支援西藏藏语言文字网运维服务，续签新的5年援建协议，不断加强西藏藏语言文字网改版建设，确保安全运行。自2014年开始每年在上海举办西藏藏语文信息化培训班，2019—2021年共有100名来自西藏藏语委办（编译局）及西藏自治区相关地市、县语委办（编译局）的学员参加西藏藏语文信息化培训，进一步提升了西藏自治区藏语委系统工作人员信息化应用和管理水平，适应了西藏藏语言文字工作发展的需要。

（三）支援云南

赴云南迪庆州开展大学生推广普通话志愿服务团语言扶贫项目对接调研，摸清迪庆州所属维西县语言扶贫的需求情况，并开通华东师范大学国际汉语文化学院普通话远程培训测试系统，为进一步对症施策、落实"精准扶贫"目标打好基础。2019年援赠云南省语委《幼儿普通话365句》2.4万册。2020年设立推普助力脱贫攻坚专项，为云南省怒江州、迪庆州教育部门援赠《普通话1000句》等推普图书2.6万余册。购买科大讯飞公司的"推普脱贫攻坚"普通话学习"语言扶贫"手机APP账号，为云南地区500位教师提供1年使用权。2019—2021年连续三年举办云南省中小学教师国家通用语言文字能力提升培训班，共有350位来自云南省怒江、迪庆、德宏、红河、普洱等州、市的各族中小学教师、语言文字工作干部来到上海参加为期一周的培训，有效提升参训学员的国家通用语言文字应用能力。

（四）开展国家通用语言文字示范培训

2020年，根据国家语委统一部署，指导复旦大学、华东师范大学、上海大学等在沪国家语言文字推广基地完成对云南泸水市，新疆英吉沙县、伽师县、莎车县等4个贫困县400名教师在线示范培训任务；指导华东师大、市语测中心承办"三区三州"幼儿园种子教师在线示范培训，来自四川、云南、西藏、甘肃、青海、新疆"三区三州"深度贫困地区的700名幼儿园骨干教师接受了为期10天的培训。2021年，指导同济大学、上海外国语大学、上海师范大学

等在沪国家语言文字推广基地，对口支援云南、贵州等省乡村振兴重点帮扶县，完成 300 名教师的语言文字培训；支持上海财经大学积极服务国家语委学前儿童普通话教育"童语同音"计划师资培训，对口承担 100 名新疆和田地区少数民族幼儿园教师的普通话培训任务。

（五）举办青少年语言文化夏令营

2020 年 8 月，根据国家语委要求，指导奉贤区教育局、奉贤区国家语言文字推广基地和贵州省遵义市务川县教育局联合组织开展的"小手拉大手 学普一起秀"青少年语言文化夏令营活动，采取在线活动方式，为一到三年级学生量身定制课程资源，以奉贤区—务川县两地结对的形式，对务川县 10 所小学的 200 组学生家庭开展语言文化培训交流系列活动，通过小手拉大手，进一步推动国家通用语言文字在民族地区的推广普及。

（市语委办）

全市语言文字会议

为深入贯彻落实全国语言文字会议精神，部署推进本市新时代语言文字工作，市政府于 2021 年 4 月 1 日召开全市语言文字会议。

一　会议概况

会议设主会场和分会场。市语委全体委员、上海行政区域内各高校分管校长、市相关单位负责人等近 130 人出席主会场会议。各区政府分管区长、区语委全体委员、区教育局领导等通过视频连线在各区分会场参加会议。参会人数超过 600 人。

会议由市政府副秘书长、市语委副主任黄永平主持。会上，市语委、市教委有关负责同志传达了全国语言文字会议精神，通报了《上海市人民政府办公厅关于本市全面加强新时代语言文字工作的实施意见》（以下简称《实施意见》）的编制情况；市精神文明办、市文化和旅游局、静安区语委、华东师范大学有关负责同志做交流发言。副市长、市语委主任陈群出席会议，并就推进本市新时代语言文字工作高质量发展发表重要讲话。

会前，市政府办公厅于 3 月 12 日印发《实施意见》，这是指导本市当前和未来一个时期语言文字工作的纲领性文件。

二　会议内容

会议根据全国语言文字会议精神，在研判本市语言文字工作发展形势的基础上，以"高起点推进，高质量发展"为主题，就本市新时代语言文字工作进行了全面部署。

（一）全国语言文字会议精神学习贯彻

会议通报了全国语言文字会议情况。2020 年 10 月 13 日召开的全国语言文字会议是新中国成立以来第四次、新时代第一次全国语言文字会议，在我国语言文字事业改革发展史上具有重要意义，标志着我国语言文字事业改革发展进入了新的历史阶段。会议以习近平新时代中国特色社会主义思想为指导，全面把握中华民族伟大复兴战略全局和世界百年未有之大变局，进一步明确了语言文字事业在党和国家工作全局中的战略地位，确定了当前和今后一个时期语言文字工作的目标和任务，为新时代语言文字事业改革发展举旗定向。陈群副市长、黄永平副秘书长、市语委委员、市语委办负责同志等出席上海分会场会议。市语委在大会上以"加强语言文字法治建设和科研引领，提升现代化国际大都市语言文字规范化水平"为题做书面交流。

会议学习传达了中共中央政治局委员、国务院副总理孙春兰在全国语言文字会议上的重要讲话精神。孙春兰副总理充分肯定了语言文字事业取得的显著成就，要求充分认识新时代语言文字工作的重要意义，强调要抓紧研究制定国家语言发展规划、坚定不移推广普及国家通用语言文字、进一步完善语言文字规范标准、健全语言文字管理体系、努力提升我国语言文字的国际影响，强调要切实加强语言文字工作组织领导。

会议学习传达了《国务院办公厅关于全面加强新时代语言文字工作的意见》（以下简称《国办意见》）的主要内容。《国办意见》明确了新时代语言文字工作的指导思想、基本原则和主要目标，确定了坚定不移推广普及国家通用语言文字、加快推进语言文字规范化标准化信息化建设、切实增强国家语言文字服务能力、积极推进中华优秀语言文化传承发展、大力提升中文国际地位和影响力等新时代语言文字工作的五大任务，对新时代语言文字工作的组织保障提出了明确要求。

（二）本市新时代语言文字工作部署

会议通报了《实施意见》的主要精神和内容，就本市新时代语言文字工作的指导思想、发展原则、发展目标、五大重点任务、20 项具体工作和五大专项行动计划进行了全面部署。

会议提出本市新时代语言文字工作应坚持高起点推进。目前本市的普通话普及率已经高于国家规定的 2025 年普及目标。因此，本市新时代语言文字工作的重心，将由"量的增长"向"质的提升"转移，由"满足交际需求"向"满足精神文化需求、提高语言文字规范化水平和语言文明程度、完善语言文字公共服务、打造高品质生活"提升，由"解决好普通人群的语言问题"进一步向"解决好外国人、视听残疾人、外来打工人、新上海人等特殊人群的语言问题"

提升，由"面向国民推广普及国家通用语言文字"进一步向"面向在沪的外国人传播中文"提升，由"传统治理手段"进一步向"现代化、法治化、智能化治理手段"提升。基于这些基本判断，本市当前和未来一个时期的语言文字工作要对标国家要求查摆问题和不足，坚持高起点谋划、高起点推进。

会议提出本市新时代语言文字工作应坚持高质量发展。一是加强区域和行业语言文字应用监测。通过将重点领域纳入常态化监测，发挥学校、机关、新闻媒体、广播影视、网络信息、公共服务的示范带动作用，进一步提升全社会语言文字规范化水平，推动语言规范建设高质量发展。二是促进重点行业人员语言能力提升。教师、公务员、播音员、主持人等普通话达标率和持证上岗率达到100%，对直接面向公众服务的工作人员的普通话水平等级依法提出相应要求，将语言文字规范使用的能力和要求纳入教师、公务员、编辑、记者、托育、家政、广告牌匾设计制作等行业人员职业技能培训和职业发展考核的内容，推动语言能力建设高质量发展。三是加强社会语言服务资源建设。通过设立多语种公共信息翻译服务专业机构，建设多语种外语人才资源库、多语种外语服务志愿者队伍，推动重大新闻、涉及民生的政府新闻发布设立实时手语翻译等，促进语言服务高质量发展。四是加强语言文字科研工作。打造一批智库型科研机构，加强社会语言生活监测与研究，强化语言学和应用语言学及相关学科人才培养与学科建设，建设一批语言类交叉学科精品教材、国际中文教育精品教材等，为全面推动语言文字工作高质量发展奠定基础。

会议提出本市新时代语言文字工作应努力创新工作举措。如：将托育机构从业人员、家政服务人员等也纳入语言能力培训的重点人群，为落实"从小抓起"、提升幼儿语言能力营造条件；定期开展正能量宣传广告语征集、评选、发布活动，积极探索加强语言文明建设、构建健康和谐语言生活的有效途径；全方位推进语言服务，特别是要针对视听障碍、外来人口、老年人口、农村人口等特殊人群加强语言服务，满足人民群众的语言需求；推动长三角交通、旅游、文化、体育、医疗卫生等领域的语言文字公共服务一体化，助力长三角一体化发展国家战略；大力推进技术赋能，鼓励和引导相关企业充分发挥在语言智能领域的技术优势，研发自适应语言学习、机器翻译、手语盲文服务等智能技术产品，建设各类信息资源系统，充分运用信息化手段推进语言培训、语言服务和语言文化传承；推动中华经典诵读课程化、社区化、品牌化，开展"阅读大讲堂"活动，力争使传承弘扬中华优秀语言文化的相关工作既常做常新，又收获实效。

会议提出本市新时代语言文字工作应着力完善体制机制。要不断完善语委全委会制度、委员单位述职制度，依法建立语言文字工作公示公报、创建示范、表彰奖励制度，依法开展区域和行业语言文字工作督导评估，进一步压实各级政府及各部门工作责任，推动各部门依法主动履行语言文字工作职责。要进一步完善各级语委成员单位架构，着力加强语言文字工作机构队伍建设，进一步配强、配齐市区两级语委办工作人员，确保区教育行政部门落实语言文字工作机构和专人。

（三）有关单位工作交流

市精神文明办从将语言文字工作有机融入精神文明创建、有机融入市民修身行动、有机融入学雷锋志愿服务、有机融入未成年人思想道德建设4个方面，交流了在精神文明建设全过程各环节中将语言文字工作抓实落细的情况。

市文化和旅游局从发挥广电行业的示范引领效应、文化行业的社会宣传作用、旅游行业的窗口服务功能，让语言文字入"耳"入"心"入"情"，全面提升语言文字规范化水平和应用能力、展现上海城市精神、助力上海打造更加精彩的"世界会客厅"的角度，交流了职责范围内广电、文化和旅游3个行业的语言文字工作情况。

静安区语委从"依法履职，压实责任，推进立体管理""整合资源，借势借力，增强宣传效果""依法推进，多措并举，提升规范水平"3个方面交流了加强语言文字工作体制机制建设，提升区域语言服务和语言治理能力的情况。

华东师范大学从不断完善学校语言文字工作体制机制、努力打造语言研究与人才培养融合发展新高地、积极服务国家和上海语言文字事业发展、切实加强大学生普通话培训测试4个方面，交流了高校语言文字工作情况。

（四）陈群副市长发表重要讲话

陈群指出，新中国成立以来，特别是党的十八大以来，在市委、市政府的高度重视下，本市语言文字事业成绩显著、成效突出。国家通用语言文字高水平普及，市民语言文字应用能力和语言文化素养显著提升，语言文字应用规范化水平持续提高，语言文化传承创新不断深入，语言文字监测研究与公共服务有效推进，语言文字依法管理和体制机制建设取得长足进步。同时，本市语言文字工作还存在一些短板和不足，国家通用语言文字普及质量仍需提高，社会语言文字应用不规范、不文明的现象还时有发生，语言服务能力亟待加强，语言文化资源的开发利用水平与社会影响力有待进一步提升，各级语言文字工作机构队伍与保障机制建设方面的问题还比较突出。

陈群要求，全市语言文字战线要全面对标，从对标到卓越，着力抓重点、强弱项、补短板，推动本市语言文字工作在新时代高起点推进、高质量发展。一是要聚焦重点、高质量推动国家通用语言文字普及提升，二是要创新治理、营造文明和谐的城市语言环境，三是要优化服务、打造高品质城市语言生活，四是要创塑精品、传承弘扬中华优秀语言文化。

陈群强调，要多措并举、着力推进上海语言文字治理体系与治理能力现代化。针对市语委的成员单位组成与《国办意见》和《实施意见》规定的任务还不匹配，区级工作机构设置不统一、不规范，各领域、各区域对语言文字工作的重视程度、履责情况发展很不平衡的情况，要进一步健全语委组织架构，切实加强区语言文字工作机构建设，进一步完善语言文字依法管理体制，努力构建社会广泛参与的语言文字治理体系。

三　会议意义

本次会议是上海贯彻全国语言文字会议精神的重要举措，是指导当前和未来一段时期本市语言文字工作全面融入上海经济社会发展，融入立德树人、城市治理和精神文明创建，融入"五个中心"建设和"四大品牌"打造，更好助力国际文化大都市建设的一次重要会议。会议以党和国家关于新时代语言文字工作的要求和部署为指导，结合上海实际，深入研判本市语言文字工作面临的发展形势，深刻认识做好语言文字工作对服务上海城市能级提升、实现2035年城市发展远景目标、打造具有全球影响力的世界城市的重要意义，主动对接国家战略需求、积极关注现代化国际大都市语言生活全局，就国家通用语言文字推广普及、语言文字使用规范、语言资源科学保护、方言文化保护传承、语言服务能力提升、语言教育体系构建、社会语言生活治理等各方面工作进行了全面规划、系统部署，标志着本市语言文字工作进入了新的历史阶段。

这是本市首次通过主分会场视频连线方式召开的，出席范围覆盖领域、区域和高校，参加人员规模空前的全市性语言文字会议，会前下发的《实施意见》是本市首次以市政府办公厅名义颁布的对语言文字工作进行全面系统规划的指导性文件，在本市语言文字工作发展史上都具有标志性意义。

（市语委办）

建党百年上海语言文字事业成就展

为庆祝建党 100 周年，市语委、市教委于 2021 年 11 月举办"党的语言文字事业在上海"展，图文并茂地宣传展示百年来上海语言文字事业在党的领导下取得的成就。

一　筹办过程

展览由市教育科学研究院、宋庆龄陵园管理处承办，选址宋庆龄陵园临展厅，市语言文字工作者协会、长宁区语委参与协办。2021 年 4 月，受市教委、市语委委托，市教科院国家语言文字政策研究中心牵头组建了由语言文字、新闻出版、文化教育等领域专家共同组成的项目组。5—6 月，项目组全面梳理新民主主义革命时期党在上海领导推进语文现代化运动的情况，新中国成立以后上海语言文字事业的举措、成效与经验，访谈有关专家，走访"一大"会址、陈望道旧居、左联纪念馆、韬奋纪念馆、平民女校和工人半日学校旧址、中国劳动组合书记部旧址等红色教育基地，赴上海档案馆、上海图书馆、市区两级语委办等收集整理档案、图书、报刊、照片等资料。7—10 月，项目组撰写并反复打磨展陈方案的文字脚本，前后召开数十次工作会议和改稿会议，形成展陈方案并报市语委、市教委审批同意后实施布展。其间，市委宣传部、市人大外事委员会、市新闻出版局、复旦大学、华东师范大学、上海科技大学、上海师范大学、上海教育出版社等部门、机构的有关领导和专家参与讨论与审核。11 月 5 日，展览开展，市语委、市教委、市教育科学研究院等主承办和协办单位有关领导出席开展仪式并为展览揭幕。同期同场，国家语委"党的语言文字事业百年光辉历程"展在上海巡展。

二　主要内容

上海是中国共产党的诞生地，也是新文化运动和语文现代化运动的重要阵地。一百年来，上海的语言文字事业在党的倡导推动和坚强领导下，走过了不平凡的奋斗历程，取得了不平凡的成就。展览分 6 个篇章，全面、系统地介绍展示了新民主主义革命时期党在上海领导推进语文现代化运动的情况，以及新中国成立 70 多来年上海推进国家通用语言文字推广普及、语言文字规范化建设、中华优秀语言文化传承传播、语言服务国计民生、语言文字治理能力建设等的情况。

（一）中国共产党与上海早期的语文现代化运动

新民主主义革命时期，中国共产党人团结并与广大进步人士一起，在上海倡行白话文运动、发起大众语运动、探索文字改革、面向工农大众开展扫盲教育、领导创建中国左翼作家联盟践行文艺语言大众化主张，推动语言文字走近人民大众、惠及人民大众，进而发动群众、传播真理。展览通过图文和实物，介绍展示了陈独秀创办的《青年杂志》，陈望道用白话文翻译的《共产党宣言》，陈望道、黎锦熙、金兆梓、陈鹤琴等进步知识分子在修辞、语法等学术领域进行开拓性研究的《修辞学发凡》《国语文法》等著作，大众语运动期间的《太白》杂志，左联的《前哨》《北斗》《文学月报》《萌芽月刊》杂志，孤岛时期举办的语文展览会宣传手册，最早探讨创制拉丁化新中国文的瞿秋白的遗著《乱弹及其他》，鲁迅发表的倡导拉丁化新文字运动的文章《门外文谈》《中国语文的新生》，叶籁士的《拉丁化概论》，陈鹤琴的《民众课本》，手头字推行会选定的第一批手头字，以及上海工人半日学校、上海平民女校、儿童福利站面向群众开展识字教育的情况。

（二）国家通用语言文字推广普及

新中国成立后，上海全面贯彻落实国家语言文字方针政策，坚定不移推广普及国家通用语言文字，通过学校教育、社会宣传、普通话和汉字应用水平培训测试等举措，经过 70 多年的持续努力，普通话普及率近 90%，文盲率下降至 1.61%[①]，方言障碍基本消除，在行业推普、群众性推普活动品牌打造、国家通用语言文字水平测试推进与管理等方面形成鲜明特色。展览图文并茂地介绍展示了上海 70 多年来在国家通用语言文字推广普及方面的奋斗历程，包括 20 世纪五六十年代开展普通话和汉语拼音教学及成果交流活动、推进扫盲工作、创

---

① 参见：https://www.thepaper.cn/newsDetail_forward_12727297。

办《汉语拼音小报》[①]等情况，七八十年代加大行业推普力度、多途径多方式培训推普骨干、开展"我爱祖国语言美"群众性推普活动等情况，九十年代开展普通话水平测试、推进有关行业人员普通话水平达标、加强面向中小学生的写字教学与训练、开展推普集中宣传月活动等情况，进入 21 世纪后开展全国推普宣传周活动、打造"魅力汉语"活动品牌、推进汉字应用水平测试、实施大学生和职校生普通话免费测试等情况，以及党的十八大以来持续加大普通话和规范汉字培训测试工作力度、开展市民普通话能力普查、推动国家通用语言文字推广从"普及"向"提高"转型的情况。

（三）语言文字规范化建设

改革开放以来，上海积极贯彻落实国家新时期语言文字工作方针，促进语言文字规范化、标准化，加强社会语言文字应用管理，开展媒体语言文字应用监测，普及语言文字规范知识，全面提升语言文字规范化水平。展览介绍展示了语言文字部门对店招广告等社会用字进行全覆盖检查的工作档案，对广播电视、报纸杂志语言文字规范情况进行监听监看的记录和报告，以及组织大中小学生开展语言文字"啄木鸟"活动、督促有关商家撤换用字不规范招牌等的情况；介绍展示了上海出版的"规范汉语大讲堂"丛书、《语言文字规范使用指南》《语言文字规范手册》《播音员主持人语言文字规范手册》等语言文字规范标准普及读物，上海创办的旨在"纠正语文差错、传播语文知识、引导语文生活健康发展"的《咬文嚼字》杂志，以及面向各行业人员开展语言文字规范标准培训等的情况。

（四）中华优秀语言文化传承传播

21 世纪以来，为更好发挥语言文字在传承弘扬中华优秀传统文化和培育社会主义核心价值观中的独特作用，上海先行先试开展群众性语言文化活动，全面实施中华经典诵读工程，大力推进学生阅读素养培育计划和书香校园建设，科学保护传承上海方言文化，切实加强甲骨文等古文字研究，持续开展与港澳台地区的语言文化交流活动，面向在沪外籍人士推动中文的国际传播，为增强文化自信、提升上海城市软实力做出积极贡献。展览通过图文和实物，介绍展示了各级各类学校开展中华经典诵写讲活动和"书法名家进校园"活动、语言文字部门以上海书展等为平台开展中小学生阅读推广活动等的情况，上海参与

---

① 现已更名为《语言文字周报》。

策划央视《中国诗词大会》和上海选手获奖的情况，以及上海电视媒体制作播出的《我爱汉字美》等语言文化类电视节目；介绍展示了上海语言资源有声数据库建设发音人招募遴选和有声数据采录的现场实况，上海方言文化展示体验馆的展陈场景和展陈内容，以及社会各界开展上海方言文化传习活动的情况；介绍展示了上海地区5515片甲骨的收藏单位，上海出版的《上海博物馆藏甲骨文字》《复旦大学藏甲骨集》《古文字诂林》，以及有关高校研发的"中国古文字智能检索网络数据库"；介绍展示了连续20多年举办上海、台北、香港、澳门青少年朗诵比赛，面向来华留学生开展中国诗文诵读大会等中华语言文化活动，针对在沪外籍人士开展实用汉语能力测试等的情况。

（五）语言服务国计民生

21世纪以来，上海深入研判、主动对接举办亚太经合会议、世博会、进博会等重大国际活动以及建设自贸试验区、打造"一带一路"桥头堡等的语言需求，努力营造规范文明的国际语言环境、积极培养储备多语种语言人才，充分发挥经济和教育资源优势支援少数民族地区开展推普脱贫攻坚，为上海落实国家重大战略贡献力量；同时，针对日益多元的社会语言需求，上海坚持"以人民为中心"，将语言文字工作全面融入人民城市建设，在加强语言文字规范化管理的同时，不断完善语言文字公共服务，着力构建与社会主义现代化国际大都市、文化大都市相匹配的和谐语言生活。展览通过图文、实物和视频短片，介绍展示了迎办亚太经合会议、世博会、进博会期间开展市民学双语（普通话和英语）活动、实施公共场所中英文用字专项检查整改行动、举办世博会语言环境建设国际论坛、面向中小学生开展"世博心语"活动等的情况，并展出了汇编有2010条表达对世博会的美好祝愿、由中小学生自己创作书写的优秀心语的《上海市中小学生"世博心语"集萃》；介绍展示了本市高校开设近50种外语语种专业，并有70多所中小学校开设多语种外语课程，为国家推进"一带一路"建设、参与全球治理培养储备多语种外语人才的情况；介绍展示了援助新疆、云南、贵州、四川等地开展国家通用语言文字教学、助力当地推普脱贫攻坚，援助西藏建设"西藏藏语言文字网"等语言文字对口支援的情况；介绍展示了上海出版的对传承中华文明、服务社会语言应用具有重要意义的《辞海》《大辞海》《汉语大词典》《中国成语大辞典》等语文辞书，以及有关机构为引导服务社会语言生活编撰发布的《上海市公共信息多语种服务手册》《上海语言生活状况报告》等系列图书；介绍展示了上海在推进城市国际化发展、提升城市的"温度"、打造信息无障碍环境过程中的外语服务和手语盲文服务等情况，如社区新冠疫情防控中的外语服务志愿者、疫情防控新闻发布会上的手语同步翻译、电视上的手语新闻、医院里的助聋门诊、图书馆里的视觉障碍者阅览室、地铁车站里的盲文设施等。

（六）语言文字治理能力建设

多年来，上海全面加强语言文字工作机构和队伍建设，不断构建完善"党委领导、语委统筹、部门协同、专家支持、社会参与"的工作格局，扎实推进语言文字法治建设，提出并先行先试"条块结合、各司其职、齐抓共管""目标管理、量化评估"等语言文字治理举措，依托在沪国家语委科研机构培育语言文字智库，依托高校语言学和应用语言学学科建设培养专业人才，语言文字治理体系不断完善、治理能力不断提升。展览通过图文和实物，介绍展示了市十二届人大常委会集体学习《中华人民共和国国家通用语言文字法》、审议《上海市实施〈中华人民共和国国家通用语言文字法〉办法（草案）》的情况，以及市人大、市政府法制办、市语委等编印的《〈国家通用语言文字法〉解读》《〈上海市实施《中华人民共和国国家通用语言文字法》办法〉学习读本》《〈上海市公共场所外国文字使用规定〉释义》等助力语言文字法治建设的系列图书；介绍展示了市语委、市教委对各区政府和各高校开展语言文字工作督导评估、实施市语委委员单位语言文字工作述职制度、举办各类专兼职语言文字干部培训班，加强语言文字工作制度建设、队伍建设等的情况，以及市语委编印的《上海市推广普通话工作经验集》《上海市语言文字工作经验集》《上海市国家级语言文字规范化示范校风采录》《市语委委员单位语言文字工作述职报告集》等指导基层语言文字工作科学发展的图书资料；介绍了市语言文字工作者协会、市语文学会、市语言文字志愿服务总队等社团组织，在沪的国家语委科研机构和国家语言文字推广基地，上海市语言文字推广基地等的建设情况，展示了上海语言文字治理体系中的主要社会力量；介绍了本市高校语言学学科建设的情况，展示了上海语言文字事业科学发展的学术基础和人才基础。展览特别向百年来上海的语言学大师致敬，以图文方式介绍了陈望道、郭绍虞、吴文祺、张世禄、罗竹风、胡裕树、张斌 7 位大师的生平，他们来自市社联 2018 年 5 月 14 日公布的首批 68 位"上海社科大师"。

三　社会反响

"党的语言文字事业在上海"展第一次以展览的形式，通过图文和实物，全面、系统地展现了自中国共产党在上海成立以来上海语言文字事业的百年历程和主要成就。展览共展出图书、报纸等实物35件，各类照片、图片353张。上海教育电视台、"上海教育"网站和微信公众号等媒体宣传报道展览情况，"学习强国"、澎湃新闻等转载了长宁融媒号介绍展览内容的相关文章。开展以来，已有近1.5万人观展，市语言文字工作者协会、复旦大学、上海师范大学、市教育科学研究院、有关区语委等多批次团队结合语言文字学术活动、基层党建活动等参观学习。观展人员纷纷表示，展览展现了上海对我国语文现代化事业的重要贡献，反映了上海语言文字事业在深入贯彻落实党和国家语言文字决策部署的同时，针对国际化特大型城市的语言需求和语言生活特点，全面推进国家通用语言文字推广普及和规范使用、语言资源科学保护、语言服务国家战略和城市建设、社会语言生活治理、中华优秀语言文化传承发展所取得的显著成就和形成的鲜明特色；通过观展，深刻体会了中国共产党为人民谋幸福、为民族谋复兴的初心使命，切实感受到上海作为党的诞生地，在落实党的嘱托、推进党的事业过程中奋勇向前、守正创新、砥砺奋进的精神风貌，进一步激励自身践行初心使命，汲取历史力量，推动本市新时代语言文字事业高质量发展。

（市教科院国家语言文字政策研究中心）

区语言文字工作督导评估

为贯彻落实国务院教育督导办关于开展语言文字工作督导评估的要求，市教委、市政府教育督导室在2016—2020年轮次区政府依法履行教育责任综合督政中，先后于2018年和2020年，对普陀、宝山、静安、浦东四区的语言文字工作推进情况进行了督导评估。

一　督导依据

2015年8月，国务院教育督导办印发《语言文字工作督导评估暂行办法》，要求各地结合实际制订实施方案，有计划、有步骤地开展语言文字工作督导评估，明确了督导评估的原则，规定了督导评估的内容和程序。同时印发《语言文字工作督导评估指标体系框架》（以下简称《框架》），并要求省级相关部门根据本地语言文字事业发展的目标任务，制定督导评估的具体标准。

2016年4月，市教委、市政府教育督导室印发《上海市区县语言文字工作督导评估指标》（以下简称《指标》），提出本市督导评估的具体标准，并明确"此项督导评估将纳入本市2016年至2020年对全市16个区县开展新一轮教育综合督政工作之中"。本轮教育综合督政以"城乡义务教育一体化暨优质均衡发展情况"为必督项目，同时各区可以根据自身实际选择申报其他督导项目，全市16个区①中普陀、宝山、静安、浦东四区选择接受语言文字工作督导评估。此外，为切实发挥督导评估对区语言文字工作的推动作用，市教委、市政府教育督导室还要求各区围绕语言文字事业发展的制度建设、条件保障、宣传教育、发展水平等方面展开自评，并填报反映各评估指标达成情况的《督导评估数据统计表》和《自评报告》。

---

① 2016年7月，崇明撤县建区，目前上海共16个区。

二　督导指标

《框架》包括制度建设、条件保障、宣传教育、发展水平[1]4个一级指标,组织领导、政策规划、督查机制、工作机构、经费保障、法制宣传、推广普及、文化传承、国家机关发展水平、教育机构发展水平、文化传媒发展水平、城市街区发展水平、乡镇农村发展水平13个二级指标,并提出了各二级指标的考核要点。

《指标》对《框架》进行了细化,就13个二级指标的考核要点提出共计36个检测点。如《框架》"督查机制"二级指标的考核要点是"将语言文字事业发展纳入政府绩效管理目标。将城乡语言文字规范化情况纳入文明城市、文明乡镇考评指标。加强对语言文字社会应用的督导检查。建立督查考核和问责机制。对为语言文字事业做出突出贡献的组织和个人给予奖励"。《指标》据此设置了6个检测点:(1)将语言文字事业发展纳入政府绩效管理目标。区县政府办公室有计划地对相关部门及各街道办事处和乡镇政府的语言文字工作进行督办督查。(2)区县文明城区、文明社区、文明乡镇考评体系列有公共场所、街区用语用字规范专项指标,并占有一定的分值。(3)区域内公共场所中外文使用基本规范,加强对语言文字社会应用的督导检查。(4)区县语委建立监测工作网络,对各类媒体、公共场所用语用字进行监测,监测结果向社会公示,并通报相关执法部门依法处理。(5)建立督查考核和问责机制,教育行政管理部门将语言文字规范化纳入教育督导、检查、评估的内容。(6)对为语言文字事业做出突出贡献的组织和个人给予奖励。

三　督导发现

在各区自评自查的基础上,根据各区的自主申报,市教委、市政府教育督导室在本轮教育综合督政工作中,先后于2018年10月对普陀区政府、2018年11月对宝山区政府、2020年6月对静安区政府、2020年9月对浦东新区政府推进语言文字工作的情况进行了督导评估。督导发现,四区语言文字工作总体上都达到了《指标》要求,并形成了各自的特色,同时也都还存在一些问题与不足。

---

[1]　主要指语言文字使用规范、相关人员语言文字能力等发展水平。

（一）四区的语言文字工作均达到指标要求

四区政府都高度重视语言文字工作，深入贯彻落实语言文字法律法规，大力推进语言文字工作体制机制建设，着力压实各方语言文字工作责任，切实加强社会语言文字应用依法管理，围绕推普周、中华经典诵读等开展语言文字宣传教育，促进语言文字工作有机融入文化建设，区域语言文字治理水平和语言文字应用规范化水平持续提升。四区语言文字工作总体上都达到了《指标》要求，发展态势良好。

（二）四区的语言文字工作各有特色

普陀区注重抓重点、树典型，有效提升了社会语言文字应用规范化水平；注重抓宣传、创品牌，有效营造了语言文化传承传播的浓厚氛围；注重抓街镇、夯基础，有效构筑了覆盖全区的两级管理体制；注重抓创新、重服务，积极探讨了语言文字工作的新增长点。特别是实施"3个10"工程，在街镇中建设了10多个示范街区、在委办局下属单位中建设了10多个示范窗、在教育系统中建设了10多所示范校，坚持抓重点、抓难点，迎难而上，集中攻坚，以点带面地推进工作，取得明显实效。

宝山区多措并举，不断完善语言文字工作管理体制。通过联络员队伍建设、语言文字工作专项评估、语言文字工作台账制度等，推动区语委各委员单位将语言文字工作落到实处。将普通话和汉字应用能力培训纳入教师职后培训体系，开设专门课程并给予学分，推动了语言文字能力培训的制度化、常态化。在每年进行的综合督学中列语言文字工作指标并给予量化分值，强化了对学校语言文字工作的管理监督。在社会用字管理中，积极探索实践"以创建合格街区为基础，以属地化管理为常态，以社会实践活动为抓手，以联合执法抓落实"的管理模式，为营造服务于现代化滨江新城区建设的规范、文明、和谐的语言文字环境奠定了制度基础。

静安区大力推进语言文字工作融入行业管理。区语委与成员单位共同探讨语言文字治理的措施与途径，努力推动各成员单位将语言文字规范化要求与本行业系统的工作职责和特点有机衔接。如区委宣传部、融媒体新闻中心制定《静安区融媒体中心语言文字规范化工作措施》《新闻职业道德承诺书》等，对媒体宣传规范用字、公文处理提出规范标准。区卫生健康委将语言文字工作与精神文明创建活动相结合，融入行业规范；与改善医疗服务相结合，融入日常工作；与职工修身活动相结合，融入医院文化，促进语言文字工作的日常渗透和内化。铁路上海站地区管理委员会制定《站管办语言文字工作制度》《开展文明办公标准及要求》等制度，以区域党建为平台，以站区大宣传为抓手，持续优化铁路上海站的语言文字环境。彭浦镇修订完善《彭浦镇语言文字工作制度》，把语言文字工作作为镇机关干部日常行为考核的重要内容，规范干部文明用语，提高依法行政、规范服务的水平。

浦东新区在条件保障、宣传推广、语言服务、内涵建设等方面创出多项特色。区政府为语委办配备4名专职工作人员，落实专用办公场地，逐年递增工作经费，语言文字工作机构、人员、经费等条件保障全市领先。将语言文字工作全面融入德育工作，融入校园文化和拓展型课程建设，营造了浓厚的传习中华语言文化的社会氛围。连续10年举办国际学生汉语征文比赛，推动中文国际传播。重视外语服务，如陆家嘴街道新冠疫情期间快速组建多语种志愿工作组，协助涉外社工和外籍志愿者，为外籍人士提供语言服务，解决语言沟通上的困难；张江镇成立对外多语服务小分队，提升境外来沪人员管理服务水平。注重调查研究，积极开展科研，促进语言文字工作科学发展。

（三）四区的语言文字工作尚有不足

四区语言文字工作的不足主要体现在5个方面：一是除浦东新区外，其他各区的人员、经费等条件保障都还有较大的提升空间；二是不同行业、不同街镇、不同学校之间语言文字工作发展不平衡的状况较为突出，工作较薄弱的单位将语言文字规范有机融入中心工作、依法履职主动作为的自觉性还需进一步增强；三是管理制度尚需进一步完善，区域经济和社会发展规划中关于语言文字工作内容的指向性不够明确，对区属行业和各街镇语言文字工作持续开展检查评估的力度不够，将语言文字工作纳入政府绩效管理的制度设计尚需进一步落地；四是社会语言文字应用管理仍有盲点，公共场所中英文使用不规范现象还时有发生，新媒体语言文字规范问题关注不够，语言文字法律法规和规范标准的社会知晓度仍需进一步提升，重点领域、关键行业及公共服务窗口一线人员的国家通用语言文字能力需要在"普及"的基础上切实向"提高"转型；五是结合区域功能定位和语言生活特点，主动服务、有机融入全区经济社会发展，推动语言文字工作内涵建设、创新发展的意识和能力有待增强。针对这些不足，督导组逐一提出了整改建议。

四 督导成效

接受督导评估以来，四区政府积极落实市教委、市政府教育督导室的督政意见，推动区域语言文字工作取得新发展。普陀区将工作经费从督政前的每年9万元提升至每年30万元，保障支撑区语委更好地规划、落实全区语言文字工作；加强与城管执法等部门联动，建立社会用语用字监测认定整改机制，进一步规范执法流程；开展了对全区政务微信公众号语言文字规范情况的监督监测。宝山区将语言文字规范化要求纳入"十四五"区义务教育阶段学校发展性督导评估指标，通过建设语言文字工作达标校、入职教师汉字应用测试等，提高教师语言文字核心素养和教学能力；开展服务窗口语言文字规范自查、市民文化普及等工作，发挥语言文字服务区域发展的作用；组织语言文字应用监督监测、集中整治等工作，强化对重点行业领域语言文字规范化使用的监测与引导。静安区加强对成员单位语言文字工作的指导、监督与考核，制定成员单位语言文字工作手册，进一步依法开展语言文字工作督导评估；加大重点领域、关键行业从业人员的语言文字培训力度，加强对社会用语用字的源头把关；进一步增强语言文字工作专项经费的管理意识与能力，提高专项经费使用效益，夯实语言文字事业发展的基础保障。浦东新区将语言文字事业发展纳入政府绩效管理目标，完善对区政府各组成部门、各街道办事处和镇政府的语言文字工作督查考核机制与语言文字管理制度；结合区域特点制定语言文字工作中长期规划，明确新时期语言文字工作目标和任务；积极探索自媒体时代的有效传播方式，通过"两微"平台、融媒体平台等加强面向全社会的语言文字法治宣传与教育；调查研究国际化社区治理、自贸试验区建设、楼宇经济发展等中的语言问题和语言需求，努力提升语言服务能力，打造适应国际化发展的区域语言环境。

五 结语

督导评估是推动语言文字工作深入持续开展、科学有效发展的重要举措，上海对普陀、宝山、静安、浦东四区的语言文字工作督导评估取得积极成效。《框架》和《指标》紧紧围绕国家通用语言文字的推广普及和规范使用，凸显了语言文字工作的核心任务；同时，面对上海作为国际化大都市的语言生活特点和多样性语言需求，有必要进一步将督导内容扩展至语言服务的推进、和谐语言生活的构建、语言教育体系的完善等方面。《指标》充分考虑语言文字使用的复杂性和语言文字工作的艰巨性，本着以评促建的原则，重在质性评价、发现不足、诊断问题，面向未来推动工作；同时，由于未设置量化分值和权重，对区语言文字工作聚焦高质量发展关键核心问题、加强体制机制建设、完善治理体系、提升治理能力的指导推动作用有待进一步强化。此外，语言文字使用面广量大，语言文字规范化水平评价的数据获取在现场督导评估中存在偶然性，建立常态化的监测机制，保证评价数据的客观性、可比性，势在必行。为此建议，在下一轮区政府依法履行教育责任综合督政中，制定内容更加全面、重点更加突出的评估指标，组织第三方对区域语言文字规范化水平实施常态化监督监测，作为现场督导评估的事实依据。

（市语委办、市教科院国家语言文字政策研究中心）

社会语言文字应用监测

　　加强社会语言文字应用监测，是提升语言文字规范化水平、优化城市语言文字环境的重要举措。改革开放以来，上海积极推进社会语言文字应用监测工作，从定期集中监测到不定期动态监测，从明查到明查暗访相结合，从重点区域和场所监测到全域性语言景观监测，从组织专家监测到社会志愿者广泛参与监测，从中文使用规范监测到外文译写规范监测，机制日益完善、内容不断深化，为语言文字规范化建设做出积极贡献。2019 年以来，监测工作取得新进展。

一　监测依据

　　21 世纪以来本市制定颁布的语言文字法规、规章等，就监测工作要求、监测对象、监测内容等做出明确规定，为社会语言文字应用监测提供了法律依据。

（一）工作依据

　　社会语言文字应用监测是语言文字工作的重要任务，是各级语委的重要职责。2005 年市人大颁布的《上海市实施〈中华人民共和国国家通用语言文字法〉办法》（以下简称《实施办法》）第十七条第二款规定，"各级语言文字工作委员会应当建立监测工作网络，对各类媒体、公共场所用语用字进行监测，监测结果应当向社会公示"。2014 年市政府颁布的《上海市公共场所外国文字使用规定》（以下简称《外文规定》）第十六条规定，"区、县语言文字工作委员会应当组织对本行政区域内的公共场所外国文字使用情况进行日常监测，监测意见通报相关执法部门，由相关部门依法处理"。2021 年市政府办公厅印发的《上海市人民政府办公厅关于本市全面加强新时代语言文字工作的实施意见》（以下简称《实施意见》）提出实施"区域和行业语言文字规范化水平监测通报"专项行动，是本市新时代语言文字工作五大行动之一。

（二）范围依据

《实施办法》等规定了语言文字规范化工作的四大重点——机关、媒体、学校和公共服务行业，其中公共服务行业涉及多个领域，包括交通、旅游、文化、体育、医疗卫生、商贸购物休闲、邮政、电信、金融等等。监测范围聚焦四大重点。

（三）对象依据

《实施办法》《外文规定》等主要规定了两类监测对象。一是城市空间的语言景观，即公共场所的招牌、广告、告示、标志等用语用字，也称公示语、标志语等。二是出版发表的语言作品，包括公文、图书、报纸、期刊、网络新闻信息等。

（四）内容依据

一是应当使用规范汉字的场合是否使用了规范汉字，如果使用了繁体字、异体字、外国文字的，是否符合相关规定。《实施办法》第十二条第三款规定，"法人和其他组织的名称牌中含有手书繁体字、异体字的，应当在适当的位置配放规范汉字书写的名称牌"；第十五条第三款规定"招牌、告示、标志牌等需要使用外国文字的，应当用规范汉字标注"。《外文规定》第七条规定，"国家机关的名称牌禁止使用外国文字""公共场所的招牌、告示牌、标志牌等禁止单独使用外国文字，根据国家和本市相关标准使用公共信息图形标志的除外"；第八条规定，"企业事业单位和其他组织的名称牌中同时使用规范汉字和外国文字的，规范汉字应当显示清晰、位置适当。公共场所的标牌、设施上有广告内容且同时使用规范汉字和外国文字的，应当以规范汉字为主、外国文字为辅，不得在同一广告语句中夹杂使用外国文字，国家另有规定的除外"。

二是汉语文出版物是否符合语言文字规范标准。《实施办法》第十四条规定，"汉语文出版物、国家机关公文应当符合国家关于普通话、规范汉字、汉语拼音、标点符号、数字用法等的规范和标准"。第十五条规定，"汉语文出版物、国家机关公文中需要使用外国语言文字的，应当用国家通用语言文字作必要的注释"。

三是外文译写是否规范。《外文规定》第九条规定，"公共场所的标牌、设施上使用外国文字的，应当与同时使用的规范汉字表达相同含义和内容。公共场

所的标牌、设施上使用外国文字的，应当符合国家和本市颁布的外国文字译写规范；没有相关译写规范的，应当符合外国文字的使用习惯和国际惯例"。

二　主要举措

2019 年以来，市区两级语委深入贯彻实施《实施办法》《外文规定》等法规、规章的相关规定，在以往监测工作基础上进一步采取以下举措，切实加大监测工作力度。

（一）开展"啄木鸟"志愿服务活动

早在世博会筹办期间，市语委、市教委就鼓励大学生志愿者积极参与社会用字监测，依托相关高校建立了 19 支大学生"啄木鸟"志愿者队伍，纠正公共场所的外文译写不规范现象，美化城市语言环境，取得了良好的社会效益。为推动语言文字"啄木鸟"志愿服务活动的常态化开展，2019 年 10 月，市文明办、市语委、市教委成立市语言文字志愿服务总队，主要负责对全市主要公共场所语言景观的语言文字规范化监测。总队是市志愿者协会团体成员单位，主要包括大学生志愿者和高中生志愿者。在总队机制下，全市各区共设立 20 所"啄木鸟"志愿服务定点高中学校，服务于所在各区的日常监测工作，各定点学校推荐高中生志愿者加入总队，市、区、校协同开展监测活动。

（二）完善区级监测工作机制

区级监测主要针对公共场所语言景观的语言文字规范化情况。2019 年以来，市语委指导督促各区语委进一步加强由市民巡访员、中学语文和外语教师、高中生"啄木鸟"志愿者等共同组成的区级监测队伍建设，不断完善集中监测、常态化监测等工作机制。集中监测一般安排在每年的推普周期间，在全区范围内选择重点区块和场所进行监测。常态化监测融入网格化管理，分工负责，利用双休日或课后业余时间进行。监测时，以法规规章的规定为依据，发现不规范现象通过手机拍照取证，并就所处位置、不规范性质等进行文字说明后上报区语委办。区语委办复核后，登记造册。3 年来，16 个区累计监测公共场所招牌、广告、设施等 14 000 多块，涉及交通、旅游、医疗卫生、文化、体育、金融、商贸、邮政、电信等十多个领域。

各区充分挖掘各方资源、建立长效机制，深入开展监测工作。有的与文明办联合组织，有的与市场管理局、城管执法局共同开展，有的对所辖各街镇开展公共场所语言文字规范化工作专项检查评估，有的将社会语言文字应用规范工作纳入区域义务教育督导学校办学指标考核体系，有的与店招文化探源活动等结合开展，创出不同特色。

（三）有计划推进对新闻媒体和出版物的专项监测

对新闻媒体和出版物的专项监测依托有关专业机构参照编校质量检测工作进行。3 年间累计对 20 种图书、20 种报纸、20 种期刊、30 种教材教辅的语言文字规范情况进行监测，共测查字数 960 万余字，共有 20 多位语言文字专家投入其中。

三 专项行动

"区域和行业语言文字规范监测专项行动"是《实施意见》在实践基础上提出的重大行动。与以往相比，行动更加强调监测结果的客观公正，对组织方式、不规范情况认定等提出高要求。为此，市语委委托市教科院国家语言文字政策研究中心（以下简称"政策研究中心"），根据监测对象和范围全市统一、监测数据采集方法全市统一、差错认定标准全市统一、市级统一组织实施的"四统一"原则，统筹兼顾科学性和可行性，研制"区域语言文字规范化水平监测"的工作方法和监测指标，并联合上海外国语大学中国外语战略研究中心（以下简称"外语战略中心"）、《咬文嚼字》编辑部共同组成项目组，依据指标进行了试点监测。

（一）监测对象

共 8 个领域。包括区政府网站发布的公文、区政府网站的信息要闻、区官方微信公众号、区报各 3 万字，由《咬文嚼字》编辑部组织实施。区行政服务中心、区图书馆、区内规模较大公园各 10 条中英文对照的指示标示、提示警示、业务宣传等标志用语，以及城区范围内的宣传栏、迎风旗、墙绿等公益广告 10 处，由政策研究中心和外语战略中心联合组织实施。

（二）监测规则

公文和媒体主要监测中文规范情况，参照了出版物编校质量差错率计算方

法。重要内容错误、意识形态问题、公序良俗问题，每处计 2 个差错；知识性错误、字词错误、语法错误等，每处计 1 个差错；标点符号和数字错误、排版格式错误等，每处计 0.1 个差错。然后用差错数除以总字数，得出差错率。差错率越低，规范水平越高。

标志用语中的中文参照上述规则执行。标志中的英文区分 3 种情况计算差错：硬译、死译甚至误解中文字面意思错译等严重翻译错误，每处计 2 个差错；一般性翻译错误，每处计 1 个差错；拼写、书写、标点、空格等视"是否影响语义理解"，每处计 0.1—0.5 个差错。然后计算差错数，差错数越低，规范水平越高。

（三）监测结果

各区政府公文、政府网站要闻、官方微信公众号的规范水平较高，区报的规范水平仍有提升空间，行政服务中心、图书馆、公园及公益广告中的中文使用总体规范，但英文译写不规范问题仍显突出。

此外，综合全市情况看，相关机构的名称牌为手书繁体字的，应当在醒目位置配放规范汉字副牌，尚未完全落实。有关窗口单位的非行业特色标志语，如电梯、母婴室、卫生间、消防器材等服务设施指示及其使用说明等，还存在较多不规范情况，特别是英文译写不规范情况。各区公益广告宣传语的中文规范化水平较高，但也存在使用繁体字、过度缩略而不便理解、竖排文字排序不统一、标点使用不规范等情况。

四　结语

2019 年以来市区两级开展的社会语言文字应用监测结果显示，本市社会用字规范化水平显著提高；同时，商贸领域的店招、广告等单独使用外文的现象还比较突出；公示语外文译写（主要是英文译写）不规范现象仍显"多发"，国家有关规范标准的社会知晓度不高；新闻媒体和出版物的语言文字规范水平（文字编校质量）与相关出版发布单位的规范意识密切相关，规范水平具有波动性。未来，应加大外文使用和译写规范的宣传推广和咨询服务力度，加强对媒体和出版物从业人员的专题培训，形成长效机制。

（区域语言文字规范化水平监测项目组）

第三部分

领 域 篇

区政府微信公众号语言文字规范状况

政府微信公众号发布权威政务信息、报道重要新闻事件，信息传播的范围广、速度快，其语言文字规范化水平关涉政府形象。2020 年 8—9 月，我们对上海 16 个区政府微信公众号的语言文字规范状况进行了调查。

一　区政府微信公众号概况

上海目前共有 16 个行政区，各区都开通了官方微信公众号。公众号名称基本以"上海＋区名"的方式命名，包括 13 个，分别为"上海黄浦""上海徐汇""上海静安""上海长宁""上海普陀""上海虹口""上海杨浦""上海宝山""上海嘉定""上海松江""上海金山""上海奉贤""上海崇明"。浦东、闵行、青浦 3 个区例外，分别为"浦东发布""今日闵行""绿色青浦"。

各区微信公众号普遍设有 3 个栏目，包括"消息""视频号"和"服务"。"消息"发布信息和新闻，"视频号"发布短视频，"服务"主要提供与"一网通办"关联的办事服务、与区广播电视报纸关联的新闻服务，以及结合不同区情特色的旅游、购物等信息服务。

各区微信公众号尽管认证主体多样，有的是区政府新闻办、有的是区委宣传部、有的是区融媒体中心，但认证性质都属于政府微信公众号，具体运维单位都是区融媒体中心。2019 年以来，各区整合广播电视报纸媒体资源成立融媒体中心，在进一步加强传统媒体建设的同时，运维微信公众号、政务 APP 等新媒体。融媒体中心将原来的报纸、电视和新媒体记者、编辑，统一转型为"全媒体记者"和"全媒体编辑"，实行"采编分离、一岗多能、联动互助"的业务运行模式，解决了以往传播功能重复、内容同质、采编力量分散等问题。

二　调查设计

组织语言文字专家对每个公众号"消息"栏目发布的政务信息、新闻信息等进行审读，发现语言文字不规范问题予以详细记录，在此基础上进行汇总、分析和认定。

（一）调查范围

每个公众号原则上调查 3 万字。这一般是 15 天的发布量，不足 3 万字的，审读这 15 天的全部内容。

（二）语言文字不规范问题认定依据与方法

语言文字不规范问题的认定依据主要有三：一是国家发布的关于语音、文字、汉语拼音、标点符号和数字用法等的现行规范标准；二是权威辞书关于汉字字义和现代汉语词语的释义及用例；三是现代汉语语法的基本规律以及社会约定俗成的语文习惯。此外，调查过程中还对语言文字表达的内容差错（如明显违反常识、数据计算错误等）问题进行了记录。

对语言文字不规范问题的认定，在专家审读的基础上设有"复核"环节。复核中也未能定论的问题，提交会议讨论，以求取得共识。一时不能统一意见的，不作"不规范"认定。

（三）语言文字规范状况量化计算标准与方法

调查参照出版物编校质量检测关于语文差错的计分规则，计算差错率。差错率越低，规范水平越高。具体规则包括：字词语法差错、知识性差错，1 处计 1 分，不重复计分；标点符号、数字、排版格式不规范，1 处计 0.1 分，可重复计分。

三 调查结果

调查显示，上海 16 个区政府微信公众号的语言文字规范状况总体良好，同时也还存在一些语用不规范乃至语文差错的问题，应予以关注和重视。

（一）语言文字规范状况总体良好

各区政府微信公众号发布区域内新闻要闻，反映各区中心工作、重大项目、民生工程的进展动态，坚持正确的舆论导向，宣传党的方针政策，弘扬社会主

义核心价值观，发挥出政府微信公众号的政治优势。语言使用上，文风端正，态度严肃，规范水平整体较高。差错率在1‰以内（含1‰）的有4个区，占25%；差错率在1.1‰～2‰的11个，占68.75%；差错率在2.1‰～3‰的1个，占6.25%。如果参照出版物编校质量检测的合格标准，时效性强、出版频率高的报纸的合格标准是3‰，那么各区政府微信公众号都在合格线以上，且绝大多数达到"良好"水平。而新媒体的时效性更强于报纸，能做到这一点十分难能可贵。

（二）语言文字使用存在的主要问题

调查发现各区政府微信公众号的语言文字使用在字词、语法、标点符号等方面也还存在着一些不规范情况和语文差错，以及一些知识性差错。

字词差错主要包括5种情况。一是别字错词，如将"各自为政"误为"各自为阵"，将"严惩不贷"误为"严惩不怠"等。二是近音词和近义词混用，如"维度/纬度""品位/品味""坐镇/坐阵""通信/通讯"等经常混淆。三是词义色彩误用，如在应该使用"一发不可收"的语境中误用了贬义的"一发不可收拾"。四是词形不规范，如将"行道树"误为"横道树"，将"台账"误为"台帐"，将"干群"误为"群干"等。五是未遵循词的语法特性，如"期间"这个词的独立性不强，需要和别的字词黏合在一起使用，不能放在句首作状语，但此类差错还较常见，而句首作状语的为"其间"。

语法差错主要包括6种情况。一是成分残缺，如"对于入选'百人计划'的人才将享受多项政策"，用了介词"对于"后，使得整句没有了主语，介宾结构一般作为句子的状语。二是搭配不当，如"楼顶违建修复中"，修复的应该是拆违以后的现场，而不是违章建筑。三是弄错分句关系，如"民生保障不仅仅是传统意义上的苦难人群保障，而是要为各类不同人群提供更高品质的民生服务"，这里应该是递进关系，却误为转折关系。四是语义重复，如"阐明了构建馆际之间全方位……的途径与方法"，"际"和"之间"在语义上叠床架屋。五是语义杂糅，将两种不同的句法结构混杂在一个表达式中，结果造成语句结构混乱、语义纠缠，如"就目前热门的农村环境保护为主题"，应为"就目前热门的农村环境保护问题"或"以目前热门的农村环境保护为主题"。六是句子有歧义，如"从全市各区……家庭中挑选出来的24户家庭的48位少儿及其家长……"中，"48"是指少儿的人数还是少儿和家长的总人数不明确，从后文语义看，应该是少儿和家长的总人数，而此处用了"及其"容易引起误解，改为"和"能够消除歧义。

标点符号差错在差错总量中占比较高，主要包括 5 种情况。一是对句子的语义层次划分不当，导致顿号、逗号、分号、句号等点号使用差错，如"鉴于各街道纪检干部……往往力不从心。为加强对基层纪检组织的业务指导……"中的句号应改为逗号，"区民防办从'六个强化'入手狠抓地下空间，安全生产工作"中的逗号应放在"入手"后面，"区民防办党政领导带队向一线施工人员……；施工人员和施工监理；区民防办工作人员进行慰问"中的分号应改为逗号，等等。二是在相邻或相近两数字连用表示概数的情形下，用了顿号，而国家标准《标点符号用法》规定此类情形通常不用顿号，如"在上世纪二、三十年代"中的顿号应删除。三是在陈述句中误用问号，如"使社区骨干理解'创全'是什么？为什么'创全'？怎么样'创全'？"中前两个问号应改为顿号，最后一个应改为逗号或句号。四是破折号形式不规范，或者长度不够、只占一格而形同一字线，或者断开分置于上一行末和下一行首。五是间隔号使用不规范，如"8.23侵华日军小川沙登陆罗泾大烧杀……"中表示月日的应为"8·23"。

此次调查发现的知识性差错不多。如"中国革命早期领导人赵以炎、陈延年等……"中，"赵以炎"应为"赵世炎"。

四　思考与建议

媒体是语言文字规范标准的传播者，作为官方媒体的区政府微信公众号更应在社会语言文字规范使用方面发挥示范榜样作用。在市区两级语言文字、新闻宣传等部门的重视和推进下，本市各区微信公众号语言文字规范化建设取得积极成效，而此次调查发现的问题也显示，其规范化水平仍有提升空间，建议有关部门从以下 4 个方面着力。

（一）进一步提升从业人员的语言文字规范意识

造成前述不规范问题的原因，与各区融媒体中心编辑、记者、校对等从业人员的语言文字规范意识密切相关。在拼音输入法对同音近音字使用有一定干扰、网络媒体新闻信息发布时间要求紧等多重因素影响下，相关人员未能细究同音词、近音词、近义词的差别，也缺乏字斟句酌、务求精准的语言使用意识。

为此，建议各级语言文字和新闻宣传部门、各区融媒体中心切实将微信公众号语言文字规范使用与管理融入新媒体高质量发展的大局，进一步加强对编辑、记者、校对等从业人员的语言文字规范化宣传教育，将用语用字规范、准确纳入相关岗位要求和管理考核内容，提升其语言文字规范意识。

（二）进一步提升从业人员的语言文字应用能力

此次调查发现的问题显示，各区融媒体中心编辑、记者、校对等从业人员的语言文字应用能力，语音、词汇、语法、文字、标点符号等基础知识掌握水平，《标点符号用法》《出版物上数字用法》《第一批异形词整理表》等语言文字规范标准熟悉程度，都还需要进一步加强。为此，建议各区融媒体中心将语言文字基础知识、语言文字规范标准等纳入有关从业人员职后培训的内容，通过专题讲座、培训进修，特别是组织开展汉字应用水平测试、实施持汉字应用水平等级证书上岗制度等，全面提升从业人员的语言文字应用能力。各级语言文字部门应当为融媒体中心开展员工培训提供业务支持与服务。

（三）进一步完善语言文字审校制度

前文列举的语用不规范和语文差错情况，有些属于常识性的低级错误，是因为粗心大意或审校过程还不够严密所造成。为此，建议各区融媒体中心统筹兼顾好网络媒体信息编发的及时性和高质量，设立语言文字规范审校专门岗位、招录或聘用高水平专门人员，切实将语言文字规范纳入"三审三校"的内容。

（四）常态化开展官方微信公众号语言文字规范监督监测

社会语言文字应用不可能、也不应该追求"纯而又纯"，即使是官方媒体，在其海量的语言文字应用中，也不可能做到百分之百规范。受各方面因素影响，偶有失误在所难免、情有可原。媒体语言文字规范化建设的重点是及时发现问题，及时了解相关知识、掌握相关规则，避免今后再出现同类失误。为此，建议各级语言文字部门和新闻宣传部门常态化开展对官方微信公众号语言文字规范的监督监测，强化编校质量检测，探讨公众参与的监督机制，推动有关单位"即知即改"，营造良好的语言文字规范舆论氛围。

（孙　欢、刘思静）

公共标识英文译写规范调查[*]

公共标识英文译写规范事关公共信息的准确、有效传递，体现语言服务的质量，也关乎城市形象。受市语委委托，区域语言文字规范化水平监测项目组于 2021 年 10—12 月对本市行政服务、文化旅游等窗口单位的公共标识英文译写规范情况进行了调查。

一　调查概况

调查对象覆盖 16 个区的 48 家单位。每个区 3 家单位，包括区行政服务中心、区属图书馆和区域内较大规模的公园，这些都是面向社会的公共服务对外窗口，普遍设有含英文的公共标识。每个单位随机摄录采集 10 条内容与该单位核心业务密切相关的公共标识语，如行政服务中心关于办事、咨询等的信息指示，图书馆关于图书分类、借阅设施等的信息指示，公园关于景点名称、安全须知、游园守则等的信息指示，共获得中英文对照的语料 480 条。

组织英文专家逐条对照该公示语的中文，审核其英文译写的规范性。审核程序包括专家个人初审和集体复审，以保证审核意见的准确。调查结果显示，各单位公共标识英文译写大多数规范，但不规范的绝对数量和相对占比仍然偏高。480 条语料中，英文翻译和书写正确的 334 条，占 69.6%；不同程度存在英文译写差错的 146 条，占 30.4%。

二　不规范情况分析

英文译写不规范情况主要包括翻译差错、拼写差错、书写差错等。此次调查录得的 146 条英文译写不规范标识语中，大部分是翻译差错，共 112 条，占比达 76.7%；其次是书写差错，有 18 条；再次是拼写差错，有 7 条。此外，还

---

* 本文系上海市教育科学研究项目"城市语言规划视角下上海市语言文字监测与评估体系构建研究"（C2021204）阶段性成果。

有 9 条是综合性差错，即同时含有两种及以上错误情况。同时，译写虽无差错，但中文相同而英文译法不同导致困惑的情况也应予以关注。

（一）翻译差错

翻译差错集中表现为按中文字面逐字逐词硬译、死译的"中式英语"问题，导致的后果从严重性角度由高到低可以分为 3 个层次。一是表达了与相应的中文意思完全相反的含义，带来安全隐患；二是译文语法不通、含义不清，以致错误表达或完全没能表达相应的中文意思，引发困惑、耽误办事；三是译文不符合英文使用习惯，未能完整、准确地表达相应的中文意思，虽勉强能够理解其含义，但语言不规范，不符合公共服务领域英文译写规范标准。

1. 表达了与相应的中文意思完全相反的含义

如将"当心落水"译作"Caution, Falling Into Water"、将"当心坠落"译作"Caution drop down"、将"小心地滑"译作"Carefully Slide"等的公示语翻译典型错误的情况，此次调查仍有发现。如图 1，"当心落水"是提醒公示语对象不要落入水中，译文却要求公示语对象跳入水中，规范译法应当从警示水深的角度意译为"Warning. Deep Water."；如图 2，"小心地滑"是提醒公示语对象注意不要因路面湿滑而滑倒，译文却是让公示语对象"小心地滑倒"，规范译法应当译作"Caution: Wet Floor!"；如图 3，"当心坠落"是提醒公示语对象注意不要跌落，译文却要求公示语对象往下跳，意思完全相反，规范译法应当译作"Warning. Be Careful Near the Edge."。这些翻译差错，给不懂中文、无法通过相应的中文获取准确含义的公示语对象带来安全隐患。

图 1　　　　　　　　图 2　　　　　　　　图 3

2. 错误表达或完全没能表达相应的中文意思

如某一行政服务中心将"咨询·发表"译作"CONSULTATION·PUBLICATION"（见图 4）。"咨询"在这里指信息问询，而"CONSULTATION"是指比较正式的政策咨询、商务咨询等，这里应译作"Q&A""INFORMATION""ENQUIRY"等。而"发表"在这里也显然不是发表文章、作品之"发表"，而是指"发放表格"，应译作"FORMS"。

又如某一行政服务中心将"帮办服务区"逐词译出而得"HELP THE SERVICE AREA"，译文不知所云（见图4）。作为一种便民服务措施，"帮办"是帮助办理的意思，其他行政服务中心多译作"ASSISTANCE"或"ASSISTANT"等，此处可以译作"ASSISTANCE AREA"。

再如某一公园将一个观赏鸟类的景点"东方鸟会"译作"Oriental Birds Can"，十分令人费解（见图5）。专家们反复研究分析，认为可能的原因是，在逐字逐词翻译"东方鸟会"时，将此处表示"会集、会聚"的"会"错误理解为"能够、会做"之义而译作"Can"。专家们建议此处译作"Oriental Birds' Garden"。

这些翻译差错令公示语对象一头雾水，影响了公共信息的准确有效传递，影响了公共服务质量。

图4

图5

3. 未能完整、准确地表达相应的中文意思

如在"读者咨询与办证部 Reader Consultation and Certification Department"中，将"咨询"译作"Consultation"（一般用于比较正式的政策咨询、商务咨询等）、将"办证"译作"Certification"（证明、认证）都不恰当，中文应是信息问询和办借书证之意，这里可以译作"Information & Card Service"。

又如将"电子阅览室"译作"Electron Reading Room"。"Electron"指构成原子粒子的"电子"，和原文的意思相去甚远，这里应译作"Digital Reading Room"。

再如将"（会议室）未使用"译作"Unused"。而"Unused"是从未用过的意思，但中文含义指会议室无人使用，是可用状态，因此这里应当译作"Available"（可用）。

再如将"常闭式防火门 请保持关闭"译作"Fire Door Keep Locked"。"Locked"是上锁之意，而中文语义是关门而不是锁门，且防火门作为逃生通道恰恰不能上锁，应改为"Closed"。

这类差错情况勉强能够理解其含义，但不符合英语规范或使用习惯、国际惯例，影响文明形象。

（二）拼写差错

拼写差错是指英文单词拼写错误的情况。如："人文书房 Arts and Humanites Study"中漏掉了"Humanities"中的"i"；"禁止烟花爆竹 Firewarks Not Permitted"中将"Fireworks"拼错；"禁止无人机 Unmanned Anrial Vehicle Not Permitted"中拼错了"Aerial"。拼写差错不少也会造成理解困难，即使勉强能够理解的，这些所谓的"低级错误"也严重有损形象。

（三）书写差错

书写差错包括字母大小写、标点符号、空格、换行不规范等问题。如，"曲水园景区游客中心 Qushui park Visitor Center"中，"park"首字母应大写；"健康主题公园 Health theme park"中，"theme"和"park"首字母都应该大写；"休息区 Rest area"中，"area"首字母应该大写。又如，"河边水深危险！严禁下水，请勿靠近 Deep Water No Swimming"中，译文缺失标点符号，影响到断句和理解，应该改为"Deep Water! No Swimming."。

书写方面还涉及汉语拼音使用规范问题。如，"静安"的汉语拼音写作"JingAn"或"Jing An"都不符合规范。根据《汉语拼音方案》《汉语拼音正词法基本规则》等规范标准，"静安"应该连写，连写时"安"作为 a、o、e 开头的音节紧跟在其他音节后面，应该使用隔音符号"'"隔开，因此正确的写法是"Jing'an"。又如，"紫绮厅 ZHIQI R ECREATIONAL HAL"中，不仅单词拼写错误、空格错误，汉语拼音拼写也有错误，应改为"Ziqi Recreational Hall"。

此外，书写方面还有一个问题值得关注，即在中文竖排的标识中，相应的英文将字母逐一横向扭转后而随中文文字竖排（如图 6），给公示语对象带来了阅读困难，应当在排版上加以改进。

图 6

书写差错增加阅读困难，严重者也会造成理解困难，应当予以重视。

（四）其他问题

除上述问题外，译写虽无差错，但中文相同而英文译法不同的情况也会给公示语对象带来困惑，应予关注。如，"帮办"已成为政务服务领域广泛使用的一个重要术语，而各区行政服务中心的英文译写却五花八门，有的译作"Assistance"，有的译作"Assistant"，还有的译作"Support"，应当加强行业内的协调，确定一个统一的译法。又如，某区的"新城公园"在名称牌、景区介绍铭牌中出现了"Metro Park"和"New City Park"两种译法，易引起误解，应当统一。

此外，还有拼写不一致的问题。如，某区行政服务中心的"婚姻（收养）登记中心"将"中心"拼写作"Centre"，但该中心其他含"中心"的公共标识中均拼写作"Center"。根据国家标准《公共服务领域英文译写规范》的要求，同一场所中的词语拼写方法应保持一致。

三　问题分析

从调查结果看，推进公共标识英文译写规范主要面临三方面问题。

（一）用字单位规范意识薄弱

如，"当心落水""当心坠落""小心地滑"等公示语翻译典型错误引发社会关注已有十多年，还几度成为舆情热点，但相关错误仍未得到根本性消除，显示出用字单位对这些问题熟视无睹。又如，各区政务服务中心英文译写不规范情况的多发态势，"帮办"等英文翻译不统一的问题等，显示出政务服务领域尚未将全行业的英文使用规范问题提上议事日程。

公共标识上的英文使用，或者由用字单位自己翻译后交给制作单位制作，或者直接交由制作单位代为翻译。前述一系列令人咋舌、使人费解的译文，如果是用字单位自己翻译的，那相关的翻译工作十分随意和敷衍，类似将"东方鸟会"译作"Oriental Birds Can"、将"发（放）表（格）"译作"Publication"的硬译、死译大多带有明显的机器翻译痕迹；如果是由制作单位翻译的，那么一些中学英语水平就能一眼看出的低级错误、明显不当，张贴前显然没有审核机制，张

贴后则视而不见。如某一图书馆"报刊阅览室"的译文竟是"Reading Room for the Aged"（老年阅览室）（见图7），正确译文应为"Newspapers and Periodicals Reading Room"，这应该是制作时中英文匹配错误，但长时间无人发现。

图7

用字单位规范意识薄弱不仅表现在英文使用方面，也表现在中文使用、中外文排版等方面。不少英文译写问题，根本上是中文的问题，用字单位对中文也缺乏必要的规范和打磨意识。如，某一公园的导游铭牌冠名以"指示牌平面图"（见图8），中文含义就不甚了了，英文随之硬译、死译为"Instruction card plane chart"，导致英文也语法不通、语义不明，实际上英文译作"Park Map"简洁而明了。又如，某一公园内设有的可能承担三方面职能的志愿者服务站，冠名为"三位一体志愿者服务站"（见图9），英文也随之硬译为"Trinity service office"，原文的核心语义"志愿服务"在译文中没有体现，而"Trinity"或为基督教的特定用语，或指三合一、三件套，尽管也有"三合一"的意思，但因其与"Service"（可指宗教仪式）连用，容易引发误解。再如，某一文化单位内的指示牌，排版时分词断行明显有误，将"副馆长室党支部书记室"切分为"副馆长／室党支部书记室"，导致相应的英文也不知所云（见图10）。

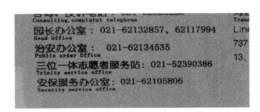

图9

图8

图10

（二）制作单位规范能力低下

制作单位的英文能力对公共标识英文译写规范情况影响很大。在翻译环节，制作单位普遍不具备聘用高水平英语人才的条件，而只能借助翻译软件、英文词典等硬译、死译。在制作环节，一线工人乃至编校人员普遍不具备基本英语能力，前述将"报刊阅览室"和"老年阅览室"中英文匹配错误的情况，就是一例。更有极端案例，如图11，除了翻译有误（专家建议译作"Free Service Manual of Chongming Administrative Service Center"），还有 Administration、Service 等单词的拼写错误，District 与 Administration 之间、Service 与 Centre 之间的停连错误等，显然与制作者的基本英语能力密切相关。

免费提供《崇明区行政服务中心服务手册》
Chongming DistrictAdministrafion ServteeCentre Handbook Are Free

图 11

（三）监管工作面临很大困难

公共标识遍布城市各个空间，涉及社会各行各业，监管工作面广量大。要将本市关于公共场所外文使用规范的政策规定、国家关于公共服务领域英文译写的规范标准有效宣传到社会的每一个神经末梢，要对遍布城市各个角落的公共标识实施有效监测而及时发现问题、及时推进整改并跟踪监督整改的落实情况，要推动公示语英译专业力量更好、更系统、更有效地介入公共标识的翻译和制作环节，需要调动大量的行政资源、制度资源、专业资源、媒体资源、技术资源。而要有效调动、整合这些资源并尽可能覆盖面广量大的社会应用，目前主导推进公共标识英文译写规范工作的语委的机构定位、行政能力还需完善、提高，社会上下对这项工作的重视程度也还有待提升。

四 思考与建议

促进公共标识中的英文译写规范，既是面向有需要的人士准确传递公共信息、构建信息无障碍社会的需求，也是构建一个单位、一座城市良好国际形象的需求，是上海建设具有全球影响力的社会主义国际大都市的题中应有之义。

面对存在的问题与困难，建议从以下方面着手。

（一）加强源头监管

推动制作单位和使用单位加强对公共标识英文译写的编校、审核，开展源头管理，才能事半功倍。一是推动标识制作单位提升语言能力，探讨在企业注册登记环节考察其语言能力的路径与机制，提高行业准入门槛，加强行业准入审查。二是推动标识制作行业提升产品质量，以加强行业自治为主要路径，指导成立行业协会，制定实施相关团体标准，将英文译写规范情况纳入公共标识制作质量监控等团体标准的内容。三是通过将公共标识英文译写规范纳入行业语言文字工作督导评估的内容，纳入行业精神文明检查、绩效考评、评优评先的内容，纳入对景区、宾馆、医院等单位进行评级认定、复审复核的内容等，推动标识使用单位提高英文译写规范意识，落实使用前的审校工作。

（二）动员社会参与

广泛动员社会常态化参与对公共标识英文译写规范情况的监督监测，努力扩大相关监管工作的覆盖面，才能持续提升公共标识英文译写规范水平。一是进一步完善以语言志愿者为主体的定期监督检查机制，组织志愿者队伍，有计划、有步骤地对交通、旅游、文化、体育、教育、医疗卫生、邮政、电信、金融、餐饮、住宿、商业等重点行业、重点单位的公共标识英文译写规范情况进行监督检查，检查结果纳入评优优先、评级认定的标准。二是探索建立社会大众共同参与的动态监测机制，建设网络平台，及时收集公众对公共标识英文译写不规范情况的投诉信息，及时反馈至相关行业主管部门或区域语言文字工作部门落实整改。

（三）完善专业服务

公示语翻译具有很强的专业性，提升公共标识英文译写规范水平，必须有坚强的专业支撑。为此，应当对已有研究成果进行全面梳理，并加强数字化建设，推动网络共享，运用先进的智能检索技术，为公共标识制作单位、使用单位乃至社会公众提供便捷、可及的规范译文检索服务，这些成果包括且不限于公共服务领域英文译写规范的国家标准、地方标准，国内有关学者编纂的公示语翻译词典，国内有关学者收集整理的英语国家公示语图库，等等。

公示语包罗社会万象，且随着社会的发展不断产生新需求、新内容。要不断满足相关规范标准、词典工具书等所载内容以外的新的专业需求，应当通过数字化手段，以使用单位和制作单位等共同参与的"众筹、共建"为路径，及时收集新的翻译需求，及时组织公示语翻译专家进行翻译，给出权威译文。

五　余论

公共标识英文译写的根本目的是服务不懂中文的国际人士的信息需求，是促进这一特定人群信息沟通无障碍的重要举措。因此，含有英文信息的公共标识的设置与译写，服务性是其首要的性质特点，针对实际需求而设置、译写符合目标语的规范与使用习惯，都是为了更好地发挥服务功能。本次调查的结果显示，译写不规范的公共标识往往流于形式，而相关单位并未意识到这些标识未能发挥应有的信息服务功能，为设置而设置、为形式上的国际化而设置。因此，采取有效措施，提升使用单位的语言服务意识，是公共标识英文译写规范建设重要且首要的任务。

（刘思静、朱　晔、张日培）

公益广告语言观察[*]

公益广告是城市精神风貌和人文肌理的体现，以户外广告牌、灯箱广告、迎风旗、宣传招贴等为介质的公益广告是重要的语言景观。为了解本市公益广告语言状况，2021年10—12月，我们对本市语言景观中的公益广告进行抽样调查，在全市16个区随机采集了200多条公益广告，考察分析了其文本内容和语言特点。

一　结合上海实际的特色内容

公益广告是传播社会主义核心价值观，倡导良好道德风尚，促进公民文明素质和社会文明程度提高，维护国家和社会公共利益的非营利性广告^①，具有重要的思想道德教育功能。制作刊播展示公益广告，是精神文明建设的重要任务。本次调查获得的公益广告内容丰富，涉及习近平新时代中国特色社会主义思想学习宣传、中国特色社会主义和中国梦宣传教育、"四史"教育、公民思想道德建设、培育和践行社会主义核心价值观、传承弘扬中华优秀传统文化、倡导文明健康绿色环保生活方式、劳动创造幸福主题宣传教育、制止餐饮浪费、培育诚信理念、促进文明旅游、提高文明交通素质、网络文明建设、促进青少年健康成长、扫黑除恶、打击犯罪、反诈骗、拥军优属等各个方面，涵盖了2021年版《全国文明城市测评体系》关于建设具有强大生命力和创造力的社会主义精神文明的各项重点任务。很多内容全国统一，如社会主义核心价值观、《中国公民文明旅游公约》等。同时，也有不少内容具有鲜明的阶段性特点和上海特色，以下主要从6个方面介绍这些公益广告的特色内容。

（一）初心之地庆祝建党百年的宣传口号

2021年是党的百年华诞，上海是党的诞生地。庆祝、纪念建党百年，是调

---

* 本文系上海市教育科学研究项目"城市语言规划视角下上海市语言文字监测与评估体系构建研究"（C2021204）阶段性成果。

① 引自2016年国家工商行政管理总局、国家互联网信息办公室等6部门联合发布的《公益广告促进和管理暂行办法》。

查时段内最重要的公益广告内容。在以党史学习教育、党的精神谱系赓续、从党的百年历程中汲取力量奋楫新征程等为主题的庆祝建党百年系列宣传口号中，"初心之地，光荣之城"最具上海特色，"百年初心，历久弥坚""不忘初心，牢记使命""赓续伟大建党精神"等对上海开展建党百年宣传纪念活动也具有特殊意义。

（二）社会主义现代化国际大都市的城市精神品格和建设理念

上海是国务院批复确定的中国国际经济、金融、贸易、航运、科技创新中心，正在打造具有世界影响力的社会主义现代化国际大都市。由习近平总书记亲自提炼概括的上海城市精神和城市品格，以及习近平总书记在上海考察时提出的"人民城市"建设理念，是反映上海核心特色的公益广告内容。"海纳百川、追求卓越、开明睿智、大气谦和"的城市精神是习近平总书记在担任上海市委书记期间，于2007年在市第九次党代会上提出的。"海纳百川"是上海城市的底色，也是推动上海变身成为今天国际大都市的决定性因素；"追求卓越"是一种做事态度，比如技术一流、做事一丝不苟的"上海师傅"不仅代表了上海的形象，更辐射带动了周边的发展；"开明睿智"是一种处世风格，改革开放特别是浦东开发开放以来，上海领风气之先，广纳良策、不拘一格、敢为人先；"大气谦和"是一种精神气质，强调立身处世应当跳脱"小我"，学会在更大的格局中看问题、想事情。[1]"开放、创新、包容"的城市品格是习近平总书记2018年在首届中国国际进口博览会开幕式上提出的。"开放"体现在上海的通畅无碍、多元竞争、自律法治，"创新"体现在崇尚科学、向善向美、精进无疆，"包容"体现在尊重差异、守望相助、美人之美。[2]"人民城市人民建，人民城市为人民"的城市建设理念是习近平总书记2019年考察上海时在杨浦滨江提出的。这一理念深刻回答了城市建设发展依靠谁、为了谁的根本问题，以及建设什么样的城市、怎样建设城市的重大命题，是习近平总书记对上海的殷切要求。

在城市精神、城市品格和城市建设理念的指导下，很多区也结合各自区域功能定位和建设发展特征，凝练提出本区的精神品格、建设理念和奋斗目标，并通过公益广告在本区域范围内广泛传播。如：黄浦区的"经典黄浦、精品城区、幸福黄浦、活力黄浦、魅力黄浦、同心黄浦"，静安区的"信仰坚定、崇

---

① 参见《解放日报》"申言"文章：《海纳百川，把门开得更大》（2018年7月16日）、《追求卓越，对标最高最好》（2018年7月30日）、《开明睿智，不断超越自我》（2018年8月6日）、《大气谦和，站高处谋长远》（2018年8月14日）。

② 熊月之《上海城市品格读本》，上海人民出版社、学林出版社2020年版。

德向善、文化厚重、和谐宜居、人民满意"，普陀区的"追求卓越、尚德包容、务实坚韧、团结奋斗"，金山区的"厚德金山、礼尚之滨、创业金山、宜居金山、和谐金山"，青浦区的"共享宜居宜业宜游新青浦"，崇明区的"崇德明礼、敢为人先、垦拓不息"等。

值得一提的是，调查中还发现了花博精神"开放创新、追求极致、拼搏奉献"，这是崇明区作为2021年第十届中国花卉博览会的主办地，为高质量办好花博会特别提出的，花博会结束后仍然激励着崇明各界扎实做好现代化建设各项工作，奋力推进区域经济社会全面发展。

（三）历史文化名城的特色文脉

上海是历史文化名城。本次收集到的材料中，有的区在其公益广告中十分注重挖掘其特色文脉。如嘉定区的"教化嘉定、产业兴旺、生态宜居、乡村文明、治理有效、生活富裕"，其中"教化嘉定"的渊源可溯至南宋嘉定十年（1217）嘉定建县时首任知县就提出的治县方针（教化人民，培养人才），被誉为"吴中第一"的嘉定孔庙至今已有800多年历史，重教崇学、文化传承是嘉定的优良传统。又如奉贤区的"敬奉贤人，见贤思齐""弘扬'贤文化'，建设美丽奉贤"，其渊源更可溯至言子在当地讲学、传播孔子学说，区名"奉贤"就是出自"奉子游之贤"（敬奉子游的贤德）。

（四）与时俱进的"七不"规范和市民文明公约

公益广告通过某种观念的传达，呼吁关注社会性问题，以合乎社会公益的准则去规范自己的行为，支持或倡导某种社会事业和社会风尚。[1]本次调查获得的公益广告中，市民文明行为规约类的占比最高，其中最具上海特色的是《上海市"新七不"规范》，包括"马路不乱穿、车辆不乱停、垃圾不乱扔、宠物不扰邻、餐食不浪费、言语不喧哗、守序不插队"。该规范于2017年年初在广泛征集市民意见基础上确定，与22年前的1995年版"七不"规范（不随地吐痰、不乱扔垃圾、不损坏公物、不破坏绿化、不乱穿马路、不在公共场所吸烟、不说粗话脏话）相比，随地吐痰、损坏公物、破坏绿化、在公共场所吸烟、说粗话脏话等问题被移出，显示相关问题明显好转，上海市民文明素质显著提高；乱扔垃圾、乱穿马路等问题仍然保留，说明上海市民在这两个方面仍需努力改

---

[1] 王多明《中国广告词典》，四川大学出版社1996年版。

进；车辆乱停、宠物扰邻、餐食浪费等问题是新增的，显示经济社会发展到新阶段，面临新问题；"言语不喧哗""守序不插队"等是在新形势下提出的更高要求。

"新七不"规范聚焦最为突出的重点问题，除此之外还有不少问题受到社会广泛关注。实际上在征集意见过程中收集到的各类口号有 100 多条，其中高空抛物、行车抛物、楼道堆物、违章搭建、广场舞扰民、旅游失仪、诚信观念淡薄等问题都有很高的关注度。因此，很多区推出了内容更为丰富、力求全面系统的市民文明公约类规范，此次调查收集到的就有徐汇、静安、闵行等区的市民文明公约，还有《闵行区市民文明自律 16 条》。如：《静安区市民文明公约》为"美在静安，你我同行；明礼诚信，平等公道；爱岗敬业，乐于奉献；邻里互助，关爱守望；家庭和睦，孝老爱亲；勤俭节约，杜绝浪费；保护环境，弘扬正气；志愿公益，崇德向善；学以修身，习以养德；传承经典，共创文明"，《宝山区市民文明公约》为"热爱祖国，热爱家乡；遵纪守法，维护公德；爱岗敬业，明礼诚信；崇尚科学，移风易俗；热心公益，助人为乐；举止文明，友善待人；孝老爱亲，邻里和睦；陶冶情操，健康生活"等，内容都涉及方方面面。《闵行区市民文明自律 16 条》则在"新七不"规范基础上进一步增加了"行车不违法，不随地吐痰，不楼道堆物，不车窗抛物，不跨门经营，不乱张贴涂写，不讲低俗语言，不乱晾晒衣物，不堵塞消防通道"等内容。

（五）领风气之先的垃圾分类新规

2019 年，上海出台地方性法规，在全国率先实行垃圾分类。上海的垃圾分类方案包括干垃圾、湿垃圾、有害垃圾、可回收垃圾 4 类，分类规则十分复杂。为了让市民尽快熟悉垃圾分类规则，上海采取了一系列措施加强宣传推广，全市动员学习垃圾分类新规。因此，本次调查收集到的公益广告中，涉及垃圾分类内容的占比也很高。其中既有提示要对垃圾进行分类投放的简洁明了的口号，如"垃圾分类，从我做起""乱扔是垃圾，分类是资源""垃圾分类就是新时尚""垃圾分一分，海湾美十分""垃圾分类进行时，美丽浦东在行动"等，更有大量关于垃圾分类规则的知识普及性公益广告，如"如何投放生活垃圾……垃圾去哪儿……"等针对群众最关心、最困惑的问题，通过答问的方式解释垃圾分类规则，宣传效果良好。

（六）新冠疫情肆虐下的防疫知识与健康生活方式

2020 年以来，新冠疫情肆虐，公益广告承担起向广大市民普及防疫知识、倡导卫生健康生活方式的重要功能。因此，调查时段内收集到的涉疫公益广告占比也很高。"防疫有我，爱卫同行"等宣传口号为市民科学防疫鼓劲打气，"传染病防控小知识""养生防病小常识""勤洗手勤通风七步洗手法"等口号通俗简洁地普及相关知识。特别是在疫情暴发不久后的 2020 年 5 月，市爱卫办、市健康促进办就在广泛征集社会意见的基础上推出了"八不十规范"的《上海市民健康公约》（不随地吐痰；不乱扔垃圾；不随处抽烟；不过量饮酒；不重油重盐；不食用野味；不沉溺网络；不熬夜透支；科学防护勤洗手；咳嗽喷嚏遮口鼻；环境清洁常通风；宠物饲养讲文明；少喝饮料多喝水；心态乐观爱运动；社交距离须保持；公筷公勺分餐食；定期体检打疫苗；合理用药遵医嘱），并在全市宣传推广，"文明健康，有你有我""爱护环境，美化生活""学会自我减压，适度放飞心情"等宣传口号也随之纷纷出现。

二 坚持受众导向的语言策略

与一般商业广告分众传播不同，公益广告的受众是全体社会公众。受众的文化程度不一、理解能力不一，加之版面限制等各方面因素影响，公益广告的语言必须通俗易懂、简洁明快。从本次调查收集到的材料看，本市公益广告坚持受众导向，采取多种语言策略增强传播效果，努力促进所要宣传的价值、理念、规范等有效触达受众。

（一）亲切平等的话语立场

不同类别的公益广告有不同的语言要求。政治思想类的公益广告应当庄重沉稳，传统文化类的公益广告应当古朴典雅，而对数量庞大的文明规约、知识普及、安全警示类公益广告而言，"感动而不是说教"就是语言创作的最高境界。采取亲切平等的话语立场，把受众当成亲密无间的朋友、熟人，当成面对面谈话的倾听者，是实现这一目标的重要策略。本次收集到的公益广告中，大量以第一人称、第二人称为叙述视角的广告，拉近了言者与受众的距离。以第一人称"我""我们""自己"的口吻来提倡、普及某种观念，可以使受众在潜移默化中接受广告主张，如"深化全国文明城区创建，我参与，我奉献，我快乐""防疫有我，爱卫同行"。用跟朋友"你""您"平等商量的口吻来进行规劝，可以使受众产生见字如晤的感觉，从而心悦诚服地接受言者的立场，如"文明浦东，因你精彩""创城成功，感谢有你；未来路上，还需有你"。第一人称和第二人称对举，既可使受众产生跟言者同在现场、平等对话的感觉，也可借由对举构成遍指，如"文明创建，你我同行""文明旅游，你我做起"等。同时，通过第一、二、三人称并举和全称词"大家""全民""人人"等构成周遍义，也可以使每一位受众都产生责无旁贷、义不容辞的社会责任感，如"文明游天下，快乐你我他""美丽松江是我家，文明创建靠大家""人口普查家家参与，美好未来人人共享""平安上海人人参与，扫黑除恶众志成城"等。

（二）短小精悍的句长特点

为节约文字篇幅，便于受众一目了然、快速理解和抓住重点，本次收集到的公益广告以 10 字以下的短句占绝对优势，尤以两类结构简单、内容凝练、短小精悍的短句最为常见。一是"三字经"式。《三字经》是中国古代著名的蒙学经典，通俗顺口、易于记诵，体例为三字一段，六字为一句，句句押韵。本市公益广告的"三字经"式，如"重安全，讲礼仪；不喧哗，杜陋习；守良俗，明事理；爱环境，护古迹；文明行，最得体"。二是"四字格"式。汉语四字格多采用"2+2"音步，读起来两字一顿、摇曳生姿，自古以来就颇受人们喜爱，一些重要的四字格千百年来流传至今，即为成语。本市公益广告中这种表达方式比比皆是，如城市精神、花博精神以及大量的文明公约等。

（三）丰富多样的修辞手段

整理可见，本次收集到的公益广告大量运用形式化辞格，如押韵、对偶、层递、反复等，达十余种，创造了语言的韵律美、均衡美、结构美。如："文明交通，畅行浦东"（押韵）；"就餐新风尚，健康好习惯"（对偶）；"献一份爱，圆一个梦，暖一座城"（层递）；"讲文明话，办文明事，做文明人，创文明城"（反复）；"共享宜居宜业宜游新青浦"（同字）；"军民团结如一人，试看天下谁能敌"（引用）；"美'食'上海，宜'安'闵行"（嵌字，将广告主旨"创建国家食品安全示范城市"中的两个关键字"食"和"安"提取出来，分别镶嵌到上下句中）等。除了追求语言形式的唯美，这些公益广告语更注重含义的隽永、意境的深远，积极采用比喻、双关、仿词、点染等有助于深化内容意义的辞格，让受众品读回味、掩卷沉思。如："文明是最美的风景"（比喻）；"随地吐痰非小事，提倡文明留口德"（双关）；"一盔一带保安全"（仿词）；"勤劳为国本，红日映山河"（点染）等。

（四）区域特色的有机嵌入

从本次调查收集到的材料看，很多区的公益广告在融入本区特色方面都做出了积极努力。最常见的策略是将区名嵌入相关广告语，如"厚德金山""宜居闵行""绿色青浦"，以及前文提及的"文明交通，畅行浦东""美'食'上海，宜'安'闵行"，还有大量的"文明（某某区名）"等。崇明区的"崇德明礼"则巧妙运用了嵌字辞格，将"崇明"拆开后都作为动词使用，形成两个动宾结构构成的联合短语。实际上，"崇明"的本义是名词性的，距今1300多年的唐代武德年间，崇明岛露出江面，时称东沙和西沙，唐神龙年间在西沙设镇，取名"崇明"，"崇"为高，"明"为海阔天空，"崇明"义为高出水面又平坦宽阔的明净平地。普陀区的"人靠谱（普），事办妥（陀）"，以及该区桃浦镇的"I ♥ TOP 我爱桃浦"，则都运用了"时髦"的谐音手段（"桃浦"谐英文单词 top 的读音，而 top 的英文含义又隐含了该镇"力争上游"的进取精神）。

三　需要予以关注的语言问题

本次调查获得的公益广告的语言文字规范情况总体良好，但也发现了一些细节性问题应当加以改进，还有一些值得探讨的问题和创作时需要加以注意的问题。

（一）应当改正的语言文字不规范问题

一是有一处关于社会主义核心价值观的公益广告使用了电脑印刷体的繁体字。国家推广普通话、推行规范汉字，根据国家通用语言文字法律法规，手书、题词中可以保留和使用繁体字。如果不是书法题词，公益广告应当带头使用规范汉字。

二是有一处关于社会主义核心价值观的公益广告将"法治"误用为"法制"。"法制"是指法律制度体系，"法治"是指依法治理，"法制"是"法治"的基础，"法治"作为一个动态的不断发展进步的过程，其内涵比"法制"更为广泛。在社会主义核心价值观中，应当使用"法治"。

三是标点符号不规范问题比较多见。如，"新七不"规范的引号使用不统一，"新'七不'规范""'新七不'规范""新'七不规范'""'新七不规范'"以及不用引号的"新七不规范"等，全市各处五花八门，建议统一为"'新七不'规范"。又如，表示顺序的阿拉伯数字后很多使用顿号（如"1、"），而根据《标点符号用法》，应该使用下脚点（如"1."）。再如，有一处公益广告是竖排文字，却仍然使用了横排文字的标点符号（如图1）。

上述问题，亟须各级公益广告审核监管、语言文字等部门加强管理，予以改正。

图1

（二）值得探讨的语言文字应用问题

一是有一处关于社会主义核心价值观"平等"内涵阐释的公益广告中，使用了"众生平等"（如图2），"众生"的使用是否合适值得探讨。《现代汉语词典》（第7版）对"众生"给出的释义是"一切有生命的，有时专指人和动物"；百度百科则列了3个义项：一切有生命的动植物；人以外的动物；佛教用语。结合上下文，此处用"众生"似有不妥，用"人人平等"或更为贴切。

二是缩略语使用问题值得探讨。这类情况比较多见，如"创城"是创建文明城市的缩略，"创全"是创建全国文明城市（社区）的缩略，"固卫"是巩固国家卫生城市的缩略，尽管这些缩略语使用较多，但对不了解情况的受众而言（这部分受众很可能还占了大多数），难以理解其含义，传播效果就打了折扣。尤其是"固卫"还是一个中医名词，更易引起误解。但一些口号性的广告语因创作需要，又不得不用缩略形式。解决这一难题的一个可行策略是，在同一处公益广告中，通过适当的方式呈现原文。

图2

三是竖排文字的排版顺序不统一问题。这类情况也很多见（如图3、图4、图5），有的从左到右排序，有的从右到左排序，有的竖排文字和横排文字混合排版，是否应当统一，应予关注，否则会使受众产生困惑，或者要在"从左到右"和"从右到左"中不断切换阅读顺序。建议遵从"竖排右书"的传统习惯，以"先右后左"为序。

图3　　　　　　　　　**图4**

图5

（三）还有提升空间的语言创作问题

从本次调查获得的资料看，本市原创特别是各区原创的公益广告在内容创作、语言特色等方面均可圈可点，同时也有个别广告语还有进一步提升的空间。如：宣传多吃素食的"要素食不要快餐，要健康不要贱康"，"素食"与"快餐"对举不够严格，"健康"与"贱康"对举严格但"贱康"是个十分生硬的新造词，上下文连读很容易将"吃快餐"与"贱"联系起来，作为公益广告这样处理，不尽合适。

此外，作为历史文化名城，本市各区在公益广告创作中都有可深入挖掘的特色历史人文内容，但从本次调查获得的资料看，还有很多区在其区域精神品格、建设理念、发展目标等核心话语打造中可以进一步加强对当地特色文脉的挖掘与呈现。

四 结语

公益广告是一座城市重要的人文景观，是认识一座城市、解读一座城市的重要窗口，对社会语言生活具有广泛而深刻的影响作用。持续深入地对公益广告进行观察研究，在及时发现新特点、总结新规律的基础上，探讨如何进一步提升语言创作水平、探索如何加强对语言文字规范问题的监管、思考如何统筹好语言创意与语言规范的关系十分必要，应当成为语言生活研究和语言文字工作的重要内容。

（韩 蕾、沈凡苇、张日培）

垃圾分类新规推行中的外语服务调查*

2019 年，上海出台地方性法规，在全国率先实行垃圾分类。为让市民尽快熟悉垃圾分类规则，上海采取一系列措施加强宣传推广，全市动员学习垃圾分类新规。上海有 17 万常住外国人口[①]，其中许多不会中文，向他们宣传推广垃圾分类需要使用外语。为此，笔者对上海垃圾分类推行中的外语服务情况进行了调查。调查主要包括三方面内容：一是通过网络检索等调查有哪些关于垃圾分类的外语信息资源；二是通过现场观察和随机访谈调查古北、联洋、碧云等外国人居住集中的社区是否提供关于垃圾分类的外语信息服务；三是通过街头采访和随机访谈调查在沪外国人是否了解垃圾分类新规以及相关信息获取的渠道与方式，验证相关外语信息资源和外语服务的有效性、可及性。

一 垃圾分类外语信息资源

调查发现，在垃圾分类相关信息的社会宣传与大众传播中，政府部门、有关媒体、商业机构是相关外语信息资源的主要提供者。在外语版垃圾分类指南等信息资源发布供给方面，还存在数量不多、语种较单一、传播力不足等问题。

（一）政府部门提供的外语信息

由上海市资源利用和垃圾分类管理事务中心主办的微信公众号"垃圾去哪儿了"是宣传推广垃圾分类的一个重要平台，也是目前少数可以下载到英文版垃圾分类指南的官方渠道。但该公众号使用的语言是中文，用户要想获取英文版的资料需要首先能看懂公众号功能栏中的中文信息。如图 1 所示，用户需依次点击"行业管理—垃圾分类资料下载—宣传资料"，然后从众多以中文命名

* 本文系国家语委重点科研项目"智能时代的公共语言服务需求与资源建设研究"（ZDI135-108）、上海市教育科学研究项目"城市语言规划视角下上海市语言文字监测与评估体系构建研究"（C2021204）阶段性成果。

① 参见《上海统计年鉴（2019）》，此后上海未公开发布在沪外国常住人口数据。

的文件中找到"上海市生活垃圾分类指引-居住区英文版2018-附件下载",才能获取到英文版的垃圾分类指南。

图1 公众号"垃圾去哪儿了"

事实上,该公众号提供了丰富的关于垃圾分类的宣传推广信息,只是这些信息均为中文,不支持其他语言。如图2所示,进入公众号首页可以看到功能栏中设计了垃圾怎么分、行业管理、活动参与等板块。其中,垃圾怎么分板块通过音频、图文等多种形式介绍了垃圾分类的具体做法,并且分享了不同社区推广垃圾分类的经验。在行业管理和活动参与板块提供资料下载、政策法规介绍、行业资讯等内容,开发了垃圾分类小游戏、科普公开课等资源。可以说内容丰富,形式多样。但对于看不懂中文的外国人来说,很难从这些资源中获取信息。

图2 垃圾分类宣传资源

其他政务信息发布平台的情况也基本相同。如"上海发布"的微信矩阵中包含了各区政府、委办局和重要机构的微信公众号，但无论是"上海发布"本身还是微信矩阵跳转的其他平台均没有提供中文以外的版本。

上海市政府和各区政府的网站均支持多语种。在这些政府网站中可以看到不少与垃圾分类相关的外语新闻，但是这些新闻更多是告知读者各地区对于垃圾分类制度的执行情况，很难找到垃圾分类具体的图文指南。这与中文内容丰富、形式多样的传播形式形成了鲜明的对比，不懂中文的外国人想要通过具有权威性的官方渠道了解关于垃圾分类的具体信息还很困难。

此外，由上海市绿化和市容管理局与"上海发布"合作提供的微信小程序"垃圾分类查询系统"也仅支持中文查询。如图3所示，进入该小程序，首先会弹出提示页面，明确说明需要"输入垃圾正确的中文名称"。如果输入英文，则无法显示结果，而是会以中文提示用户输入正确的名称。

图3　垃圾分类查询系统

笔者通过网络检索和拨打12345政务服务便民热线（以下简称"12345热线"）、962288上海对外信息服务热线（以下简称"962288热线"）等方式，了解到目前官方渠道发布的垃圾分类相关信息，除前文提到的《上海市生活垃圾分类指引》提供了英文版以外，还没有支持其他语言的图文指南或查询系统。从图1中显示的相关资料可以看出，仅有英文版的《上海市生活垃圾分类指引》仍沿用2018年的版本，其他中文指南均已更新为2019年的新版。

（二）媒体中的外语信息

上海权威英文纸媒《上海日报》旗下的微信公众号"上海日报 SHINE"推送多篇有关上海垃圾分类的英文报道，还包括一篇带有"英文＋示意图"的分类指南。如图 4 所示，"上海日报 SHINE"中具有检索功能，输入关键词可检索往期发布的推送。截至 2019 年 7 月 2 日，在号内检索中输入"waste sorting""garbage sorting""garbage classification"等关键词可分别检索到 23、60 和 11 条结果。这些推送绝大部分是有关垃圾分类的新闻报道，介绍垃圾分类具体规定的内容较少。

图 4 《上海日报》英文版公众号

（三）商业机构提供的外语信息

有不少面向在华外国人的英文网站和微信公众平台也推送了许多相关信息。但这些平台多为私营的商业性机构，不具有权威性，传播的影响范围也十分有限。如图 5 所示，有的微信公众平台自发为网络中流传度较高的、由上海市绿化和市容管理局制作的垃圾分类指南添加了英文说明。这种做法既考虑了信息来源的权威性，也可以帮助外国人了解垃圾分类的具体办法。不过截至 2019 年 7 月 2 日，这篇来自微信公众号"MinuteCare"的推送仅有 500 多人次浏览，7 人点击了"在看"进行分享，评论区仅 1 条留言。

图 5　MinuteCare 公众号对中文版分类指南的英文翻译

二　国际社区垃圾分类外语服务

调查显示，古北、联洋、碧云等外国人居住集中的社区在宣传推行垃圾分类方面采取了一系列措施，但不论是垃圾分类处理设施、垃圾分类宣传海报、向居民发放的垃圾分类宣传指南，还是现场监督分拣，其中的外语服务都十分有限。

（一）垃圾分类处理设施

3 个社区的分类垃圾桶和垃圾房与其他区域的一致。这种垃圾桶对垃圾分类的 4 个类别分别配有中英文名称和图示，但是对每个类别中所对应的具体内容，没有外文说明。如图 6 所示的是古北某小区在地下车库所设置的分类垃圾桶。从图中可以看出，在垃圾桶上方还专门张贴了垃圾分类指南，也没有外文说明。

图 6　古北某小区垃圾投放点

除小区内部的分类垃圾桶以外，街道上的公共垃圾箱也是同样的模式。如图 7 所示，3 个社区街道上的公共垃圾箱与其他街区所使用的一致。垃圾箱上的提示也以"中文＋示意图"为主。不过由于公共垃圾箱只分两类，实质只需将可回收物区分出来，因此虽然没有更详细的外文说明，但所传递的信息仍较为明确。

图 7 碧云社区街道上的公共垃圾箱

（二）垃圾分类宣传海报

3 个社区都设有关于垃圾分类的宣传海报，一般采用"中文＋图片"的形式，都没有外文版本。如图 8 所示的宣传海报出现在联洋社区的某小区之中，从图中可见，为了向居民推广垃圾分类，联洋社区管理中心还编制了垃圾分类"七字诀"，并配上了相应的图示，但只有中文，没有外文版本。

图 8 联洋社区关于垃圾分类的宣传

也有的宣传海报中，虽然主要内容是图片和中文，但是在图示中，对垃圾分类的 4 个类别附上了英文翻译。如图 9 所示的宣传材料，整个海报以图片示意为主，用中文加以解释说明。示意图中仅有 4 个分类垃圾桶的中文名下方添加了对应的英文翻译，每一类中所包含的具体项目的名称则只有中文没有英文。

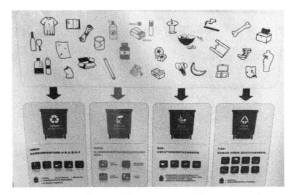

图 9　垃圾分类的中文海报

（三）向居民发放的垃圾分类宣传指南

除了在公共空间进行展示的宣传公告、分类指南以外，各社区还向居民发放了垃圾分类的宣传单页，确保每家每户都知晓相关信息。如图 10 所示，3 个社区都将分类指南发放到每位业主手上，但该指南只有中文和图示。访谈中，社区物业管理人员表示，尽管社区内有不少外国人居住，但所有的宣传材料仅有这一个版本，并没有其他语言的版本；此外，发放群体是业主，因此部分外国租客是从房东那里拿到的分类指南，相关的解释说明也是由房东和租客进行。

图 10　向国际社区居民发放的中文宣传单

不过，碧云社区有小区印制了中英文版的倡议书，并安排了可与外国人进行英文沟通的工作人员向每家每户发放，并进行相应的解释说明工作。如图11所示，倡议书一面为英文，另一面为中文，其中在介绍上海垃圾分类政策的同时，也通过举例，解释了每种类型垃圾所包含的内容。据社区居民介绍，每家都收到了中文版的垃圾分类指导手册和中英文版的倡议书，而且在发放过程中，还有工作人员用英文向住户进行简单介绍，有外国住户还会将英文版的倡议书贴在其家中的厨房，以备查阅。

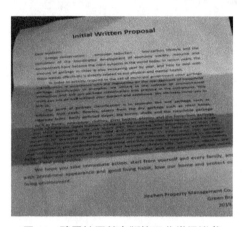

图11　碧云社区英文版垃圾分类倡议书

（四）现场监督分拣

3个社区在垃圾投放规定时间段内负责现场监督、分拣的人员均为物业聘用的环卫工作人员，大多是进城务工人员，不具备外语能力，基本无法与外国人进行日常生活交流。

三　在沪外国人对垃圾分类新规的知晓情况

通过对碧云、联洋、古北等地国际居民的调查，我们发现大多数外国居民知晓上海正在实行垃圾分类，部分人表示对垃圾分类的具体细节还不完全清楚，极少数外国居民表示之前并不知晓上海在推行垃圾分类。

（一）国际居民多渠道了解垃圾分类新规

企业与学校的宣传培训。有的国际居民表示其就职的公司就垃圾分类问题

向员工进行了相关说明和培训，但公司的培训和宣传材料均为中文，对部分不懂中文的外籍员工帮助有限。也有受访者提到其小孩所在的国际学校也开展了相关宣传与培训。

国际居民社交网络中的信息传播。有受访者提到其所居住的小区中，国际居民会在自发组建的微信群分享生活信息，不少受访者通过这一渠道了解上海垃圾分类的规定。图 12 是受访者向笔者展示的其在微信群里看到的一张英文的垃圾分类图解。也有受访者认为应更多借助图片、符号等方式进行传播，更加直观、易懂，也有助于克服语言带来的障碍。

图 12　微信群中的英文版垃圾分类指南

借助翻译软件。有受访者表示，其收到的垃圾分类指南为"中文＋图片"的版本，理解存在一定困难，所以尝试使用翻译软件的拍照翻译功能，但是效果并不理想。也有受访者利用谷歌翻译软件将英文翻译成中文，然后通过对照字形基本弄清了每一类中包含的具体内容，但过程较为烦琐。

（二）非英语背景国际居民信息获取面临挑战

在沪外国人的语言背景十分复杂，仅使用英语并不能保证满足外国人的语言需求。受访者中有德语、西班牙语背景的国际居民提出相应语种的信息需求，有的居民不得不借助朋友帮助或翻译软件自制垃圾分类指南。图 13 是一位来自西班牙的受访者为了弄清应该如何对垃圾进行准确分类而自行翻译的手抄版西班牙文垃圾分类指南。他还将自己制作的西班牙文分类指南发在朋友圈，也是为了分享给其他西班牙语背景的朋友。

图 13　外国居民自制西班牙文分类表

（三）短期旅居者对相关信息知晓度低

调查中也遇到了少数完全不了解垃圾分类新规的外国人，其中以短期旅居者为多，他们或是来到上海不久，或是来上海出差的商旅人士。他们中不少受访者表示自己完全不知道上海也在实行垃圾分类；有的虽然知道上海在实行垃圾分类，但并不了解具体分类信息；也有的表示已通过新闻知晓上海实行垃圾分类，但认为这是面向常住居民的规定，出差、旅游等短期旅居的人士不必遵守。

四　结论与建议

上海在推行垃圾分类的过程中，有面向外国人的语言服务意识，提供了一定的外语信息资源或外语服务，在沪外国人通过各种渠道对垃圾分类新规有所了解。同时，相关外语服务还存在数量偏少、语种单一、可及性不足等突出问题，不少外国人在全面理解掌握垃圾分类规则方面还面临语言困难，甚至还有少数外国人完全不知晓垃圾分类新规。为此，应当加大相关外语信息资源的供给，丰富相关外语信息资源的语种，着力提升相关外语信息资源的可及性。

（一）加大外语信息资源供给

当前有关垃圾分类的外语信息资源总体偏少。一方面，常住外国人仍有困惑。如有受访者表示，不确定是否应该以网上的垃圾分类方法为准，也不知道

向谁咨询，其所住小区放置了 2 个分类垃圾桶，而网上的分类方法需要 4 个垃圾桶。他曾尝试向小区保安询问为什么会有这种差异，但由于语言沟通不畅，并没有得到任何结果。另一方面，公共空间中缺少相关外文信息对短期往来的国际旅客影响最为明显，他们在上海停留时间较短，较难通过当地媒体和社群了解相关规定。比如，在调查中我们发现一些外国人对垃圾分类存在误解，认为旅客不受垃圾分类规定的影响。

为此，有关部门应当进一步加大垃圾分类新规的外语宣传力度。一是在城市公共空间，尤其是在旅游、住宿、交通、商业购物等公共场所的垃圾分类处理设施附近，广泛设置外文版垃圾分类指南，以利于在上海短期停留的国际旅客也能很快知晓和熟悉相关规定。二是国际社区的自治机构和物业管理机构应当在社区内进一步增加关于垃圾分类的外语宣传设施，通过宣传栏、电子屏等深入具体地介绍垃圾分类规则，以利于在沪常住外国人更好地了解并执行垃圾分类新规。三是新闻媒体，尤其是外语媒体，在开展关于垃圾分类的新闻宣传的同时，应进一步加强对分类规则等的外语宣传。

（二）丰富外语信息资源语种

在此次推广垃圾分类的过程中，无论是线上还是线下，来自官方渠道的宣传物料、指导手册、查询系统中，中文几乎是唯一使用的语言，英语主要使用在 4 个大类名称的翻译和一份 2018 年版的分类指南中，英语以外其他语种的宣传信息和指南十分稀少。

垃圾分类是一项涉及所有城市居民的公共政策，上海作为中国国际化程度最高的城市之一，仅常住外国人口就达十几万，如果计入短期往来的流动人口，则涉及的国际人口体量更为庞大。在这种情况下，为确保政策所涉及的所有人群均能及时、准确地获取必要的信息，政府在信息发布、政策宣传、执行推广的过程中需要加强对多语种的支持力度。据《上海统计年鉴（2019）》，本市的外国常住人口已逾 17 万，从来源国看，日本最多，近 3 万人；美国次之、韩国第三，均超过 2 万人；其他还包括新加坡、德国、英国、法国、加拿大等，均超过 0.5 万人。可见，除英语外，日语、韩语、法语、德语等信息资源和语言服务的需求也很迫切，尤其是日语、韩语的需求量很大，人数多且很多不掌握英语。

（三）提升外语信息资源的可及性

外国居民获得垃圾分类信息的渠道多元，但采访中无一人知晓有官方版的英文宣传资料存在，更不知如何获取。不仅外国居民，很多相关机构的中方人员，如国际社区物业管理人员等，也不清楚目前有哪些有关垃圾分类的多语资源。部分面向在华外国人群体的微信公众号在推送中也没有采用官方的英文版，而是对广为流传的中文版进行翻译或添加解释说明，这表明这些公众号的运营者也并不清楚有相关资源存在。调查过程中，笔者曾致电国际社区管理中心、12345 热线、962288 热线等咨询如何获取其他语言版本的垃圾分类指南，最初得到的答复都是"只有中文的，不清楚哪里可以找到英文版的"。12345 热线的工作人员在经过一段时间查询后才告知可以在微信公众号"垃圾去哪儿了"中下载官方的英文版 PDF。962288 热线的工作人员表示如果外国人不清楚如何分类，他们可以通过电话直接告诉对方，但是他们也不清楚哪里可以找到英文版的宣传资料。后来，工作人员向我们推荐了中国联通旗下的英文微信公众号，其中有一篇推送包含了英文版的垃圾分类指南。但该公众号仅支持中文，而且英文版资料的存放位置较为隐蔽，想要获取也需以能看懂中文为前提。这使得该资源对于不懂中文的外国居民来说，可及性较低。目前网上也缺乏对英文版宣传指南本身的宣传，使得许多国内的机构与个人也不了解英文资源的获取渠道，减少了二次传播机会，进一步降低了资源的可及性。

因此，如何增强公共政策外语信息资源的可及性，是当前迫切需要解决的问题，也是上海建设国际语言环境、打造具有世界影响力的社会主义国际化大都市面临的重要课题。我们认为，提升公共政策外语信息资源可及性的路径至少可以包括："中国上海"门户网站、"上海发布"微信公众号等应当加强外文版建设，权威发布相关外语信息，提供权威外语资料下载；相关外语媒体特别是网络媒体，应当加强对政府公共政策的宣传解读，综合运用文字、图片、视频等手段加强公共政策信息传播的有效性，努力提升在常住外国人口中的影响力和公信力；外事、商务、出入境管理等部门应充分发挥各自业务优势，通过自办网络媒体等，主动向日常联系对象如各国领事机构、驻沪外国媒体、国际企业、行业协会及面向外国人的相关社会组织等推送外文版公共政策信息；面向外国人的服务机构，如移民融入服务中心、外国人融合服务中心、国际社区自治机构、12345 热线等，应当主动整合权威外语信息资源，不断提升外语服务能力，为有需要的外国人提供高质量的公共政策外语信息咨询服务。

　　随着"全球城市"建设的推进，上海的语言多样性会更加丰富，城市治理过程中也面临着更为复杂的语言问题。上海过去在为外国人提供国际化服务（包括语言服务）方面具有丰富而有效的实践经验，但是从垃圾分类的推广中可以看出，面向"全球城市"的语言治理所涉及的不仅是在公共领域如何向国际人士提供语言服务，更重要的是在城市治理中如何通过制定语言政策为管理在沪国际人士提供语言支持。

（杜宜阳）

新冠疫情防控中的外语服务调查[*]

上海是我国国际化水平最高的城市之一，外国常住人口逾17万，语言多样化、复杂化程度高，外语服务需求集中。21世纪以来，上海在外语服务方面采取系列措施，加强外文版网站和外语媒体建设、设立外语咨询服务热线、组建外语服务志愿者队伍、规范公共场所外文译写，取得积极成效。2020年以来，新冠疫情肆虐，面向在沪外国人的疫情防控政策的发布与执行，对城市外语服务能力进一步提出严峻考验。本报告通过网络调研与访谈相结合的方式，探究上海在新冠疫情防控中的外语服务状况，分析其中存在的短板与不足，并就上海进一步加强外语服务能力建设提出思考与建议。

一 举措与实践

对不懂中文或中文不熟练的在沪常住外国人而言，防控政策与疫情信息的获取与咨询、数字政务系统中健康码等涉疫功能的使用、隔离封控期间与工作人员的即时沟通，以及如果感染后诊疗过程中的医患沟通等，都面临迫切的外语服务需求。以需求分析为线索，我们调查梳理了上海在疫情防控中的外语服务供给状况。

（一）数字政务平台涉疫功能使用中的外语服务

数字政务平台在本次疫情防控中发挥着不可或缺的作用，诸如健康码、行程码、核酸检测、疫苗接种等服务往往都需要在数字政务平台中完成相关操作，使用频次很高。上海的数字政务平台"随申办"在疫情之前已上线了国际版，在疫情防控期间，"随申办"国际版及时为"随申码""核酸码""扫描二维

---

　　[*] 本文系国家语委重点科研项目"应急语言服务中人机协作的多语交际研究"（ZDI135-137）、上海市教育科学研究项目"城市语言规划视角下上海市语言文字监测与评估体系构建研究"（C2021204）阶段性成果。

码""核酸检测报告查询"等涉疫常用功能提供了英文版本并将相关功能入口展示在首页，方便外籍居民使用。具体如图1、图2所示。

图1 "随申办"涉疫服务英文版　　　　图2 "随申码"英文版

移动平台"上海健康云"为外籍人士设置了专用二维码，方便外籍人士进行预约接种、展示接种条码、查询接种记录等，具体如图3所示。

图3 疫苗接种流程信息英文版

（二）涉疫信息发布中的外语服务

政府网站中的多语种涉疫信息专栏。疫情防控期间，除市区两级政府门户网站中更新的疫情相关信息外，市外办自 2020 年 2 月 2 日起在其网站中设置疫情防控专栏，用中、英、法、日、韩 5 种语言发布疫情防控相关信息，用户从网站首页即可进入该栏目（见图 4）。从中可见，市外办的疫情防控专栏分为最新动态、温馨提示、社会新闻三大版块。其中"最新动态"版块主要发布当天疫情新闻发布会媒体发布稿和重要防控政策，以及针对境外人士的相关规定，更新频次最高，2020 年 2 月—2021 年 12 月间以 5 个语种发布相关信息累计 500 余条，在 2020 年 2 月疫情最为严重的时期保持每日一更新。"温馨提示"版块主要发布疫情病例活动轨迹、风险区域以及境外人士入沪隔离政策等信息，更新频次相对较低，2020 年 2 月—2021 年 12 月间以 5 个语种发布相关信息累计 150 余条。"社会新闻"版块仅提供中英双语或纯英文信息，累计发布不足100 条，最后的更新时间为 2020 年 4 月。

图 4　市外办疫情防控外文信息专栏

移动端政务平台的多语种信息发布。疫情防控期间，上海逐步加强了移动端的多语种信息发布。市外办于 2020 年 2 月 20 日注册了官方微信号，于 2 月28 日起开始以中、英、法、日、韩 5 种语言推送上海防疫情况媒体发布稿，更

新内容和频次与其官网疫情防控专栏基本一致。2020—2021年间，其推送的防疫相关信息中英文版单篇最高阅读量达60 000次以上，日文版达20 000次以上，韩文版达6000次以上，法文版达2000次以上。

本地媒体的多语种涉疫信息推送。上海日报社的微信公众平台"上海日报SHINE"和上海广播电视台的微信公众平台"上海外语频道ICS"以英文推送疫情相关信息。2020—2021年间，"上海日报SHINE"推送疫情相关英文信息180余篇，单篇最高阅读量达19 000次。"上海外语频道ICS"于2020年11月18日正式认证，疫情期间推送疫情相关英文信息50余篇，单篇最高阅读量达3000次以上。

（三）涉疫信息咨询中的外语服务

对外信息服务热线。在2020年1—2月疫情防控最为紧张的时期，962288上海对外信息服务热线（以下简称"962288热线"）受理外国人疫情服务请求1765人次，其中延伸服务联络电话4012话次，支持英语、法语、德语、日语、韩语、西班牙语、意大利语、俄语、阿拉伯语、马来语、印尼语、土耳其语等15个语种，涉及美国、英国、法国、日本、俄罗斯、加拿大、澳大利亚、西班牙、巴基斯坦、突尼斯等27个国家[①]。

市民热线增设外语坐席。疫情防控期间，12345政务服务便民热线（以下简称"12345热线"）可以提供咨询服务的语种增至7个，包括英语、日语、韩语、法语、德语、西班牙语、俄语。市外办选派了16名青年外语志愿者为12345热线提供远程翻译支持，在非外语坐席服务时间，话务员也会将外语服务需求转接至相应外语志愿者，保障应急外语信息咨询服务24小时不断线。

外语热线为重点领域和区域提供语言支持。在市政府12345"热线办"、市外办、团市委等有关部门的组织协调下，依托上海外国语大学，组建12345热线城市涉外抗疫志愿者服务队，并配备了1180名、涵盖27个语种（含意大利语、波斯语等紧缺语种）的志愿者储备力量，面向机场、口岸、基层社区、隔离点、医院、外资企业等提供应急语言服务[②]。

（四）应急沟通中的外语障碍解决方案

隔离封控期间，工作人员与常住外国人之间关于防疫政策、生活保障等的

---

① 参见：https://mp.weixin.qq.com/s/cBnoS97XXuPMBoqeVaO3sQ。

② 参见：https://mp.weixin.qq.com/s/GEMndDYU_xqcjzNyvYoJww。

即时沟通，以及常住外国人如果感染后诊疗过程中的医患沟通等，如遇外语障碍，主要有以下3种解决方案。一是配备具有基础外语能力的工作人员，如在外国人口居住集中的社区配备具有基础外语能力的涉外社工，目前全市共有300多名涉外社工，其外语能力覆盖了英、日、韩等语种；又如，上海市公安局静安分局成立了上海公安首支防疫外语小分队，分局团委根据一线警务人员反馈的常见问题与语言需求，还制作了"警务英语'疫'卡通"，卡片上印有防疫相关常用词的中英文，同时录制了相应音频，民警扫描二维码后可以学习词语发音①；再如，在涉外隔离点、集中诊疗点等配备具有外语能力的医护人员。二是在现场工作人员不具备外语能力或具备基础外语能力的现场工作人员不能完全解决问题的情况下，求助对外服务热线、市民热线及语言服务志愿者，主要通过在线"三方通话"的方式进行即时沟通。三是通过翻译软件进行即时沟通。调查显示，翻译软件在日常生活问题的沟通方面发挥了重要作用，相比翻译机或翻译软件等专门性软硬件产品，在沪常住外国人更倾向于使用以微信翻译为代表的嵌入式翻译功能，不过翻译服务语种在英语基础上还需进一步丰富。

（五）疫情防控外语服务的志愿服务机制

要使防控政策和疫情信息及时、准确地传达至每一个常住外国人，并促使其遵守执行，外语服务的需求非常大。一方面，公共媒体中的涉疫信息密集发布，其多语种翻译任务繁重；另一方面，外国人居住社区的涉疫管理中的外语服务需求巨大。其一，除了古北、联洋、碧云、张江等外国人居住相对集中的社区，其他外国人的常住点分散且几乎遍布全市，很多小区或多或少都有外语需求。其二，涉及的语种以英、日、韩为主，德、法、意、西等语种也有需求。其三，公共媒体中的涉疫信息在社区的涉疫管理中仅仅是基础性的，要将防控工作落到实处，需要翻译或即时沟通中涉及的信息更加具体、细致，且不同社区各不相同，如针对具体对象的密接次密接人员认定、隔离时长、隔离措施、隔离期间注意事项、核酸检测通知组织、生活物资购买指南或发放等信息的发布与咨询，对不愿配合人员的政策解释和说明劝导，等等。

支撑如此庞大外语服务需求的，主要是外语志愿服务。为适应大型国际性活动等的需求，上海有关部门建设有一支相对稳定的外语服务志愿者队伍，但在疫情防控特别是封控管理的应急状态下，除满足入境口岸、隔离点等重点区

---

① 参见：https://mp.weixin.qq.com/s/gQBpHODfm8W9EnnFg2fcVA。

域外语服务的需求外，远不能满足全市其他方面的庞大需求。因此，疫情期间不同层面的工作都紧急招募志愿者。市级层面，市外办等招募的志愿者主要承担涉疫信息多语种翻译的任务，以及为对外信息服务热线、市民热线等提供外语服务支持；市民政局则建立了上海社工应急服务团和涉外社工服务小组在线平台，实时共享全市各区的涉外情况，提供涉外服务。社区层面，有的以街道为单位成立翻译服务队，更多的是以小区、居委会为单位各自招募志愿者，为本小区、本居委会的具体防控工作提供外语服务。

志愿者的主体力量是高校外语专业师生，上海外国语大学、复旦大学、上海交通大学、华东师范大学、同济大学等很多高校成建制参与志愿服务。二是有关社会机构积极参与志愿服务，如上海文化贸易语言服务基地先后为虹桥镇政府、半淞园路街道等派出数十名英语、韩语、日语志愿者，为防疫工作提供语言服务和沟通保障。三是挖掘各领域专业力量参加志愿服务，如虹口区嘉兴路街道通过街道商会等渠道，招募到数位具备波斯语等小语种能力的导游加入街道翻译服务队，通过与外籍居民添加微信等方式开展一对一应急语言服务①。四是动员常住的外国人参与志愿服务，如浦东陆家嘴街道仁恒滨江园社区组织小语种母语背景的国际居民参与对特定对象的防疫政策宣传解释；又如在长宁区外事办的指导下，虹桥友谊联盟成员邀请在沪来自 23 个国家和地区近 70 位国际友人共同参与录制了"守沪长宁"短视频，展示了国际居民对上海疫情防控的支持与贡献②。

志愿者的工作方式以线上服务为主，也包括在入境口岸、隔离点、外国人居住小区等的现场服务。工作内容以涉及多语种的文档翻译为主，其他还包括抗疫相关音视频多语种版本录制、即时沟通中的"三方通话"支持等。工作机制以需求导向的"接单制"为主，需求方的文档发在相应语种的翻译群、志愿者群组中，大家自愿认领，这种形式让志愿者参与服务的灵活性、自主性更强，降低了参与语言志愿服务的时间成本，从而激发了更多人参与相关语言服务的意愿。

二　问题与不足

调查显示，疫情期间上海"自上而下"的外语服务举措和"自下而上"的外语服务实践，为涉外疫情防控提供了有力的语言支持。调查同时发现，上海

---

① 参见：https://mp.weixin.qq.com/s/0t35sS8ydfWTBJsjyqmA5g。

② 参见：https://mp.weixin.qq.com/s/YsoxJMHF-lt5tqvKJS8g6A。

在应急管理中的外语服务也还存在短板和不足。

（一）数字平台中外语服务功能可达性有待加强

当前上海市区两级政府政务网站与移动端政务平台中外语服务功能入口的可达性有待进一步加强，表现在两方面：一是相关数字平台首页语言服务功能入口的可见度与识别度有待提高，二是通过外文检索很难直达相关页面。

语言服务功能入口的可见度与识别度有待提高。以"黄浦政务"为例，其首页对无障碍服务与提供适老语言服务的长者模式入口进行了突出显示，但是将多语种服务的入口隐藏，且没有提供相应标识指引（见图5）。

图5 "黄浦政务"移动端平台首页隐藏外语服务入口

图5中左上方被圈出的部分为导航栏，在导航栏底部才能找到其提供的繁体中文、英文、韩文服务入口。但导航栏本身并不显著，且这与其政务官网中以"地球"图标指示外文服务入口的形式并不一致，为人们切换外文版带来不便。这可能是由于移动端在手机屏幕上有限的显示空间所致。

通过外文检索很难直达相关页面。相关数字平台语言服务可达性不高的另一个表现是难以通过外文检索进入对应的外文版政务网站或下载到相关移动应用。以长宁区政府官网为例，以英文"Changning government"检索所得结果中排在第一位的是"常宁市人民政府网站"，"上海市长宁区人民政府"排在搜索结果第三位，且搜索结果均为中文，无法通过此关键词检索直接进入对应的外文版网站。对于看不懂中文的外国人，可能出现进入错误网站或者无法找到有效信息的情况。

在移动端应用商店中，也很难通过外文检索找到对应移动应用进行下载。这主要是由于这些移动端政务平台并无正式外文/英文名称或名称较为复杂。比如上海"一网通办"移动端应用的中文名称为"随申办市民云"，英文名称

为"government online-offline Shanghai",但是无论使用这一名称还是关键词"Shanghai government"都难以在应用商店中搜索出对应的移动端应用。

（二）语言服务信息的传播力不足

除了数字平台中语言服务功能可达性不高外，其他语言服务信息也存在传播力不足的问题，特别是相关外语服务在国际居民中知晓度还较低。在对 15 位国际居民的调查中发现，知晓上海对外信息服务热线的仅 1 人，但其仅听说过这项服务的存在，却不知道热线电话的具体号码，也没有实际使用过。知晓 12345 热线有英文服务的有 4 人，知晓疫情期间 12345 热线可提供其他语种外语服务的人数为 0。15 人中实际拨打过 12345 热线外语服务的有 1 人，但电话并未接通。

造成这种现象的原因一方面是移动端官方账号对本市语言服务相关信息的介绍宣传力度仍不足。比如疫情期间"上海外事""上海日报 SHINE""上海外语频道 ICS"等微信公众平台外文信息推送中均没有介绍 962288 热线的内容。"上海外事""上海外语频道 ICS"的外文推送中也没有介绍 12345 热线中外语服务的内容；"上海日报 SHINE"疫情期间有 30 余篇英文推送提及了 12345 热线，但正式介绍 12345 热线外语服务的推送仅 2 篇。

另一方面，移动端官方外语信息发布平台本身的传播力仍有待进一步加强。比如微信公众号"上海日报 SHINE"于 2020 年 2 月 1 日与 2 月 19 日的英文推送中均介绍了 12345 热线的外语服务，但这两篇推送两年间累计阅读量分别为 2000 次以上与 1000 次以上；获得的"在看"（推荐）数分别为 14 与 5；获得的评论数分别为 0 与 3（其中一条为中文评论）。

（三）外语志愿服务的供需信息不对称

从疫情期间应急语言服务实践的方式看，目前上海一方面面临外语服务资源利用率不高的问题，另一方面也存在国际居民的外语服务需求难以得到及时响应的现象，外语志愿服务的供需双方存在着较突出的信息不对称问题。

外语服务资源利用率不高。对参与远程热线服务的有关志愿者的访谈显示，疫情期间"服务等需求"是常态，接到的热线很少，整个服务周期接到的外语咨询电话普遍不足 5 个，接听最多的志愿者也不超过 10 个。

外语服务需求难以得到及时响应。对 15 位疫情期间在沪外国人的访谈发现，接受过语言志愿者服务（热线、社区）的仅 2 人。接受调查的外国人表示曾在疫情期间不同程度遇到政策疑问、防疫相关信息获取、物资采购等方面的信息与沟通障碍，但主要通过翻译软件和朋友帮助解决。他们的共同特点是所居住小区很少或没有其他外国人，因此没有收到双语或外文防疫信息，也没有接受过远程翻译服务。

这表明，当前上海对城市语言服务需求在地理空间中的分布还缺乏预判与识别，对点状分布、分散居住的外国人的语言服务需求还不能及时发现和回应。选择融入本地社区的外国人日常生活一般不存在语言障碍，但并不意味着他们在任何情况下都没有语言服务需求。在应急管理中，这可能形成短板与漏洞。

（四）不同主体间语言服务协同性有待加强

疫情防控期间，相关语言产品重复性研制现象普遍存在，这实际暴露出不同主体间应急语言服务的协同性有待加强，或者还缺乏信息沟通与协同联动的机制。比如，前文提及各街道、各部门均有招募语言志愿者的需求，他们具体工作内容大致相同，研制相关语言产品是其中的重要内容之一。这些语言产品包括：相关法规政策、通知告示、提示贴士等材料的翻译或宣传类音视频的录制与字幕翻译。这些产品在内容和功能上往往雷同，由统一的团队进行翻译、制作，发给有关社区与单位后，结合具体情况对其中部分信息进行修改才是效率更高的做法。虽然市外办组织志愿者进行了统一的文档翻译并发给各区，但各区、各部门分别招募志愿者从事文档翻译与音视频录制是普遍现象，是语言志愿者最主要的工作内容。这也许是因为有的基层社区并未收到统一研制的相关语言产品，也许是市级层面翻译的内容还不能满足一线管理的需要。这就需要进一步探索应急语言服务各主体间协同联动的有效机制，避免相关语言产品的重复性研制。

三　思考与建议

针对上述问题与不足，上海要进一步提升城市外语服务能力，完善疫情防控等应急状态下的外语服务机制，我们建议从以下 4 个方面着力。

（一）加强语言服务资源平台建设

建设语言服务资源平台有三方面作用：一是可以汇总语言人才信息与相关

服务动态，便于人们查询和获取相关资源与信息；二是可以成为发布语言服务需求，反馈应急语言服务中问题与不足的渠道，从而更及时、有效地识别和响应语言服务需求；三是可以将此次疫情中已研制的语言产品保存、整理和发布，最大限度提升相关产品的应用价值，提升今后应急语言服务效率，避免过多重复性工作。这就需要在语言服务资源平台中集成全市语言服务人才资源库、语言服务需求发布平台、语言服务质量反馈与建议平台、应急语言服务产品库与知识库等内容。

（二）优化数字政务平台中的外语服务功能

针对数字政务平台中已提供的语言服务功能，一方面需要优化其访问界面，在首页中为相应功能入口设置文字提示并突出显示；另一方面需要进一步加强数字政务平台中语言服务的完备性。完备性的不足体现在两方面：一是政务网站与移动端数字平台的语言服务内容仍不一致。比如各区政务网站绝大部分已提供外文服务，移动端大部分没有提供相应的外文服务。二是目前数字政务平台中外语服务支持的语种仅局限于英语。但从上海市外籍人士的来源国来看，日本最多，有近3万人；美国次之、韩国第三，均超过2万人。部分日本人、韩国人并不熟悉英文，因此日文、韩文在上海也有较大的潜在服务需求，可在未来考虑通过在数字政务平台中内置机器翻译功能等方式提供多语种外语服务。

（三）多渠道加强本市语言服务信息的网络传播

对于本市已有的语言服务资源与服务渠道，应多渠道加强宣传推广。一是进一步加强官方平台对本市外语信息咨询热线等语言服务的宣传推广力度，尤其是移动端信息平台的推送与介绍；二是善用推荐算法，加强对重点人群的宣传推广工作，可通过加强与"抖音""今日头条"等产品的合作，结合这些平台所掌握的用户信息，将多语种外语服务等相关介绍信息融入相应目标群体的信息流之中，帮助他们被动获取相关服务信息；三是推动其他商业化平台或账号增加相关语言服务信息的推送、转发与宣传力度，比如据接受访谈的在沪外国人介绍，他们平时很少关注上海官方媒体的消息，更多是通过外国人自发组建的微信群或"SmartShanghai""AnyShanghai"等长期面向外国人服务的商业化账号获取信息。

（四）进一步推动在基层单位部署语言服务智能终端

疫情期间，推动手语视频热线服务向基层部署是本市应急语言服务的一大特色，取得了良好效果。我们认为，这一经验同样适用于外语服务的推广与部署。在推广手语服务中部署在各基层部门的平板电脑只要安装翻译软件等应用完全可以作为综合性语言服务智能终端。此外，建议对多语信息服务热线也采取类似的部署方式，在有关基层部门设置外语服务窗口，但服务人员并非现场工作人员，而是通过具有三方通话功能的电话机或智能终端接入 12345 热线的外语坐席或 962288 热线。这样一来，外语热线服务不再是为特定对象人群服务，而是服务于外语交际场景。这样做有两个好处：一是避免外国人因不了解相关信息而无法获取服务；二是寻求热线服务的决策权可转移至有关部门的工作人员，这样可以对服务需求进行更精准的分级，保障紧急、重要、确有所需的需求能及时得到响应，分化部分非紧急、非必要服务需求，提升外语热线服务效能。

（杜宜阳、张日培）

旅游景区外语服务调查*

加强旅游景区外语服务，对本市发展国际旅游、提升城市形象、打造具有世界影响力的社会主义国际化大都市具有重要意义。2021 年 1—3 月，我们对本市旅游景区外语服务状况进行了调查。调查内容包括旅游景区面临的外语服务需求以及在外语服务方面采取的主要措施、存在的主要问题等，调查方法包括文献梳理、会议访谈和问卷调查，调查对象涵盖本市 68 家不同层级与类型的旅游景区。

一　外语服务需求状况

调查显示，本市旅游景区外语服务需求迫切，主要体现在以下 3 个方面。

（一）入境外国游客数量庞大

据《上海统计年鉴（2020）》（以下简称《年鉴》），疫情前本市的国际及港澳台旅游入境人数逐年增长，2019 年全年已达 897.23 万，其中除港澳台以外的外国游客达 692.12 万。在对 68 家景区的问卷调查中，51 家表示经常需要接待外国游客且疫情前游客数量很大，9 家未做相关统计但表示日常有外国游客，只有 8 家明确表示日常几乎没有外国游客。

（二）入境外国游客母语背景多样

《年鉴》的相关统计以及对景区的问卷调查结果显示，外国游客的来源国涵盖日本、美国、韩国、德国、澳大利亚、新加坡、英国、法国等多个国家，涉及英语、日语、韩语、德语、法语等多种母语背景。其中，来自日本、美国、韩国的游客数量最大。据《年鉴》统计，日本和美国游客数量最多，年度总量分别都达 100 万左右；问卷调查中，18 家景区反映数量最大的是韩国游客、16家景区反映数量最大的是美国游客、12 家景区反映数量最大的是日本游客。会

* 本文系 2021 年上海市教育委员会非竞争性社会科学课题"国际化大都市多语环境建设研究"阶段性成果。

议访谈结果进一步显示，在旅游外语服务中，除英语外，日语、韩语的需求量也很大，因为日、韩游客普遍不具备英语能力；此外，德语、法语母语背景游客通常可以通过英语进行简单的沟通，但特定情况下也有母语服务需求。

（三）各景区在外国游客接待中不同程度存在语言障碍

经常接待外国游客的景区普遍反映不同程度遇到过与外国游客的语言沟通障碍。日常交际、一般性服务和导览解说服务等方面的外语沟通问题经过多年努力，正不断得到解决；而在宣传垃圾分类政策、执行疫情防控规定、讲解相关游乐设施安全保障要求、处理突发事件等特定场景下，外语沟通问题还十分突出。

二　外语服务供给状况

调查显示，本市旅游景区具有较强的外语服务意识，努力加强外语服务供给，主要在以下 4 个方面采取了相关措施。

（一）设置外文标识

被调查的 68 家景区都设置了中外文对照的公共标识。其中，36 家设置了中英文双语标识，16 家设置了中英日三语标识，10 家设置了中英韩三语标识，6 家设置了中英日韩四语标识。英文标识全覆盖，设置日文标识的有 22 家，设置韩文标识的有 16 家，没有其他语种的外文标识。为进一步考察外文标识的覆盖面，我们还将公共标识进一步区分为票务服务窗口标识、游客服务中心标识、功能设施标识、景区解说标识、安全警示标识和指示指令标识 6 类，分别进行了调查统计（见表 1）。

表 1　旅游景区外文标识设置具体情况　　　　　　　　　　单位：家

标识使用语言	票务服务窗口标识	游客服务中心标识	功能设施标识	景点解说标识	安全警示标识	指示指令标识
中文	63（92.6%）	65（95.6%）	68（100.0%）	68（100.0%）	68（100.0%）	67（98.5%）
英文	59（86.8%）	58（85.3%）	63（92.6%）	64（94.1%）	58（85.3%）	55（80.9%）
日文	9（13.2%）	11（16.2%）	15（22.1%）	18（26.5%）	10（14.7%）	6（8.8%）
韩文	4（5.9%）	10（14.7%）	12（17.6%）	9（13.2%）	7（10.3%）	4（5.9%）

（二）配备外语导览设施

导览设施主要包括纸质导览手册、触屏导览设施和语音导览设备。我们重

点对表示经常接待外国游客的 51 家景区配备外语导览设施的情况进行了调查统计（见表 2）。

表 2　旅游景区配备外语导览设施具体情况　　　　　　单位：家

导览服务语言	纸质导览手册	触屏导览设施	语音导览设备
中文	51（100.0%）	40（78.4%）	26（51.0%）
英语	51（100.0%）	28（54.9%）	26（51.0%）
日语	22（43.1%）	2（3.9%）	7（13.7%）
韩语	15（29.4%）	1（2.0%）	8（15.7%）
西班牙语	—	—	1（2.0%）
德语	—	—	1（2.0%）
意大利语	—	—	1（2.0%）
法语	—	—	1（2.0%）

在纸质导览手册方面，51 家景区都予配备，其中提供中英文双语种版本的 18 家、提供中英日三语版本的 18 家、提供中英韩三语版本的 11 家、提供中英日韩四语版本的 4 家。在触屏导览设施方面，有 40 家景区配备，其中 28 家有外文版（另 12 家只有中文版），外文版中 25 家为中英文双语版、2 家为中英日三语版、1 家为中英韩三语版。在语音导览设备方面，有 26 家景区配备，均包含外语版设备，其中 15 家同时提供中英双语设备、4 家同时提供中英韩三语设备、3 家同时提供中英日三语设备、3 家同时提供中英日韩四语设备，还有 1 家同时提供中英日韩西德意法八语种设备。

（三）建设外语网络媒体及智能化服务系统

被调查的 68 家景区中，60 家（88.2%）建有门户网站，其中 28 家（41.2%）建有外文版，包括中英双语版 24 个、中英日三语版 2 个、中英韩三语版 1 个、中韩双语版 1 个。63 家（92.6%）开通了微信公众号或开发了移动端网络应用，其中 16 家（23.5%）提供外文版，在普遍提供英文版的基础上，各有 1 家提供日文版和韩文版。

同时，有 46 家景区表示正在开展智慧景区建设，通过运用数字化手段，构建综合性信息系统，主要在移动端为游客提供智能化导航、导游、导览、安全预警、旅游信息反馈、旅游产品导购等服务，这些系统都将在中文版基础上逐步开发英、日、韩等外文版。我们对各景区智能化系统的服务内容和相关功能进行了调查统计（见表 3）。

表3　正在建设外语服务智能化系统的旅游景区具体情况　　　单位：家

景区外语服务智能化系统的服务内容与功能	数量
提供多语种智能化导航、导游等服务	34（73.9%）
提供多语种游客预警、安全提示等服务	23（50.0%）
提供多语种旅游信息反馈服务（如查询服务、投诉申告等）	17（37.0%）
提供多语种导购服务	11（23.9%）
发布多语种广告营销、智能优惠券等信息，建设旅游营销平台	9（19.6%）

（四）提升员工外语能力

被调查的68家景区中，窗口服务人员可提供英语服务的有34家（50.0%），可提供韩语和日语服务的各有4家（5.9%）和3家（4.4%）。这些外语服务分布在不同的对外服务窗口（见表4）。

表4　不同窗口服务人员外语使用具体　　　单位：家

窗口服务人员使用语言	窗口票务	游客服务	电话咨询	导游外事等	旅游商店	景区餐饮
英语	31（45.6%）	28（41.2%）	24（35.3%）	34（50.0%）	20（29.4%）	16（23.5%）
韩语	3（4.4%）	3（4.4%）	4（5.9%）	3（4.4%）	1（1.5%）	1（1.5%）
日语	2（2.9%）	3（4.4%）	2（2.9%）	2（2.9%）	2（2.9%）	1（1.5%）

被调查的景区大多都比较重视对员工外语能力的培训。51家景区都有相关培训措施，其中以指定人员参加上级部门的统一培训为主，也有不少景区有计划地开展内部培训或指定人员参加语言机构的培训。同时，也有17家景区没有员工语言能力培训措施或计划。

三　存在问题与不足

调查显示，本市旅游景区外语服务还存在不少问题与不足，主要表现在以下几方面。

（一）外语服务设施建设水平不高

除外文标识和外文版纸质导览手册覆盖面较广外，配备外文版触屏导览设施和语音导览设备、建设外文版网站的景区占比不足50.0%，即使在经常接待外国游客的景区中占比也刚刚过半。而为当前应用更为广泛、需求更为迫切的移动端

网络应用建设外文版的景区更低至 25.0% 左右。相对本市国际旅游入境的外国游客总量，整体水平亟待进一步提升。相当一部分景区的外语服务还仅仅停留在设置外文标识、配备外文导览手册层面，亟须加强系统设计和长远规划。

（二）员工外语能力不足

窗口服务人员能够用外语提供服务的只有 50.0%。不同层次景区在吸引和留住具备外语能力的人才方面差异很大。有的高等级景区能够吸引高水平专业人才，如有 19 家景区配备有专司接待国际游客的礼宾团队。大多数景区不具备组织专业语言服务队伍的条件。因此，不少景区反映日常接待外国游客还面临不少语言沟通问题，超过一半的景区反映需要通过翻译设备、联系外语志愿者等方式解决语言问题；甚至有近三成的景区反映需要通过纸笔、手势等解决语言沟通问题。

（三）外文译写规范性难保证

公共标识、外文导览手册等的外文翻译，有 53 家景区（77.9%）主要由员工或景区专门部门自行翻译，有 25 家景区（36.8%）外包给翻译公司。主动请高校专家、有业务往来的外国专家等专业人士进行翻译的仅 13 家（19.1%）。了解公共服务领域英文、日文译写规范国家标准，并以此为译写依据的只有 12 家（17.6%）。

（四）突发事件应对等特殊场景中的语言沟通机制尚未建立

在表示经常接待外国游客的 51 家景区中，近一半（24 家）反映遇到突发事件时无法用外语沟通。我们特别就疫情防控方面的外语沟通问题进行了调查统计，不少景区都表示在各类防疫告示的翻译、请外国游客出示健康码时的沟通、按照防疫要求拒绝外国游客进入景区时的沟通、请外国游客出示证件时的沟通、劝说外国游客戴口罩时的沟通等方面遇到过语言沟通困难（见表 5）。

表 5　新冠疫情期间经常接待外国游客景区的外语服务问题　　　单位：家

疫情期间的外语服务问题	总数
各类防疫告示的翻译问题	28（54.9%）
请外国游客出示健康码时的沟通困难	18（35.3%）
按照防疫要求拒绝外国游客进入景区时的沟通困难	18（35.3%）
请外国游客出示证件时的沟通困难	17（33.3%）
劝说外国游客戴口罩时的沟通困难	14（27.5%）

（五）服务语种覆盖与实际需求不匹配

景区外语服务目前还主要集中在英语服务，能够提供日语、韩语服务的景区数量极其有限，这与日韩游客数量庞大且通常不具备英语能力的现状严重不匹配。如，纸质导览手册提供日文版（22家）和韩文版（15家）的都不到一半，触屏导览设施提供日文版和韩文版的各只有2家和1家，语音导览设备提供日文版和韩文版的各只有7家和8家，网站建有日文版和韩文版的各只有2家，微信公众号等移动端网络应用建有日文版和韩文版的各只有1家，窗口可提供韩语和日语服务的各只有4家和3家。此外，对年游客总量多则二三十万、少则十几万的德法意西等游客而言，相关语种服务几乎为零。

（六）政策支持力度有待进一步加大

被调查景区普遍希望上级管理部门及相关机构为景区外语服务提供更多的指导与支持。如：加大对外语服务设施建设的投入与支持力度，下发相关文件、资料时同时提供外文版本，为景区标识等外语翻译提供帮助，增加员工外语培训机会，建设统一稳定的外语志愿者服务团队，为景区数字化多语服务建设提供帮助，等等。问卷调查中相关选项的勾选率都超过了50.0%。

四　思考与建议

本市旅游景区具有较强的外语服务意识，在外文标识设置、外语服务设施建设、窗口外语服务供给等方面开展了积极的探索与实践，取得了一定成效，但外语障碍仍不同程度存在，解决外语沟通问题仍面临不少困难，外语服务的需求与供给还不匹配。为此，建议本市旅游管理、语言文字等部门进一步加强对旅游景区外语服务的管理监督和指导支持。

（一）加强管理和监督

将旅游景区外语服务纳入本市旅游服务能级提升、国际语言环境建设的重要内容，加强顶层规划，实施专项工程，全面系统推进。将外语服务供给及外语使用规范情况纳入对景区进行评级认定、复审复核的内容，促进各景区进一步增强外语服务意识，不断提升外语服务能力。

（二）完善旅游领域外文译写监管与服务机制

坚持政府主导、社会参与，充分发挥本市英译专家委、高校外语专业、有关志愿者组织以及翻译服务市场机构等的作用，探讨为旅游景区外文标识、外文导览手册等提供专业翻译服务、进行译写规范审核的机制。加强对全市旅游领域公共标识、导览手册及数字化设备设施等外文译写规范情况的监测与研究，及时发现问题、及时落实整改，同时建设旅游领域多语种语料库并向社会公开，服务各景区按需选用。

（三）建设稳定的旅游语言服务志愿者队伍

加强多语种人才储备，鼓励高校外语专业师生、跨国公司员工、语言服务行业专业人员以及在沪常住的外籍人士等积极参与旅游语言志愿服务。完善志愿服务机制，打通景区与语言志愿者团队的沟通渠道，为景区提供长期、稳定的，内容包括复杂场景语言沟通、景区员工外语能力培训等多方面的服务支持。

（四）探讨突发事件应对和复杂场景下外语沟通的即时服务供给机制

探讨建立相关机制，针对特定复杂场景中的外语沟通需求，整合市场语言服务资源、志愿者组织等力量，通过远程视频"三方通话"等方式，为旅游景区提供突发事件应对和复杂场景下的即时外语服务。

（五）建设全市统一的旅游信息数字化服务平台

加大对各景区触屏导览、语音导览等外语服务设施建设的支持与投入力度，推动景区外语服务的技术赋能。建设全市统一的集成景区介绍以及交通、气象、餐饮、住宿、购物、休闲、文娱、安全风险、医疗急救、旅游者流量和服务质量等信息的旅游公共信息发布和咨询数字化平台，并逐步开发多语种外语版本，推动政府各部门通过此平台及时发布面向外国游客的外文版公共政策信息，引导、带动各景区进一步加强并不断完善多语种智慧景区信息化系统建设。

（黄小丽）

医疗领域手语服务调查[*]

聋人因沟通障碍而普遍面临就医难的问题。加强医疗领域手语服务，促进聋人无障碍就医，是保障聋人基本权益、完善领域语言服务的重要内容。为促进上海医疗领域手语服务发展，2019 年我们分别从需求侧和供给侧对聋人就医手语服务的现状进行了调查。

一　医疗领域手语服务需求调查

需求侧调查通过面向聋人的问卷调查进行。问卷内容包括经常或主要就诊的医院及科室、医患沟通语言障碍的主要解决路径、有无借助手语翻译的就诊经历以及对手语翻译质量的评价、对就诊手语服务的期待等。调查通过各区聋协发动聋人参与，回收有效问卷 833 份。答卷聋人覆盖 16 个市辖区，除个别偏远城区，参与调查的聋人基本占各区聋人总数的 4%—5%。答卷聋人的年龄大多在 30 岁以上，占比近 88%。问卷调查的结果显示，聋人群体对就医手语服务的需求迫切而广泛，但尚未得到有效满足。

（一）聋人就医手语服务需求迫切

大多数被调查人需要通过手语进行信息沟通。被调查者中听力残疾一级的有 688 人，占比达 82.59%。这部分聋人，特别是其中 3 岁之前失聪的语前聋，依靠助听器或残余听力获得信息的可能性非常小。

文字沟通无法满足医疗需求。70.71% 的被调查人表示就医过程中会通过写字的方式或手机中语音转文字的功能与医生交流，但文字交流一般用于简单沟通，涉及医疗诊断、治疗方案等较复杂的沟通时必须通过手语。同时，尚有近 30% 的被调查人，特别是大部分老年聋人，囿于文化水平不高，无法通过文字进行有效沟通，亟须提供手语服务。

---

* 本文系国家语委"十四五"科研规划项目（YB145-22）阶段性成果。

（二）聋人就医手语服务需求广泛

聋人就医手语服务需求涉及各层级医院和多个科室。在"经常或主要就诊的医院"调查项上，有效问卷中选择三级医院、二级医院和社区医院的被调查人都占有较高的比例，分别达到 63.87%、49.22% 和 43.34%，其中三级（甲等）医院占比最高、二级医院次之。在"经常或主要就诊的科室"调查项上，有效问卷数据显示，普通外科、皮肤科、耳鼻喉科、口腔科、消化内科、呼吸内科、妇科、骨科、眼科、心血管科是就医排名前 10 的科室，其中普通外科的比例最高，达 48.14%，且与其他科室差异悬殊，见表 1。从需求的角度看，三级医院、普外科等科室，是聋人就医手语服务建设的重点。

表 1　聋人就医主要科室分布

就医科室	人数	占比
普通外科	401	48.14%
皮肤科	237	28.45%
耳鼻喉科	208	24.97%
口腔科	198	23.77%
消化内科	190	22.81%
呼吸内科	184	22.09%
妇科	180	21.61%
骨科	163	19.57%
眼科	146	17.53%
心血管科	123	14.77%

（三）聋人就医手语服务需求尚未得到有效满足

一是家人或健听人群能够提供的帮助十分有限。调查结果显示，在聋人家庭生活中，与健听家庭成员之间使用手语交流的比例偏低，健听家庭成员的手语水平普遍不高，大多只是掌握了一些简单的生活用语以满足日常交流需要。74.81% 的调查对象表示其家庭成员不能做他们的手语翻译，手语水平不佳为主要原因，有能力且愿意做手语翻译的家庭成员仅占 19.18%。除了手语水平不高的原因，"工作忙""觉得麻烦""不愿意让家人知道"等原因也导致健听家庭成员无法对聋人提供切实的帮助。此外，45.62% 的被调查人表示在就医过程中通常情况下无健听人员陪同。

二是就医过程中使用过手语翻译的聋人比例很低。仅有 7.44% 的被调查人有过手语翻译陪同就医的经历，只有约20%的被调查人表示在就医过程中通过各种方式（如手语志愿者服务、线下手语翻译、远程手语翻译等）使用过手语翻译。

（四）聋人对就医手语服务的期待

一是希望多方式、多渠道加强就医手语服务，见表2。

表2　聋人对就医手语服务的期待

选项	人数	占比
提供绿色通道	534	64.11%
提供现场手语翻译服务	486	58.34%
配备手语志愿者	429	51.50%
提供手语翻译预约服务	290	34.81%
提供网上的手语翻译服务	223	26.77%

二是希望进一步提高翻译质量。在通过各种方式使用过手语翻译的约20%被调查人中，对手语翻译的质量基本满意，但也有一定的不满意率，表示不满意的原因见表3。

表3　聋人对手语翻译不满意原因

选项	占比
医学术语翻译不出来	27.25%
看不懂手语翻译	26.29%
手语翻译的时间太短	20.05%
手语翻译没有用上海手语	19.93%
手语翻译的态度不好	3.60%
其他原因	35.17%

调查显示手语翻译质量问题是困扰就医手语服务的瓶颈之一，手语存在地域差异性、手语翻译对手语的认知程度、手语翻译的专业化程度等都是造成翻译质量不高的重要因素。

三是多数聋人希望提供公益性的手语翻译服务。调查显示，聋人对收费翻译服务的接受度不高。目前聋人就医手语翻译的费用主要是由各级残联承担医院外志愿者的津贴，而如需聘请专业手语翻译，则需要聋人支付额外费用。有效问卷中，只有25.09%的被调查人可以接受支付全部费用，23.17%的被调查

人可以接受支付部分费用，而有 51.74% 的调查人表示不能接受收费服务。不过，本科以上教育程度的聋人对支付费用有较高的接受度。

二　医疗领域手语服务供给调查

当前上海医疗领域手语服务供给主要包括两类，一是残联、精神文明委和医疗卫生部门在有关医院推出的公益性"助聋门诊"，二是有关机构、企业等提供的市场化手语翻译服务。我们通过网络检索、聋协负责人访谈、手语翻译服务机构负责人访谈、手语翻译服务机构问卷调查等方式，进行了供给侧调查。

（一）公益性助聋门诊取得积极成效但供给仍显不足

助聋门诊是聋人就诊的绿色通道，可以优先挂号、优先就诊，同时全程提供手语服务。手语服务由市、区聋协等负责提供手语翻译人员，由医院负责提供助聋义工。前者是经专业认证的手语翻译，后者是经培训具有基础手语能力的志愿者。志愿者包括医院的窗口服务人员、医护人员、义工，以及社区志愿者、社会招募人员等。

2012 年同济大学附属东方医院在全市首设"无声有爱"助聋门诊。2014年市文明办、市卫生系统文明委、市残联和市志愿者协会联合推出《上海市医院志愿者（窗口人员）手语培训手册》，启动对医疗机构志愿者的手语培训。2018 年市残联和团市委在区级医院启动问诊手语翻译服务试点工作。截至 2021年 12 月，上海市开设助聋门诊的医院共 10 家，分布在 7 个市辖区，具体见表4。不同医院采取了不同的服务方式，大多数固定就诊时间提供手语翻译或手语志愿者服务，也有的不固定就诊时间，提前预约手语翻译或手语志愿者即可。

表 4　上海市开设助聋门诊的医院一览表

市辖区	医院名称	医院层级	门诊时间	是否配备手语志愿者 / 手语翻译
浦东新区	同济大学附属东方医院	三级甲等	周五下午	是
徐汇区	上海中医药大学附属龙华医院	三级甲等	（隔周）周一下午	是
	上海市第八人民医院	三级甲等	周二下午	是
长宁区	上海市光华中西医结合医院	三级甲等	周三下午	是
静安区	复旦大学附属华东医院	三级甲等	周四下午	是
	上海市静安区市北医院	二级甲等	（隔周）周二下午	是
	上海市第十人民医院	三级甲等	周五下午，周六上午	是

（续表）

市辖区	医院名称	医院层级	门诊时间	是否配备手语志愿者/手语翻译
普陀区	上海市普陀区人民医院	二级甲等	周三下午	是
嘉定区	上海市嘉定区中心医院	二级甲等	门诊登记/预约	是（手语志愿者、手语翻译、医务工作者）
松江区	上海市松江区中心医院	二级甲等	周五下午	在线手语翻译

助聋门诊取得积极成效。如同济大学附属东方医院的助聋门诊近10年来为超过1万人次聋人提供了个性化、有效的便捷服务，2000多人参与助聋志愿者活动，累计服务时长超过9000小时，周边省市的聋人患者也慕名而来；光华中西医结合医院的"同声传译"爱心助聋门诊在2020年的第二届全国卫生健康行业青年志愿服务项目大赛中获得金奖。此外，各开设助聋门诊的医院都面向窗口服务人员、医护人员和义工等开展了大量手语培训，残联正在推进的"千人手语计划"中有很大一部分也是医护人员。

助聋门诊也还存在明显不足。第一，相对全市的医院总量和广泛的聋人需求，数量上仍显不足，区域分布上尚未覆盖各市辖区。第二，志愿者的手语能力不足，聋协提供的专业手语翻译志愿者难以满足面广量大的需求，临时培训的助聋志愿者（包括院外的志愿者和院内的窗口服务人员、医护人员等）手语能力普遍不高，只能进行日常生活交际，仅仅掌握基础医疗手语词汇的人占大多数，遇到与听障人群交流不畅的情况，还是需要依靠写字或微信中的语音转文字功能来解决问诊中的沟通问题。

（二）市场化就医手语翻译服务发展不充分

对手语翻译服务机构、企业等的问卷调查和访谈显示，在18种手语翻译服务工作场景中，医疗领域手语翻译服务位列第四，位列前三的分别是教育培训、讲座/工作坊和公益活动，部分机构由于没有相关资质，会尽量避开医疗领域的服务。对手语翻译员的调查数据显示，专业手语翻译员的服务场合位列前三的是活动（79.17%）、教学（70.83%）和会议（62.50%），而医院仅排在第六位（41.67%）。这两个数据都与聋人的手语服务需求有较大差异，一项面向全国聋人的手语服务需求调查数据显示，聋人期待的服务场合排序第一位的是医院（70.41%）。导致这种差异性产生的原因是多方面的，医疗手语翻

译服务的准入门槛、价格、专业特殊性、翻译员资质与能力等都是造成供需不一致的影响因素。

三 思考与建议

此次调查显示，上海医疗领域手语服务的供给与需求之间还存在很大缺口。2021 年 4 月，上海市修订并重新发布《上海市无障碍环境建设与管理办法》，其中第三十八条第二款明确规定，"鼓励医疗机构开设无障碍门诊，为听力、言语障碍者就医提供手语翻译服务"。这对进一步加强医疗领域手语服务提出了明确要求、提供了法律依据。针对调查结果，要构建适应需求的医疗手语服务体系，我们认为未来需从以下 4 个方面着力。

（一）进一步增加助聋门诊的开设数量

从需求侧调查结果看，应统筹医院等级和区域分布加强布局规划，努力使全市三级甲等医院普遍开设助聋门诊，并保证闵行、宝山、嘉定、金山、松江、青浦、奉贤、崇明以及浦东新区的外环线以外地区等远郊区各至少有一家综合性医院开设助聋门诊。这样基本可以保证聋人就近就医。

（二）建立公益性和商业化结合的运作管理模式

聋人群体的社会占比不大，医疗手语服务完全采取公益模式，成本投入巨大，也会造成资源浪费。而社会组织和企业中蕴含着巨大的语言资源和服务潜力，因此可以尝试建立公益性与商业化结合的医疗手语服务供给模式，由政府通过购买企业和机构的服务实现医疗领域语言服务。政府倡导下的志愿者服务，结合由企业和机构提供专业认证的手语翻译等方式，能够基本解决听障人群的就医困难。此外，可以通过招募手语志愿者进入特殊语言人才库，从而解决紧急需求的不确定性和手语人才难以长期储备之间的矛盾。

（三）加强手语服务资源建设

为提高医疗等各领域手语翻译服务质量，应着力建设手语人才数据库和手语语言资源知识库，后者包括地方手语语料库、国家通用手语语料库、手语知识资源库等。手语人才数据库可以按照专业类别进行有序规划，不同专业领域的手语翻译有不同的技术要求，如医疗、法律、经济等特定领域。语言资源知识库体系则能为不同场景下的语言服务提供强有力的支撑，如专业术语、专有名词等电子数据方便手语翻译在有紧急需求时可以获得语言资源知识库提供的支持，避免在语言服务中造成理解偏差。此外，该资源库还应包含国家通用手语与地方手语的差异性比对，以及各地手语方言的差异度词汇比对、中国境内"手语方言分布图"等相关信息，为手语服务人员提供必要的语言知识，从而保证翻译的准确性和专业性。

（四）建立手语服务技术支持体系

随着网络技术的发展，对聋人群体的医疗援助语言服务可以更多地借助电子媒介、网络技术得以实现。应进一步提升语音转文字软件的准确性，同时努力推动手语机器翻译技术研发和相关产品应用。应建设全市统一的医疗手语服务系统平台，科学调配人力、技术、应用软件等各类手语翻译服务资源，努力降低专业服务的成本，积极推进线上手语服务，逐步构建起线下公益服务和线上专业服务相结合的医疗手语服务供给体系。

（倪 兰）

助盲语言服务状况

加强助盲语言服务，通过盲文教育教学、公共场所盲文设施建设、公共服务领域语音服务、助盲公益服务活动等促进视障人士文化无障碍、行动无障碍、阅读无障碍，对保障视障人士基本权益、促进视障人士平等参与和共享高品质生活，具有重要意义。上海始终高度重视助盲语言服务，多年来成效显著。近年来，上海进一步加大工作力度，在相关政策制度建设、国家通用盲文教学推广、视障人士行动无障碍环境建设和阅读无障碍环境建设等方面取得新进展。

一　政策制度建设

加强助盲语言服务体现着城市的温度，是人民城市理念的重要方面，受到各有关部门的高度重视。近年来，上海不断完善相关政策制度，切实将助盲语言服务纳入无障碍环境建设、语言文字工作等的重要内容。

（一）纳入无障碍环境建设

上海从 20 世纪 80 年代起就启动无障碍环境建设，并于 2003 年在全国率先颁布地方规章《上海市无障碍设施建设和使用管理办法》。2021 年 3 月，上海在此基础上修订发布《上海市无障碍环境建设与管理办法》（以下简称《无障碍办法》），就促进视障人士影视无障碍、阅读无障碍和公共活动信息交流无障碍，加强面向视障人士的无障碍社会服务等，做出一系列具体规定。如加强视力障碍者图书阅览设施建设，开设无障碍电影专场，有关机构应当为视障人士提供盲文或者大字选票、盲文或者大字号试卷、电子或有声试卷，文化旅游、公共交通、公共服务等单位应当为视力障碍者提供语音服务，等等。修订后的《无障碍办法》自 2021 年 6 月 1 日起实施。

（二）纳入新时代语言文字工作

2021 年 3 月，市政府办公厅颁布《上海市人民政府办公厅关于本市全面加强新时代语言文字工作的实施意见》（以下简称《实施意见》），将"全面提升语言文字服务水平"列为新时代语言文字工作的五大任务之一，提出"推广普及国家通用手语和通用盲文，加强视障听障人士语言无障碍环境建设，完善公共服务和精神文化领域的手语盲文服务""加大手语和盲文专业人才培养力度"。

二　国家通用盲文教学推广

加强对视障人士的盲文教育，是提升视障人士科学文化素质、保障视障人士信息沟通无障碍的重要基础。上海专门招收视障学生的学校——上海市盲童学校多年来在盲文教育方面开展大量工作，取得显著成绩。2018 年国家颁布具有新旧衔接、读音准确、省时省方、便于摸读理解、利于信息化等特点的《国家通用盲文方案》，上海积极开展了国家通用盲文的教学推广工作。

（一）国家通用盲文的试点教学与全面推行

市盲童学校不仅参与了国家通用盲文的研制，而且是全国第一批通用盲文试点学校之一，肩负着教学与印刷双重试点任务。成立于 1912 年的上海市盲童学校是上海特殊教育历史最悠久的学校，也是全市唯一一所面向视障学生的特殊教育学校，学制跨学前教育、义务教育、高中及中专学段教育，在全国盲校中学制最长、体系最全。学校设有盲文印刷厂，负责全国基础教育阶段盲文教材的印制工作。

2016 年，研制中的《国家通用盲文方案》在全国范围征求意见并进行教学和印刷试点。4 月，学校请研制课题组专家为相关教师、盲文印刷厂编校人员进行了强化培训。9 月起，学校分别在小学二年级和初中六至九年级开展了试点教学工作。二年级在语文课上进行课堂教学，初中部开展课外兴趣小组学习。老师们在教学中针对学生的不同年龄特点及学习程度，将通用盲文中新增的标调规则分解成不同板块进行教学，并不断总结经验，不断改进教学方法，力求让学生快速掌握标调规则。同时，指导盲生摸读通用盲文版本的课外读物，进一步熟悉标调规律。盲文印刷厂则按照新的标调规则印刷试点盲文教材。在两年时间内，学校教师和印刷厂职工克服重重困难，顺利完成了试点工作，为《国家通用盲文方案》的颁布实施做出了积极贡献。2018 新学年起，国家通用盲文正式推行。学校根据教育部和上海市教委的要求，从小学一、二年级开始使用

新版部编的语文、数学教材，采用国家通用盲文印刷。之后，新版教材和通用盲文同时逐年推进，逐步替代原教材。通用盲文的试点与推行获得积极效果，尤其是在文言文和普通话学习方面，学生们"谈文言色变"的畏惧心理大为改观，一些来自偏远和农村地区的学生普通话水平显著提升。

（二）国家通用盲文培训

除了盲校的课堂教学，2018 年以来市残联、市盲协等举办了一系列面向社会人士的培训班，推广普及国家通用盲文。数十位视障人士、市区盲人协会工作者、有关图书馆盲人阅览室工作人员等先后参加培训。

（三）国家通用盲文社会普及

市盲童学校所在地长宁区的语言文字工作部门积极贯彻落实《实施意见》关于加强盲文服务的要求，深入开展国家通用盲文的社会宣传与推广工作。2021 年，区语委办积极探索新媒体时代的传播方式，联合市盲童学校和辖区内的市语言文字推广基地宋庆龄陵园，组织志愿者，策划制作了 5 集介绍国家通用盲文的小视频，并于 9 月第 24 届全国推普周期间通过区语委办的微信短视频账号"长宁语宣"发布，取得良好宣传效果。第一集《生活中的特殊符号》通过发现日常生活中如盲道、药品、商品外包装、电梯按钮等上面的一些特殊的凸出圆点符号，初步介绍盲文。第二集《指尖上的文化》由凸出的圆点符号引出盲文，主要介绍了现行盲文和国家通用盲文的区别，以及推行国家通用盲文的意义。第三集《不一样的书籍》走进市盲童学校盲文图书馆，展示使用国家通用盲文的盲文书籍，介绍盲文书籍和普通书籍的区别，以及盲文图书馆的借阅流程和摸读方式，同时还介绍展示了长宁区少儿图书馆的盲文专架。第四集《盲文书的诞生》介绍了盲童学校的盲文印刷厂，展示了盲文书籍的印制过程。第五集《暖心的助盲服务》介绍了交通设施中的盲文标志、盲文科普馆、无障碍电影公益解说等助盲服务情况。视频发布后，收看量累计达 4.5 万，受到广泛好评，很多读者在评论区点赞、留言。

三　视障人士行动无障碍环境建设

行动无障碍是视障人士日常生活中最为迫切的需求。促进视障人士行动无障碍的语言服务路径主要包括公共场所的盲文标志等助盲设施建设、公共服务领域的语音播报服务、帮助视障人士安全便利出行的公益服务等。

（一）盲文标志等助盲设施建设

上海从 20 世纪 80 年代起开始建设盲道、盲文标志等助盲设施，积极营造面向视障人士的无障碍环境。2003 年在全国率先发布《无障碍办法》后，以 2007 年国际特奥会、2010 年中国上海世博会等为契机，无障碍环境建设取得快速发展，助盲设施也不断完善。近年来，伴随着《无障碍办法》的修订与颁布实施，盲文标志及相关助盲设施建设取得新的重要进展。如：市盲童学校附近的地铁 10 号线水城路站设有盲文地图（图 1）；辰山植物园、共青森林公园、古漪园、中山公园等许多园林景区设有盲文地图、盲文景点介绍等导览设施（图 2）；很多大楼，特别是机场、火车站的电梯设有盲文按钮（图 3）；也有服务机构推出盲文版业务指南（图 4）。此外，盲道已在上海全域全面普及，据相关媒体报道，2017 年约 1700 公里，2020 年整治和完善 130 公里。盲道图形虽然不是盲文，但对视障人士而言，包含有重要的指示、提示信息，是便于视障人士出行的重要助盲设施，在推动其全域普及的同时促进其规范铺设，是助盲语言服务的题中应有之义。

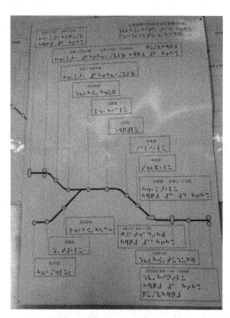

图 1 地铁里的盲文地图

图 2 旅游景区中的盲文导览设施

图 3 电梯里的盲文按钮

图 4 华夏银行上海分行的盲文版业务指南

（二）公共服务领域的语音播报服务

公共交通的语音提示、旅游景区的语音导游导览、公共服务办事机构和营业场所的语音提示等，是相关各行业面向全体服务对象的基本语言服务措施。《无障碍办法》进一步将相关措施确立为面向视障人士等特殊群体的无障碍环境建设法律义务。如第三十六条规定，"博物馆、美术馆、科技馆、影剧院、社区文化活动中心等公共文化设施和旅游景点应当为残疾人、老年人等社会成员提供轮椅、语音文字导览或者手语翻译等无障碍服务"。第三十七条规定，"金融、邮政、通信、公用事业等公共服务单位应当在营业场所配备电子信息显示屏、手写板等辅助设备，为有需求的听力、言语障碍者提供文字信息服务，为视力障碍者提供语音信息服务，方便其办理业务"。第四十条规定，"机场、火车站、汽车客运站、港口客运站、轨道交通车站等公共交通服务场所应当设置发布信息的文字显示系统、语音提示系统，为残疾人、老年人等社会成员提供咨询服务或者轮椅等必要帮助"。

（三）助盲出行公益服务

助盲出行公益服务在视障人士行动无障碍建设中发挥着重要作用，服务过程中的语言沟通是助盲语言服务的重要内容。近年来，各类助盲出行公益服务活动广泛深入开展。如：每年的国际残疾人日，都有志愿者团队开展"一对一陪同盲人出行""轨交站内助盲服务"等助盲行动；市盲童学校附近的轨交 10 号线水城路站组建了盲童领路天使团队，帮助盲童上下车；轨交 7 号线锦绣路车站成立"暖心锦绣"团队，组织专人接送参加浦东图书馆"盲人阅读"活动的视障人士往返于车站与图书馆间；浦东新区残联成立助残志愿服务中心，创立"我是你的眼"助盲出行志愿服务品牌，为视障人士提供就医、购物等外出陪护志愿服务[①]；徐汇、静安等区的多家医院推出全程陪同视障人士看病的助盲就诊服务[②]。

此外，智能技术在助盲出行中得到越来越多的应用。如智能助盲帽，作为头部可穿戴设备，基于 AI 技术将视觉信息转化为语音信息反馈播报给用户，可智能识别文字、物品以及货币等，可自动播报助盲帽当前（50—200 米）范围内的道路信息、公交车站、地铁站、卫生间、便利店、医院等生活场景信息，亲友也可在亲情相伴 APP 制定好行进路线发送至用户助盲帽，用户通过助盲帽语音导航指引出行。最近，上海将为视障人群提供智能助盲辅具列入为民办实

---

① 参见：http://www.shwmsj.gov.cn/pdxq/2022/07/12/41ebbcce-271f-41c2-8dca-22bdb7fa3fb9.shtml。

② 参见：https://baijiahao.baidu.com/s?id=1751461787456642082&wfr=spider&for=pc。

事项目，通过科技赋能助残，不断提升视障人群的生活质量和幸福指数，长宁、黄浦等很多区都开展了智能助盲辅具适配培训和发放活动①②。

四 视障人士阅读无障碍环境建设

阅读无障碍事关视障人士的精神文化生活质量，是助盲语言服务的重要内容。近年来，上海在无障碍图书阅读设施建设、影视无障碍公益服务、无障碍数字环境建设等方面取得重要进展。

（一）无障碍图书阅读设施建设

《无障碍办法》对无障碍图书阅读设施建设提出明确要求，在第二十九条规定，"市、区公共图书馆应当开设视力障碍者阅览室，提供盲文读物、有声读物，配备语音读屏软件，为视力障碍者提供无障碍阅读服务。鼓励其他有条件的图书馆开设视力障碍者阅览室（角），或者提供盲文读物、有声读物"。

各图书馆积极加强无障碍图书阅览设施建设，取得显著成效。据《2020年上海市残疾人事业发展统计公报》③，全市目前共建有38个盲文及盲人有声读物图书馆。以上海图书馆为例（见图5、图6），可借阅的盲文图书共计6100册、CD等音像制品约25 000盒；可供视觉障碍者点播的各类讲座120部、无障碍电影77部；有声数据库4个，包括酷听、博看听世界、库克音乐在线、中文在线，涉及电子图书约4000册、期刊约300种、数字音乐近20 000首④。

图5　上海图书馆视觉障碍者阅览室　　图6　上海图书馆视障读者专递包

---

① 参见：https://baijiahao.baidu.com/s?id=1750731065031154654&wfr=spider&for=pc。
② 参见：https://sghexport.shobserver.com/html/baijiahao/2022/09/12/851474.html。
③ 参见：https://www.shdpf.org.cn/clwz/clwz/ztwz/tjgb/2021/09/02/4028fc767b9b2b35017ba42b49fc180c.html。
④ 参见：https://baijiahao.baidu.com/s?id=1600984722838364728&wfr=spider&for=pc。

（二）影视无障碍公益服务

《无障碍办法》对影视无障碍提出明确要求，在第二十八条第三款规定，"鼓励有条件的影剧院、文化馆、社区文化活动中心等单位开设无障碍电影专场，举办无障碍电影日等活动"。

有关机构积极开展影视无障碍公益服务（见图7）。如上海人民广播电台成立无障碍电影公益解说志愿者团队，从2012年开始就深入上海17家影院为视障人士提供无障碍解说，通过志愿者口述电影人物动作场景、现场故事场景等，让视障观众对电影情节在脑海里形成画面。据《2020年上海市残疾人事业发展统计公报》[①]，截至2020年底，上海共制作社区无障碍电影剧本50部。

图7　无障碍电影专场

（三）无障碍数字环境建设

《无障碍办法》对网站及移动端应用信息无障碍提出明确要求，在第三十条规定，"本市政务服务平台、政务网站、公共服务网站及其移动终端应用，应当符合相关无障碍设计标准，提供无障碍信息传播与交流服务"。

各级人民政府门户网站及政务公共服务网站积极开展无障碍建设，通过读屏软件或相关功能，采用语音阅读网页文字方式，实现助盲服务。2019年3月中国互联网协会关于《上海市政务公共服务网站无障碍建设情况报告》[②]显示，在18个各级政府门户网站中，有17个政府门户网站开展了无障碍建设工作，门户网站的无障碍建设比例达94.44%；在各级政府党政机关42个网站中，有38个网站开展了无障碍相关工作，建设比例为90.48%。

此外，电脑、智能手机在上海视障人群中已高度普及，读屏软件也被广泛应用。读屏软件是专为视障人士设计的屏幕朗读软件，可以逐字逐句读出屏幕

---

① 参见：https://www.shdpf.org.cn/clwz/clwz/ztwz/tjgb/2021/09/02/4028fc767b9b2b35017ba42b49fc180c.html。
② 参见：http://wza.people.com.cn/wza2013/a/zhuanti/dcbg/201903/shanghai/。

上的文字内容。在移动端，读屏软件引导视障人士利用自定义手势滑动或敲击屏幕，逐步进行操作，从而完成各项活动。利用读屏软件，视障人士能自如地完成社会交往、购买商品、阅读文字、收听音乐等活动，甚至还能进行专为视障人士设计的游戏活动，也可通过微信、QQ聊天等。在PC端，视障人士在准确记忆键盘上所有按键的位置后，便能根据读屏软件的语音提示在键盘上进行熟练的操作，从而完成文字输入等活动。

同时，各级人民政府门户网站及政务公共服务网站无障碍版的可感知性、可操作性、可理解性和第三方辅助工具兼容性仍需进一步提升，各类读屏软件的读图功能还有待开发。

五　结语

上海在助盲语言服务方面积极探索、深入实践，取得明显成效。同时，也存在一些不足。根据中国残联等2021年发布的《第二期国家手语和盲文规范化行动计划（2021—2025年）》和国务院、上海市政府的无障碍环境建设法规规章，未来上海应进一步加大国家通用盲文在公共空间助盲设施上使用的普及力度，扩大国家通用盲文的社会服务范围；进一步促进盲道的畅通和规范铺设，在公共服务领域语音服务全面普及的情况下进一步推动重要公共场所的基础设施、安全设施等设置盲文标志，促进更多商品包装提供盲文服务；进一步加大阅读无障碍、影视无障碍等的设施建设和公益服务力度；同时，进一步加强各类网站的无障碍建设，支持相关企业研发智能化程度更完善的读屏软件以及助盲设备和器具。

（徐征清、周　俭）

基础教育阶段多语种外语教学状况

加强基础教育阶段的多语种^①外语教学，对培养国家急需的高层次国际化人才以及满足人民群众多元化语言学习需求，具有突出的现实意义。2021年6月，上海市教委教研室和上海市教科院国家语言文字政策研究中心等组成联合调研组，对全市中小学开设英语以外其他外语课程的情况进行了调查统计。

一 调查背景

国家支持在基础教育阶段开展多语种外语教学。2017年教育部印发的《普通高中课程方案和语文等学科课程标准》明确高中阶段可选择开设英语、俄语、日语、德语、法语、西班牙语6个语种作为必修课程。高考时考生可以根据自己的实际情况和目标院校专业的要求在6个语种中选择报考。

上海基础教育阶段的多语种外语教学起步于20世纪60年代，逐渐发展成为上海基础外语教育的特色和亮点之一。多年来，建成了10余所以多语种教学为办学特色的外国语学校，还有一批非外国语学校也结合自身的优势和特点开设了多语种课程。近年来，上海进一步加大了推进力度。2014年市教委启动"上海市中小学非通用语种学习计划"。2019年市教委教研室设立专职教研员负责全市多语种外语教学活动的指导与统筹工作，到2021年10月各区教育学院也普遍设立了兼职教研员。2021年7月颁布的《上海市教育发展"十四五"规划》对基础教育阶段多语种外语教学提出明确要求，指出"加强战略非通用语种人才培养力度，为国家'一带一路'复合型战略人才培养和储备提供保障""实施'语通天下'育才工程。开展战略性非通用语种人才培养计划、'一带一路'复合型战略人才培养计划"。

---

① 在以往的文献中一般使用"小语种""非通用语种"等名称描述英语以外的语种。由于以上称呼在概念的界定上依然存在分歧，本文中使用"多语种""关键语种"指代除英语以外的其他中小学课程中所开设的外语语种。

二 基本情况

本次调查旨在全面了解上海基础教育阶段各级各类学校开设英语以外其他外语课程的情况。调查主要通过问卷方式进行，同时在普陀、浦东等区对相关特色学校进行了访谈。调查对象覆盖全市中小学校和中职学校。调查内容包括开设语种、课程模式、学生人数、师资状况、教材选用以及多语种教学面临的主要问题与困难等。

（一）开设多语种课程的学校

全市开设多语种课程的中小学校共85所，覆盖全市所有辖区。其中浦东新区最多，有17所。从学校类型看，小学11所、九年一贯制学校14所、初中14所、完全中学17所、高中23所、中等职业学校6所。具体见表1。

表1　上海市基础教育阶段多语种课程开设学校区域分布　　单位：所

区	学校数	小学	九年一贯制	初中	完全中学	高中	中职
宝山	7	2	4	—	—	1	—
崇明	2	—	1	—	1	—	—
奉贤	0	—	—	—	—	—	—
虹口	3	—	1	—	2	—	—
黄浦	6	—	—	2	2	1	1
嘉定	3	—	—	—	1	2	—
金山	1	—	—	—	—	1	—
静安	9	2	—	2	3	1	1
闵行	8	1	1	2	1	3	—
浦东	17	3	—	5	1	5	3
普陀	8	1	3	1	1	2	—
青浦	3	—	2	—	—	1	—
松江	5	1	1	—	—	2	—
徐汇	7	1	—	1	2	2	1
杨浦	5	—	1	—	2	2	—
长宁	1	—	—	—	1	—	—
总计	85	11	14	14	17	23	6

（二）覆盖语种

85所学校开设的多语课程覆盖了17个外语语种。各语种课程从多到少依次为日语、德语、法语、西班牙语、意大利语、韩语、俄语，以及市教委"上海市中小学非通用语种学习计划"项目涉及的印尼语、希腊语、希伯来语、土耳其语、泰语、葡萄牙语、阿拉伯语、荷兰语、波斯语、瑞典语等。具体见表2。

表 2   上海市中小学多语种课程语种分布   单位：所

语种	学校数	小学	九年一贯制	初中	完全中学	高中	中职
日语	45	3	5	5	8	19	5
德语	34	2	8	6	9	6	3
法语	33	1	5	8	9	8	2
西班牙语	19	1	4	2	6	5	1
俄语	5	—	—	1	2	1	1
意大利语	10	2	1	1	4	2	—
韩语	9	1	2	—	3	—	3
其他①	23	6	5	4	7	1	—

（三）课程类型

小学阶段在主修英语的同时，以拓展课、学生社团的形式开展多语种外语教学，班级规模基本和普通的教学行政班一致。

初中阶段在主修英语的同时，主要以拓展课、学生社团的形式开展多语种外语教学，班级规模基本和普通的教学行政班一致。部分外国语学校（6所）以必修课的形式开展小班化教学，形成"英语＋某一其他语种"的双主修模式。

高中阶段基本是小班化教学，具体包括3种模式。一是在主修英语的同时，辅修某一其他语种，形成"主修英语＋辅修某一其他语种"的"一主一辅"模式，主要有5所学校。二是英语和某一其他语种都是主修，形成"双主修"模式，主要有7所学校。三是不再修英语，而只修某一特定语种，形成"单主修"模式，主要有11所学校。需要说明的是，有的学校不止一种模式，可能同时存在这3种模式的教学班，但以其中某一模式为主。

中职学校开设的多语种课程都作为专业必修课。

（四）学生情况

在校内修学英语以外其他语种的中小学生总人数为15 148人。从学段来看，小学1543人、初中7384人、高中4781人、中职1440人。具体的语种和学段

---

① 指市教委"上海市中小学非通用语种学习计划"项目涉及的印尼语、希腊语、希伯来语、土耳其语、泰语、葡萄牙语、阿拉伯语、荷兰语、波斯语、瑞典语等，各语种开设1—5门不等。

的分布详见表3。

表3 上海市中小学各学段多语种课程修学学生数 单位：人

语种	学生数	小学	初中	高中	中职
日语	4784	348	1815	1674	947
德语	4257	378	2607	1119	153
法语	3616	196	1905	1442	73
西班牙语	1177	90	533	403	151
俄语	110	—	71	24	15
意大利语	239	88	73	78	—
韩语	457	217	109	30	101
其他 ①	508	226	271	11	—
总计	15 148	1543	7384	4781	1440

其中，初中学段学生中每年有约170名毕业生以其他语种代替英语参加中考，高中学段学生中每年约有1000名毕业生以其他语种代替英语参加高考。

（五）教师情况

在基础教育阶段学校担任多语种课程教学的中国籍教师总人数为381人。其中包括专职教师294人、兼职教师87人，专职教师占比77.17%。按语种统计，日语教师112人、德语教师104人、法语教师70人、西班牙语教师30人、俄语教师11人、意大利语教师15人、韩语教师16人。此外，印尼语、希腊语、希伯来语、土耳其语等其他10个语种的教师共23人，由于这些语种均没有必修课或专业课，主要由上海外国语大学委派兼职教师授课。

专职教师294人中，有研究生学历的教师共187人，占总人数的63.61%，其中有5名教师具有博士研究生学历，239人有事业单位编制。取得中学一级职称的120人，占专职教师总人数的40.82%。取得中学高级教师职称的27人，占专职教师总人数的9.18%。目前还未有在职的多语种教师取得正高级教师职称。

除中国籍教师外，目前还有39名外籍教师在基础教育阶段学校担任多语种课程教学教师。

---

① 指市教委"上海市中小学非通用语种学习计划"项目涉及的印尼语、希腊语、希伯来语、土耳其语、泰语、葡萄牙语、阿拉伯语、荷兰语、波斯语、瑞典语等。

（六）教材情况

针对基础教育阶段多语种教学的教材及相关教学资源目前还比较匮乏。初高中日语、俄语必修课程已有国家统编教材并在上海全面推行使用，但其他学段、其他课程、其他语种都还没有统一、权威的教材，目前主要通过学校自编教学资料或借用高校教材解决。

此外，依托市教委"上海市中小学非通用语种学习计划"项目，2019年以来华东理工大学出版社、上海外语教育出版社等陆续出版了适合中小学选修课程、拓展课程使用的《中学基础泰语教程》《快乐葡萄牙语》《快乐土耳其语》《快乐瑞典语》《快乐希腊语》《快乐意大利语》等相关教学资源。

三 成效与问题

上海教育信息调查队曾于2010年开展"上海市中学多语种课程教学调研"项目，梳理了截至2010年本市中学阶段开设多语种课程的学校数量、语种覆盖情况、课程设置、师资情况、教学资源情况等信息[①]。将本次调查所得基本情况数据与2010年调查数据相对比，可以发现，一方面本市基础教育阶段多语种教育成效显著，不仅人才培养规模进一步扩大，教研体系建设也取得突破性进展。另一方面，本市多语种人才培养结构在不同语种和不同学段存在不均衡性，多语种教师队伍建设仍有待进一步加强。

（一）多语种人才培养规模进一步扩大

开设多语种课程的学校数与参与相关课程学习的学生总数大幅增长。2010年调查显示，全市开设多语种课程的中学有33所，其中25所学校反馈了有效数据，约1050名学生参加过多语种课程学习。与之相比，2021年全市基础教育阶段开设多语种课程的学校数为85所，其中中学数量比十年前大幅增加。从学生规模看，2021年基础教育阶段参加多语种课程学习的学生总数为15 148人，其中初高中学生达12 000多人，与2010年调查范围内的数据相比，增长了十多倍。

课程覆盖的语种数量不断丰富。2010年的调查中，开设非英语语种课程最

---

① 吴玉琦《上海市中学多语种课程教学调研报告》，《上海教育科研》2011年第11期。

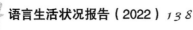

多的学校是上海外国语大学附属外国语学校，达到 7 种，分别为日语、法语、德语、俄语、西班牙语、韩语、阿拉伯语。至 2021 年，全市基础教育阶段开设的多语种课程覆盖 17 个语种，其中德语、法语、日语、俄语、西班牙语等具有国家课程标准的语种都开设了必修课程。此外还有葡萄牙语、希伯来语、阿拉伯语、印尼语、希腊语等非通用语种作为选修课程。

（二）教研体系建设进一步完善

2010 年的调研发现，本市基础教育阶段多语种外语课程教学的体系及实践研究十分匮乏，市、区一级的教学研究室在多语种外语的教学指导方面几乎是空白。而本次调研显示，教研体系建设取得了长足发展，一方面市区两级教研员队伍得以建立，另一方面跨区域、跨语种、跨学段的融合式教研模式逐渐形成。

市区两级教研员队伍正式建立。目前市教委教研室已设立关键语种教研员岗位，负责全市多语种教研工作，并在各区均设立了兼职教研员岗位。其中区兼职教研员主要由区英语教研员或区内相关学校教师担任，区兼职教研员不仅负责开展区内教研活动，同时负责与外区进行联络与协调。以教研员队伍为核心，本市又进一步组建了上海市中小学关键语种学科中心组和各区关键语种中心组团队。中心组成员是学科教研的核心力量，参与各级相关教研活动、学科研讨、公开课交流等活动的组织和实施，带动全市各语种教学发展。学科中心组实行动态、开放的建设机制，每年开展一次申报工作。在自主申报的基础上根据教师的能力水平与对教研活动的投入和贡献等因素进行遴选。

融合式教研模式逐渐形成。开展区域、语种和学段三融合的教研活动是应对各个语种教师规模小、分散度高等教研难题的重要手段。市教委教研室一方面围绕"学科德育"等各语种教学面临的共性问题设计面向全市各学段、各语种的教研活动，不同语种的教师使用同样的主题进行"同课异构"，设计适合所教授学段的符合学生年龄特征的课题；另一方面也注重分语种开展全市教研，加强教研活动的针对性。同时，各个语种的教师不仅能够参加所担任课程语种的教研活动，也可以参加其他语种的专场活动，这样也为促进各个语种教师跨区域、跨语种的交流联动搭建了平台。

（三）多语种人才培养结构有待优化完善

在基础教育阶段多语种人才培养规模不断扩大的同时，不同语种、不同学

段之间的人才培养仍存在不平衡问题。一方面不同语种间人才培养规模的差距
有逐渐扩大的趋势，另一方面是学段分布上的不平衡，表明多语种外语教学的
衔接性有待加强。

不同语种间人才培养规模的差距逐渐扩大。在 2010 年的调查中，开设
学校数最多的前五个语种分别为：德语（20）、法语（19）、日语（14）、
俄语（4）、西班牙语（1）。与表 2 中的数据相比可以发现，十年间开设学校
数增长最快的是日语，且增速远高于其他语种，增速最慢的是俄语，十年间仅
新增一所学校。调研中发现，短期功利性目的是造成这种增速差距的重要原
因。由于日语高考被普遍认为更容易取得高分，越来越多的学生选择学习日语
并非出于兴趣或对未来的学习及职业规划，而是为了在高考中取得优势。随着
社会需求的扩大，学校也更有开设日语课程的动力。相应地，德语、俄语高考
则被认为命题难度不够稳定，这使许多学生和家长对选择这些语种参加高考抱
有疑虑，而不能参加该语种的高考又进一步降低了部分学生学习相关语种的
积极性。

学段分布的不平衡性。表 3 的数据显示，初中阶段参加多语种外语学习的
人数最多，高中次之，小学阶段参加相关学习的人数与前两者相比仍存在明显差
距。由于小学阶段的学生数明显少于初中阶段的学生数，这使得初中招收的学生
仍以零基础学生为主，因此上海除 6 所外国语中学外，其他学校初中阶段的多语
种教学仍以零起点、拓展课为主。高中阶段参加多语种外语学习的学生人数又有
所收窄。这种学段分布的不平衡性反映出多语种外语教学不同学段间人才培养的
衔接性、连续性有待提升，特别是非通用语种人才流失问题仍较突出。

（四）多语种教师队伍建设有待进一步加强

2010 年的调研发现，当时承担多语种教学的教师主要由学校内部英语教师
兼任。至 2021 年，专职教师占比已达中国籍相关教师总人数的 77.17%，且专
职教师中有研究生学历的教师占总人数的 63.61%，包括 5 名具有博士研究生学
历的教师。但在专职教师人数和学历明显改善的同时，多语种教师的职业发展
问题日益凸显，其中编制、职称和隐性工作量是尤为突出的三大问题。

编制方面，294 位专职教师中，尚有 55 位教师未能取得事业单位编制。职
称方面，目前获得高级教师职称的有 27 位教师，不足专职教师总人数的 10%，
且目前仍没有正高级职称的教师。职业发展受限的同时，多语种外语教师还承

担着大量隐性工作,包括同时承担多个学段教学的繁重备课工作,以及自建教学资源、为参加多语种学习的学生进行学业生涯辅导等相关工作。

此外,虽然面向多语种外语教学的教研体系建设取得长足进步,但许多一线教师仍感到与英语等其他课程相比,多语种课程在对教师的教研指导、专业能力培训、竞赛评奖等方面存在许多提升空间。

四 思考与建议

综上所述,上海基础教育阶段多语种外语教学在十年间快速发展,在人才培养规模和教研体系建设等方面取得诸多成效与经验。但同时也显示出在人才培养结构、多语种教师队伍建设等方面存在的瓶颈与问题。上海要进一步促进基础教育阶段多语种外语教学发展,我们建议从以下方面着力。

(一)着力做大底盘,多语种人才培养关口进一步前移

与国家对高水平国际化人才快速增长的需求相比,当前我国多语种外语人才的培养规模和培养质量还处于供不应求的状态。加强小学阶段多语种外语教学,使多语种人才培养关口进一步前移是在做大底盘基础上进一步提升人才培养质量的重要手段。

当前,本市多语种外语教学主要在中学阶段进行,小学阶段开设相关课程的学校数和参加学习的学生数仍较少。进一步扩充开设多语种课程的小学数量、丰富小学阶段外语课程的语种不仅可以吸引更多学生接触和参与多语种学习,也可以扩大初中招生时的选择空间,招收更多有兴趣、有基础的生源,为初中阶段开展高起点教学创造条件。

(二)出台激励政策,引导各语种人才培养规模均衡发展

从前文所述各语种人才培养规模的不均衡性可以看出,基础教育阶段的多语种人才培养面临诸多阻力与瓶颈,但中高考政策仍是激励和引导学校、学生、家长参与多语种学习的有力政策工具。这就需要有关部门在招生、升学环节对国家急需紧缺而目前培养规模较小的多语种人才出台针对性激励政策,包括推动设置多语种中考、进一步扩大享受外语保送生和推免生政策的学校范围与学生人数、加强多语种高考命题难度稳定性建设等。

（三）加强资源建设，提供开放共享的多语种教学资源

进一步加强多语种教学资源建设不仅是进一步提升教学质量、减轻多语种教师隐性工作负担的重要举措，也是落实国家教材管理相关规定的具体体现，为了能够给全市开设多语种课程的中小学提供更多的教学资源，市教委教研室通过市、区、校三级联动的教研体系，正在建设多语种的数字化教学资源，借助多语种联合教研活动的平台，以微课、说课等形式分享教师的优秀课例，构建多语种的教学资源库，为一线教师提供参考和借鉴。然而，现有的教材和教学资源还无法完全满足目前全市中小学的多语种教学需求，因此建议相关单位组织专家编写配套的多模态外语教学资源，建设适用于多语种外语教学的网络资源平台，并对教材以及教学资源的使用进行监督和管理。

（四）完善教研体系，推动设立区级专职教研员

目前全市各区均设立了关键语种兼职教研员，多语种教师联络渠道已畅通。然而，兼职教研员主要是由区英语教研员或区内开设关键语种的学校教师担任，关键语种的教研工作增加了这些教师的工作负担，且无法保障在固定时间开展定期的教研活动。为此，建议今后在有关多语种外语特色区试点设立专职教研员，推动相关学科建设。有必要的情况下，也可尝试设立不同语种的市级兼职教研员，对全市的教学工作进行指导和辐射。

（五）严控教学质量，开展多语种教育教学常态化监测与研究

为确保教学质量，应建设全市基础教育阶段多语种外语教学质量监控系统，监测各个学段相关学校多语种教师教学、教材选用、教学资源建设、学生数量以及毕业后去向等情况，制定中小学多语种外语教学质量评估标准，开展常态化质量评估，根据评估结果，给予不同的课程、师资等政策支持及所需的经费支持。同时，探索建立和完善相关学生的学习档案。对曾参加过多语种相关项目、课程学习的同学的学业成绩（含语言类课程与其他科目）、参加语言能力水平社会化考试成绩等进行动态追踪与记录，依托相关数据深入研究学生语言能力发展情况、多语种外语学习与其总体学业表现的关系、不同教学模式的有效性等问题，为不断完善本市多语种外语规划与相关教学实践提供智力支持。

（郭侃亮、杜宣阳、张日培）

高校语言文化类课程调查

加强高校语言文化类课程建设，对提升大学生语言文字应用能力和文化素养，促进大学生坚定文化自信、涵养家国情怀，培养德智体美劳全面发展的社会主义建设者和接班人，具有重要意义。2019 年，我们对本市高校的语言文化类课程建设情况进行了抽样调查。

一 调查背景与概况

调查旨在考察本市高校面向非中文专业学生的语言文化类课程建设现状，总结成效经验与问题不足，促进本市高校全面加强对大学生的语言文化教育。

（一）调查背景

国家对高校语言文化类课程建设提出明确要求。2006 年，中共中央办公厅、国务院办公厅印发《国家"十一五"时期文化发展规划纲要》，要求"高等学校要创造条件，面向全体大学生开设中国语文课"。2016 年，教育部、国家语委发布《国家语言文字事业"十三五"发展规划》，要求"推动中等职业学校和高等学校科学设置语言文字相关课程，以提高语文鉴赏能力、口语和书面表达能力为重点，全面提高学生语文素养和语言文字应用能力"。2018 年，教育部发布《普通高等学校本科专业类教学质量国家标准》（以下简称《国标》），其中经济学类、金融学类、经济与贸易类、政治学类、社会学类、马克思主义理论类、大气科学类、图书情报与档案管理类、旅游管理类等 9 个专业类明确规定必须开设大学语文或大学语文与写作课程；民族学类等 23 个专业类规定应当开设中国传统文化、文学艺术、写作等语言文化类课程，课程类型主要是通识课程和公共基础 / 必修课程。此外，还有 65 个专业（类）的培养目标提出了"熟悉中国语言文化知识"等要求。2022 年，教育部、国家语委发布《国家语言文字事业"十四五"发展规划》，要求"加强高校语言文字工作""将语言文字课程纳入学校课程体系，开设好大学语文等课程。提高学生语言文字应用能力和文化素养"。

（二）调查对象

根据教育部、国家语委的相关要求，本次调查的语言文化类课程包括大学语文、大学语文与写作课程以及涉及汉语言文字应用、中国文学、中国人文历史等内容的课程。

（三）调查范围

调查范围涵盖上海行政区域内 19 所不同类型的高校。分别是复旦大学、上海交通大学、同济大学、华东师范大学、上海外国语大学、华东理工大学、上海大学、东华大学、上海财经大学、华东政法大学、上海师范大学、上海电力大学、上海中医药大学、上海对外经贸大学、上海海洋大学、上海海事大学、上海音乐学院、上海体育学院、上海杉达学院。办学特色包括综合类、政法类、财经类、外语类、农林类、理工类、医药类、艺术类等不同类别，学校性质覆盖了部属 / 市管、公办 / 民办、研究型 / 应用型等不同类型，其中包括 13 所第一批"双一流"建设高校。

（四）调查内容与方法

调查内容包括语言文化类课程建设情况和学生学习情况，涉及各校对语言文化类课程的管理体制机制、课程承担部门、师资建设情况、课程开设目标、教学效果反馈等方面。调查方法包括对各校本科人才培养方案的文献梳理、对部分学校教学管理人员和任课教师的访谈以及面向大学生的问卷调查。

二 语言文化类课程建设情况

调查主要通过网络检索，梳理了各高校本科人才培养方案，考察各校对语言文化类课程的规划、定位、目标等情况。同时，选择有代表性的 6 所高校，分别对教学管理人员和任课教师进行访谈，进一步了解语言文化类课程的组织机制、管理模式以及面临的问题与不足等情况。调查结果显示，被调查的 19 所高校全部在本科阶段开设了语言文化类课程。

（一）课程目标

各校都将语言文化类课程定位于普及汉语文化知识、拓宽学生视野、培养学生鉴赏能力、提高学生中文底蕴，强调语言文化类课程应以优秀文学作品所蕴含的高尚情操和民族精神熏陶学生，提高和强化学生对母语的理解能力和运用水平，帮助学生夯实语文根基，以适应各类专业课程学习的需要，并为将来的学习奠定良好基础。

（二）课程内容

19 所高校开设的语言文化类课程十分丰富，除大学语文和大学语文与写作外，还有普通话语音与普通话测试、演讲与口才、应用文写作、中国文学经典、中国古代文学、中国现代文学、汉语文字演变与中华文化传承、中国文化导论、中国文明通论等，涵盖语言文字、文学经典、传统文化等多个方面。各校在课程中有机融入思政理念，引入中华传统文化、社会主义核心价值观等中国元素，积极落实立德树人的根本任务，如上海外国语大学的汉字与文化、上海大学的汉字五千年、华东师范大学的儒道思想与现代社会、上海财经大学的国学智慧等课程。很多学校根据人才培养目标开设特色课程，在教学实践中注重促进学生专业素养和语文素养的融合发展，如华东政法大学的法古文、上海中医药大学的医古文、上海音乐学院的中国宗教音乐与民俗文化等课程。表 1 是被调查高校语言文化类课程示例。

表 1　被调查高校语言文化类课程示例

序号	类别	课程名称
1	语言文字类	现代汉语；古代汉语；普通话语音与普通话测试；现代汉字规范应用；实用文体写作；应用文写作；汉语写作；汉字五千年；汉语的历史；法古文；医古文；留学生高级汉语；留学生专业汉语……
2	文学类	古典诗文；传统白话文学；现当代文学；中国文学经典；经典诗词与人生；中国现代文学；中国古代文学；文学经典与现代人生；唐诗讲读；宋词欣赏；中国文学之情；百年中国文学经典；明清小说经典；传统文学修养；古典诗词多元解读；诗词与传统文化；中国当代文学；中国当代作家作品精选；中国古代文化史；文学与艺术；中国古代文学选读；比较文学；中国诗歌史；《红楼梦》导读；《红楼梦》与中国传统文化……
3	历史类	史学名著；中国古代文明；国史纲要；中国文化史……
4	哲学类	诸子经典；经学传统；国学原典选讲；国学智慧；儒道思想与现代社会；《论语》导读；《论语》精读；《论语》的思想世界；《论语》与儒家文化……

（续表）

序号	类别	课程名称
5	中华传统文化类	汉语文字演变与中华文化传承；中国文化概论；中国文化导论；经典与中国传统文化；中国文明通论；中国宗教音乐与民俗文化……
6	综合类	大学语文；大学语文与写作；现代文史名著……

（三）课程性质

大多数学校将语言文化类课程列入通识教育课程，也有学校（如华东理工大学、上海音乐学院等）将其列为公共基础课程或专业课程。各校都在教学计划中明确了相关课程的修读学分要求，2个学分比较普遍，高的达4个学分。如上海外国语大学外语类专业设置了4学分的语言文化类课程必修学分要求，在通识教育课程体系中专设有"中华文明 & 文化传承"模块；复旦大学、华东师范大学、同济大学等有中文学科依托的高校也开设了数量较为丰富的选修课程。具体见表2。

表2　被调查高校本科人才培养方案中的语言文化类课程性质

序号	学校	课程所属板块	学分
1	复旦大学	通识教育课程—文史经典与文化传承	2—3
2	上海交通大学	通识教育课程—人文学科课程	2
3	同济大学	通识基础必修大类基础课程	2
4	华东师范大学	通识必修课程—文化传承类（理工科）、通识精品课（全校）	2
5	上海外国语大学	通识教育课程必修、通识教育课程选修（中华文明 & 文化传承模块）	2—4
6	华东理工大学	公共课程—公共基础	1
7	上海大学	通识课—人文经典与文化传承	2—4
8	东华大学	通识教育—文化素质类	1—2
9	上海财经大学	通识教育—经典阅读与历史文化传承	2
10	华东政法大学	通识主干课—历史文化传承与人文素养	2
11	上海师范大学	通识教育必修课程	2
12	上海电力大学	公共基础课、通识选修课程（人文艺术类）	3
13	上海中医药大学	通识必修课程、通识选修课程（人文与社会）、限选专业基础课	2—4
14	上海对外经贸大学	通识教育必修课 / 选修课	≥2
15	上海海洋大学	综合与通识教育（人文与艺术类）	2
16	上海海事大学	通识教育选修课（人文与历史类）	2
17	上海音乐学院	专业课	2
18	上海体育学院	通识教育选修课程	1—2
19	上海杉达学院	通识教育选修课程	2

（四）课程实施与管理

各校都积极落实语言文化类课程建设运行的保障机制，一般由人文学院、中文系、文学系、语文教学部等落地对接，党校办、宣传部、教务处、图书馆等多部门支持联动、参与建设。如复旦大学由通识教育中心负责课程实施，集合了学校中文学科优势师资，开设系列经典文献导读课程，为学生提供多样化选择；上海交通大学由人文学院负责课程实施，学院下设中国语言文学系、历史系、哲学系、汉语国际教育中心、艺术教育中心，学科建设涵盖文、史、哲、艺4个门类，拥有雄厚的师资力量，为语言文化类课程提供了强大支撑。

（五）问题与不足

一是部分学校的相当一部分专业（类）未能按照《国标》的规定，在人才培养方案中设置语言文化类课程。如有的学校在政治学类、社会学类、马克思主义理论类、旅游管理类专业的人才培养方案中都未对语言文化类课程和教学做出明确规定。

二是语言文化类课程在学校教育教学中相对还处于边缘化地位，也面临一些教学困难。如：在没有中文或文史哲类学科支撑的学校，相关教师专业发展受限，师资队伍不稳定；作为通识教育课程，语言文化类课程开设既受限于师资和教学资源，也受到学生选课的影响，选课学生多的"供不应求"，学科学生少的开不出课，不少课程的可持续性不强；一线教学中，同一课程班学生的异质性突出，教学讲授难度高；高校语言文化教育的理念多元，侧重语言文字应用能力培养还是侧重人文素养提升，如何与中学语文教育进行梯度衔接，而不是重复高中语文教育，亟待深入研究。总体而言，语言文化类课程对学生的综合教育功能尚未充分体现。

三　语言文化类课程学习情况

在前述调研基础上，我们进一步对19所高校的本科生进行了问卷调查，考查学生语言文化类课程的学习情况，了解其对课程教学内容丰富度、教学形式多样化、学习内容实用性等方面的满意度，以及学生学习中选择教学资源的主要途径、遇到的困难和对语言文化类课程的看法。共回收有效问卷948份，被调查的学生覆盖了大一到大四年级，以及文、理、工、医等不同专业。

（一）语言文化类课程对学生的覆盖面

本市高校语言文化类课程对本科生的覆盖面总体较广，但也有一定的"空白"。问卷结果显示，近50%（468人）的学生修读过1门相关课程，24.05%（228人）的学生修读过2门相关课程，12.66%（120人）的学生修读过3门及以上相关课程；但也有13.92%的学生没有参加过相关课程学习。见图1。

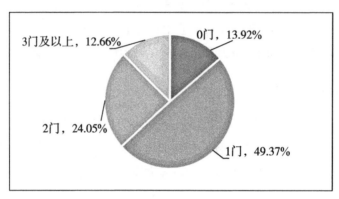

图1　学生学习语言文化类课程门数

修读过语言文化类课程的学生中，86.76%修读的是通识教育类课程（其中82.35%为线下教学课程，4.41%为视频课程），13.24%修读的是专业类课程。见图2。

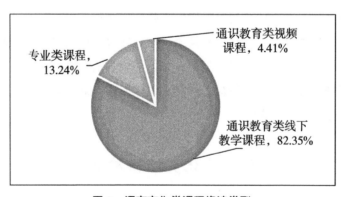

图2　语言文化类课程修读类型

（二）学生对语言文化类课程教学的满意度

修读过语言文化类课程的学生对课时安排和教材选用的满意度（满意＋很满意）超过50%，体现出多样化的语言文化类课程教材选用和多类型教师参与

教学方面的成效。但课程教学内容、学习成效和教学形式的满意度均低于50%，满意度最低的是上课形式，也折射出在新形势下传统教学模式受到一定的冲击。见表3。

表3　学生对语言文化类课程的满意度占比　　　　　　　　单位：%

	很不满意	不满意	一般	满意	很满意
课时安排合理	8.82	4.41	27.95	32.35	26.47
教学内容丰富	5.88	13.24	35.29	23.53	22.06
学习内容使用	8.82	8.82	38.24	26.47	17.65
教材选用恰当	7.35	7.35	33.83	33.82	17.65
上课形式多样	13.24	10.29	36.76	23.53	16.18

类似情况也反映在"语言文化类课程学习的辅助工具"这一调研问题的结果中。被调查学生的语言文化类课程学习以教材、专业书籍、网络和课程网站4类为主。传统教学资源（教材＋专业书籍，948人次）和互联网教学资源（网络＋课程网站，996人次）大致相当，对网络的依赖略高与学生对多样化上课形式的需求形成呼应。见图3。

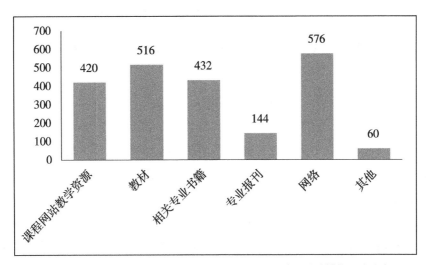

图3　语言文化类课程学习辅助工具选用人次（多选）（单位：人次）

（三）学生对学习语言文化类课程重要性的认知

对于"语言文化类课程是否有必要纳入大学必修课程"这一问题，有68.35%

的学生认为有必要，占了大多数。与此形成对比的是，学生学习语言文化类课程的积极性并不算高。如在学习时间投入上，每周用于语言文化类课程学习的时间超过85%的学生（813人）在3小时以内，在3—5小时的不到10%（86人），超过5小时的仅5.17%（49人）。导致学生积极性不高的原因，依次是认为课程缺乏实用性、缺乏兴趣、缺乏时间精力、学习资源有限和其他原因。这对提升语言文化类课程的教学质量提出了迫切要求。见图4。

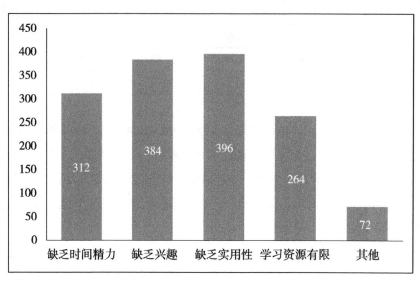

图4 影响学生学习语言文化类课程积极性的原因分布（多选）（单位：人次）

四 结论与建议

本次调查显示，本市高校普遍重视语言文化类课程建设，将其纳入本科人才培养方案，建立保障机制，结合专业教育需求积极开设各具特色的课程，课程能够覆盖大多数学生，课程内容丰富、类型多样，教学资源基本能够满足学生需求。同时，也还存在一部分专业（类）尚未落实《国标》规定、教学资源更新程度和类型比较受限、没有学科依托的课程教师队伍建设后劲不足、教学方法相对单一以及部分学生对语言文化类课程学习重视程度不够等问题与不足。进入新时代，语言文化类课程在高校育人中的地位将进一步凸显，本市教育行政部门应加强管理和引导，高校应在已有实践基础上，以更高的要求推动建设与改革，切实解决广大学生日益增长的优质语言文化类课程需求与高校相关课程供给相对不充分和不平衡的问题。我们有如下建议。

（一）提高对语言文化类课程的认识，进一步完善课程规划

高校应充分认识语言文化类课程在新时代人才培养中的重要地位，完善体制机制，做好顶层规划，形成高效合理的联动手段，强化保障与管理。对照《国标》排查人才培养方案中未能落实的专业，补充完善课程要求。对照学校人才培养目标，系统思考高校语言文化教育的功能和在人才培养中的定位，与时俱进地规划高校语言文化教育目标，推动教学模式创新。加大宣传力度，引导师生充分认识语言文化类课程对提升素养、锤炼意志、传承文化的重要意义，营造想上、要上、上好语言文化类课程的积极氛围。

教育行政部门应加强对高校的引导，特别是应着力加强大学语文课程建设，在组织专家开展深入扎实科学研究的基础上，制定颁布大学语文课程标准与教学指南，科学体现大学语文课程与高中语文教育的内容梯度及考试评价梯度，引导高校在相关课程设置和教学内容组织中统筹兼顾人文性与工具性，全面加强对大学生的语文能力训练和人文素养培养。

（二）拓展优质教学资源，打造学生向往的"金课"

高校应根据各自办学特色和人才培养目标需求，合理设置教学内容，分类规划教学改革和教材建设，组织编写或选用能够贴近现实、与时俱进的优质教学素材。同时，要增加课程供给，在课程设置和建设方面，应引导建立语文知识、语文能力、语文素养有效衔接的课程开发与建设机制，开设不同类型的语文课程，保障学生能选到相应的课程，适当增加课时量，增加必修类课程。

（三）完善教师队伍建设，加大培育和引进力度

高校应坚持引培结合，努力打造一支人文素质好、文化底蕴厚、知识结构全、语言能力强的高素质语言文化类课程师资队伍。应全面提升教师队伍思政素质和教书育人的责任感，尤其注重提升青年教师职业素质，着力打通青年教师的职业发展通道。

教育行政部门应充分发挥"高校语文教育联盟"等的作用，常态化开展课程建设规划研讨、教师培训、教学案例展示交流等教学研究活动，为提升青年教师职业素质、打通青年教师职业发展通道，搭建更多更好的科研与交流平台。

（四）创新教学方法，加强与信息技术的深度融合

广大一线教师应积极引入多媒体教学、微课教学、线上线下混合等现代教学模式，主动采取翻转课堂、直观演示法、任务驱动法、讲授法等创新课堂教学方法，积极尝试以项目为导向、利用"互联网＋"教学手段、师生共同参与、聚焦语文知识和中华文化的教学案例、展示项目、微课作品等教学实践，激发学生学习兴趣，提升语言文化类课程教学质量。

（王会花）

播音主持专业人才培养状况

播音主持是一种语言艺术活动，也是重要的语言规范传播活动。播音主持专业人才是支撑语言文字事业高质量发展的重要力量。2020 年，我们通过问卷、访谈、文献梳理等方式对本市高校的播音主持专业人才培养状况进行了调查。

一　专业设置

上海的播音主持专业人才培养起步于 20 世纪 90 年代，上海戏剧学院 1995 年就在全国率先设立了播音与主持艺术专业。20 多年来，开设相关专业的高校不断增多，招生规模不断扩大。

（一）设置相关专业的高校

国家十分重视播音主持专业人才培养，相关专业从 20 世纪 90 年代起就纳入了普通高等学校本科专业目录和高职高专专业目录。最新版的《普通高等学校本科专业目录（2020 年版）》在艺术学门类下的戏剧与影视学专业类中列有播音与主持艺术专业，专业代码为 130309。最新版的《职业教育专业目录（2021年）》在新闻传播大类下的广播影视业类中列有播音与主持专业，包括本科和专科，本科专业代码为 360201，专科专业代码为 560201。截至 2021 年，全国高校开设播音与主持艺术本科专业的共有 250 多所，开设播音与主持专科专业的共有 150 多所。

本市目前共有 6 所高校开设了播音与主持艺术本科专业，1 所高校开设了播音与主持专科专业。具体见表 1。

表 1　上海地区高校本专科播音主持专业设置情况

院校名称	办学层次	专业名称	专业开设时间	办学性质
上海戏剧学院	本科	播音与主持艺术	1995 年	公办
上海师范大学	本科	播音与主持艺术	2002 年	公办

（续表）

院校名称	办学层次	专业名称	专业开设时间	办学性质
华东师范大学	本科	播音与主持艺术	2004 年	公办
上海视觉艺术学院	本科	播音与主持艺术	2007 年	民办
上海体育学院	本科	播音与主持艺术	2009 年	公办
上海立达学院	本科	播音与主持艺术	2019 年	民办
上海电影艺术职业学院	专科	播音与主持	2006 年	民办

在研究生培养方面，华东师范大学在艺术硕士（广播电视领域）招收播音与主持艺术方向专业学位硕士研究生，在戏剧影视学下招收广播电视主持艺术研究方向学术型硕士研究生；上海戏剧学院在艺术硕士（广播电视领域）招收主持艺术专业学位硕士研究生。华东师范大学的新闻传播学博士学位授权点和上海外国语大学的全球传播博士学位授权点招收主持传播、影视国际传播与视听符号研究（双语主持）等研究方向的博士研究生。

（二）相关专业的招生情况

从招生范围看，7 所高校中有 4 所在全国范围招生，3 所在全国部分省市招生。从招生方法看，7 所高校中有 3 所采用校考＋省统考的招考方式、2 所采用校考的招考方式、2 所采用省统考的招考方式。从招生人数看，上海相关高校始终坚持质量原则，各校每年都控制在 20—50 人左右，其中 20—29 人之间的 2 所、30—39 人之间的 2 所、40—49 人之间的 1 所、50 人及以上的 2 所。以 2021 年为例，上海一年招收的相关专业本科生共 317 人、专科生共 64 人。7 所高校相关专业在校生总规模达 1000 多人。具体见表 2。

表 2　上海地区高校本专科播音主持专业招生情况

院校名称	类型	办学性质	招生方法	招生范围	2021 年招生人数
华东师范大学	本科	公办	省统考	全国部分省市	26
上海戏剧学院	本科	公办	校考	全国	26
上海师范大学	本科	公办	校考＋省统考	全国	33
上海体育学院	本科	公办	省统考	全国部分省市	40
上海视觉艺术学院	本科	民办	校考	全国	30
上海立达学院	本科	民办	校考＋省统考	全国部分省市	162
上海电影艺术职业学院	专科	民办	校考＋省统考	全国	64

二　课程教学

本市有关高校坚持正确的办学理念，明确培养目标，构建完善的专业课程体系，加强师资队伍建设，探索有效教学模式，形成了鲜明的海派特色。

（一）培养目标与理念

7所高校办学层次不同，培养目标也各不相同。华东师范大学主要培养复合型、高层次人才，上海戏剧学院主要培养主持、演播等专业艺术人才，上海师范大学主要培养声形俱佳、突显语言功力和实践能力的主持人才，上海视觉艺术学院致力于培养有较高政治素质、专业能力、艺术人文修养的广播电视播音主持人才，上海体育学院主要培养体育与电竞解说人才，上海立达学院和上海电影艺术职业学院主要培养新媒体、视频节目、网络直播主持人才。各校围绕培养目标形成各具特色的培养理念和培养体系。

华东师范大学致力于培养适合媒体深度融合和创新发展要求，具有合作精神、国际视野和反思能力的全媒化复合型播音主持及口语传播人才，打造了"厚基础、强专业、重创新"的卓越人才培养金字塔模式，以华东师范大学通识教育体系为基石，夯实科学精神和人文素养底座；依托传播学院新闻传播和戏剧影视两个一级学科点的交叉优势和雄厚的海内外师资力量，以及部校共建业界教研资源和主流媒体实践基地，构建优质扎实的专业核心课程；基于学院智慧与创意融媒体中心、虚拟仿真实验教学项目和以学生实践成果为导向的实训工作坊群落，形成遵循新闻传播规律和人才成长规律的全媒化复合型播音主持艺术人才培养体系。

上海戏剧学院播音与主持艺术专业创建于1995年，多年来始终秉持"以演播状态为支撑，在半文本或无文本情况下，培养即兴口语表达的主持能力"的教学理念，经过20多年的教学实践，形成系统教学方案，建立起一套富有上海戏剧学院特色的课程体系，在全国具有重要影响。

上海师范大学培养适应国内外传媒发展需要，掌握中外广播电视理论与实务，具备核心能力素养、德才兼备、声形俱佳的播音主持专门人才。突显语言功力，突出实践能力。培养能在广播、电视、新媒体行业及各级企事业单位从事语言传播及语言艺术工作的应用型人才。

上海视觉艺术学院播音与主持艺术专业以"大传播"的理念、全媒体的视野，致力于人才培养和科学研究，摸索出一条培养应用型、复合型创新人才的独特思路，设计出一套较为系统的教学方案和课程设置，努力为社会打造并输送优秀的广播电视节目主持人和企事业及相关部门所需的具有口语传播能力的宣传公关人才。

上海体育学院则体现了鲜明的行业特色，把培养"具有影响力的体育节目主持人与解说员"作为办学目标，以培养有特色、高质量的体育解说和主持人才为立足点，明确应用型本科建设定位，以专业和产业融合、学院与企业合作为突破口，积极探索具有中国特色的体育播音与主持艺术教育道路。

上海立达学院以"全平台、融媒体"为教学宗旨，以"大口语传播"为核心理念，面向各级广播电视机构、各类新媒体及各类与口语传播相关的行业系统，培养具有全球视野、综合素养的应用型、复合型、创新型口语传播人才。

上海电影艺术职业学院重点面向新媒体行业及文化传播行业，致力于培养能适应多媒介融合发展需要，掌握"语言表现、形象塑造、镜头交流、舞台掌控"等技能，并具有融媒体观念及技术能力的复合型人才。

（二）课程体系

播音主持专业的基础核心课程主要包括播音与主持概论、播音发声与普通话语音、朗诵与艺术语言、节目主持创作、声乐基础、表演基础等。面向这些课程，上海地区高校积极加强教材建设，《节目主持》（吴洪林著）、《节目主持人概论》（陈虹著）、《谈话节目主持概论》（王群、曹可凡主编）、《主持人即兴口语传播》（於春著）等获得业内普遍好评，在全国也具有一定影响力。

同时，各校结合自身办学理念、培养目标进行特色课程开发，如：华东师范大学的出镜记者与现场报道、即兴口语传播，上海戏剧学院的主持学理论基础、演播言语组织、演播空间应用技巧，上海体育学院的体育评论与解说、赛事英语听说与同传、运动技战术分析、电竞评论与解说、电竞现场报道，上海立达学院的网络直播技能训练，上海电影艺术职业学院的直播营销与运营、直播镜前实务，等等课程。

（三）教师队伍

7 所高校的播音主持专业师资共 47 人，其中，博士研究生学历占比 38%，正高职称和副高职称占比分别达 15% 和 36%。为了丰富教师资源，弥补教学力量的

不足，不少学校还外聘专业教师，总数超过 40 人，其中 70% 以上具有高级职称。

专业教师教学能力较强。如华东师范大学有 2 名教师入选"高等学校与新闻单位从业人员互聘'千人计划'"，上海师范大学有教师荣获国家级、省市级"优秀指导教师"称号，上海视觉艺术学院曾获"上海民办高校教师教学技能大赛"一等奖，上海电影艺术职业学院曾获"上海市青年教师教学技能大赛"一等奖和"民办高校教师教学技能大赛"一等奖。

（四）教学特色

一是各校普遍采用"双师型教师"教学模式，鼓励学生"在做中学"。艺术语言专业课程教学具有很强的实践性，需要坚持"在做中学"的理念要旨。所谓双师型教师是指既有教学经验又有实践工作经验、具有职业资格证书的教师。在一线教学中，双师型教师占了很大比例。除了扎实的专业理论知识，双师型教师还拥有丰富的实践经验，能够在传授理论知识的同时，给予学生实践指导。

二是各校普遍重视校企合作，促进产学研联通办学。紧贴实践前沿，以行业需求为引领，展开校企合作，知识互通、实践互动，培养优秀的艺术语言人才，是上海播音主持专业人才教学培养体系的一个亮点。如，华东师范大学与上海广播电视台共同建设的"主持人工作室"探索了业界与学界合作教学、科研新模式，搭建了高校产学研一体教育新平台，体现了一种全新的办学理念，取得了良好效果。一线主持人总结主持工作经验，传授媒体工作心得，指导学生开展专业实践和课题研究，并适时进行诊断、指导；博士生、硕士生、本科生均有机会参与核心团队，跟踪主持人工作动态，定期与主持人进行业务交流、探讨，在主持人带领下实习、实践。又如，上海视觉艺术学院在股东单位上海广播电视台的大力支持下，形成了在全国独具特色的在校生与上海广播电视台名播音员、名主持"一对一拜师结对"的教学模式，搭建了业界与学界合作教学的良好平台，实现了教学资源（师资与设备）的充分共享。再如，上海体育学院的"电竞主播培养"项目也采取校企合作的模式，与国内一流的电竞企业协作开展联合培养，具有开创性意义。

三　结论与建议

本市高校的播音主持专业教育一直走在全国前列，坚持质量为先，重视学科建设，20 多年来培养了大批优秀人才，教师队伍不断壮大，科研能力持续提升，取得显著成效。同时也面临一些突出问题，应进一步更新观念、扩大视野、加强建设、提高质量。

（一）主要成效

一是办学质量普遍较高。如华东师范大学入选教育部国家级一流本科专业播音与主持艺术专业建设点名单（目前全国共有 9 所高校入选），上海戏剧学院入选上海市一流本科专业播音与主持艺术专业建设点名单。在高等教育评价专业机构软科发布的 2021 "软科中国大学专业（播音与主持艺术专业）排名"中，位列 A+ 层次的高校共 5 家，其中上海有 2 家，华东师范大学位列第二、上海戏剧学院位列第四；另外，上海师范大学位列 A 层次，上海体育学院、上海视觉艺术学院位列 B 层次。7 所高校的学生在国家级、省部级等各级各类相关专业比赛中均有获奖，且获奖等级较高。如中央电视台主办的央视主持人大赛、中国国际动漫节声优大赛、齐越节大学生朗诵大赛、"海峡两岸"全国主持人大赛、"未来金话筒"大学组融媒体主持大赛等。

二是培养了大批播音主持专业人才。自 20 世纪 90 年代以来，本市高校播音主持专业毕业生累计超过 3000 人，并且始终保持高就业率。6 所高校的毕业生就业率常年保持在 90% 甚至 95% 以上[①]，就业岗位主要集中在省级电台电视台、新媒体与企事业单位。毕业生中涌现了一批卓越的领军人才。很多毕业生进入中央电视台以及上海、河南、湖南、新疆、江西地方卫视等权威媒体，以及腾讯体育、优酷体育等现代传媒工作，并成长为骨干人才，更有不少毕业生已是全国知名的播音员或主持人。毕业生中多人次荣获"金话筒"奖、"金鹰节主持人"奖、"全国百优主持人"奖等各类专业奖项。

（二）问题与不足

上海的播音主持专业人才培养在三方面也还存在突出问题。一是面对新媒体挑战，在培养理念、课程体系、教学模式等方面的应变意识不强、行动迟缓，仍以传统的广播电视为参照媒介来开设相关课程，适应全媒体发展需求的综合性、复合型、贴实践的课程体系尚未建立。二是师资力量匮乏、教学梯队失衡，不足百名的专兼职专业教师数相对 1000 多名的在校生规模，缺口还很大，且教师队伍平均年龄偏大，青年教师招录面临一些制度瓶颈，外聘兼职教师在实践

---

① 另 1 所 2019 年最新开设，截至调查时，暂无毕业生。

方面能够给予学生指导但精力有限、理论系统性不足。三是科学研究能力、学科建设水平有待进一步提升。特别是在国家级项目立项、高水平科研论文发表、国家一流本科课程建设、教材体系建设等方面都显示出质和量的不足。

（三）思考与建议

一是加大政策支持力度。相关部门和有关高校应充分认识到播音主持专业人才培养对推广普通话、优化社会语言环境、构建和谐语言生活、传播正能量、讲好中国故事、传播中华文化、建构国家形象的重要意义，予以高度重视，在招生、师资、科研等各方面给予政策支持。特别是要着力解决好师资缺口问题，在青年教师的招录、专业发展等方面营造良好的政策环境。

二是根据时代发展需求拓展人才培养方向。随着信息技术的发展和移动互联网的普及，我们已经进入了信息爆炸和媒体爆炸的时代，自媒体、短视频、网络直播等传播方式以及政治、经济、文化、体育、艺术、娱乐、购物等细分领域的新媒体不断涌现，播音主持专业人才成长发展空间广阔，也倒逼高校的专业教育更新观念，改革创新课程体系和教学模式。在以传统广播电视为参照媒介的课程体系基础上，急需开设新媒介场景下新型、融合的传播、创作、制作、运营类等课程。正如访谈中有专家所表示的，"拓展人才培养的方向，不要只盯着灯光下、话筒前、镜头前的小地方，要培养更全面的人际沟通人才"。

三是强化学科建设，提高科研能力。应组织专业学术论坛、出版专业学术刊物、建设专业学术团体，加强学术交流，为播音主持专业教育质量的进一步提升、为青年教师的成长搭建更多平台。应从艺术学、语言学、新闻学、传播学、心理学、社会学等多方面加强跨学科研究，而不是仅仅局限在播音艺术、朗诵艺术、表演艺术，正如访谈中有专家所说的，"挤在播音主持的小圈子里是没出路的，试图靠改良播音主持的小圈子同样不会有出路，只有把语言学科放在人类传播学的大概念下去发展，才是可行之路"。应加强专业师资队伍建设，通过培训、研修、访学等，多途径多方式提升其专业教学和研究能力，播音主持艺术师资队伍需要跨学科、广视野、深探索、强实践的人才加入进来。

（巩晓亮、胡　康）

华裔留学生中国语言文化教育调查

加强对华裔留学生的中国语言文化教育，对推动中文国际传播、讲好中国故事、构建知华友华朋友圈，具有重要意义。上海的来华留学生规模已突破6万，其中的华裔留学生数量也持续增长。本报告基于2021年10—12月开展的访谈调查，分析在沪华裔留学生中国语言文化教育存在的问题，并提出对策建议。

一　访谈概况

我们对38位华裔留学生进行了半结构化访谈，了解他们在中文学习、参与相关文化活动、社会交往与融入等方面的情况。

（一）受访者基本情况

受访者来自同济大学、复旦大学、上海交通大学、华东师范大学4所高校，其中女性26人、男性12人。出生在国外的一代华裔18人，其中14人（近80%）的父母双方均为华侨华人；其余为二代及以上华裔，血统成分复杂。有13人来自加拿大，6人来自美国，3人来自日本，3人来自法国，来自新西兰、德国、韩国的各有2人，来自英国、西班牙、斯洛伐克、澳大利亚、新加坡、印度尼西亚、泰国的各有1人。

（二）受访者来华来沪留学的动机

这些华裔学生选择来华来沪留学，主要是受家庭影响。几乎所有受访者都表示，自己在很小的时候就被家长要求学习中文，父母愿意为此投资，自己也付出了大量时间与努力。有约60%的受访者表示，在上海或上海的周边城市有亲戚，来华来沪留学是一场"寻根"之旅，"增进对父辈国家的了解"是访谈中出现频次极高的一个来华留学原因。这种需求在一代华裔学生身上表现尤为强烈，有的表示"我父母都是华人，所以即使出生在德国，我也不觉得自己是100%的德国人，希望通过留学了解父母出生成长的国家是怎样的"，有的表示"我感觉自己有一半是中国人，但我并不了解中国，所以希望来这儿学习更多关于中国的事情"。

这些学生选择来华来沪留学的另一重要原因，是受到了中国发展进步和上海多元文化环境的吸引。教育质量和就业机会是吸引华裔学生的重要影响因素。受访者普遍认为：一流名校的留学经历将成为简历的亮点，在应聘中外企业时占有先机；上海高校在提供优质课程的同时，还拥有国际交流、名企实习的平台与资源；上海作为全球经济、金融、贸易、航运、科技创新的中心，对高水平人才需求量大，个人发展空间大。超过90%的受访者表示，他们将留学上海作为了解上海城市文化与环境、寻找就业方向的重要契机。

（三）受访者的中文水平及中文学习情况

受访者的中文能力参差不齐。一代华裔中父母双方都是华侨华人的，中文能力普遍较强；父母一方非华人的，中文能力与前者相比有明显差距；二代及以上华裔的中文能力则普遍偏弱，但都能进行简单的日常对话。调查中我们也采访了部分任课教师，有教师反映，华裔留学生的中文听说能力相比非华裔留学生具有明显优势，但阅读、写作能力整体还较弱，个别甚至不及日、韩、泰、柬、越等汉字圈国家的非华裔学生。

受访者对学好中文的态度总体比较积极。受访者普遍认为掌握好中文将在未来社会发展中获得优势，拥有更好的就业前景，并希望在听说能力相比非华裔留学生具有明显优势的情况下进一步提高读写能力。同时，受访者普遍表示目前华裔学生与非华裔学生同班学习中文、共用中文教材的情况，不利于他们发挥优势，进一步提高中文能力。对部分教师为了确保班级学生水平整齐、允许华裔学生免修中文课的情况，有受访者喜欢这样的灵活操作，认为此举让自己有了更多学习专业课的时间；但也有受访者表示"希望能有更适合华裔学生的中文课，使用适合华裔学生的中文教材"。

（四）受访者参与语言文化活动的情况

受访者反映，他们很少参加学校、院系组织的语言文化活动，原因主要有三点。一是有的文化活动组织浅层化、碎片化，"人民广场、南京东路，这些地方我都去过了""粽子，我妈妈每年都包，我早就学会了""我对京剧不感兴趣"等，绝大多数华裔学生都曾有过在华短期居住的经历，如果仅仅是"走马观花"，肯定无法让他们满意。二是活动时间安排欠妥，"在准备考试和参加活动之间，我肯定选择前者""我想参加一些活动，但通知很仓促，我已经有了自己的安排，所以不能参加"等，部分华裔学生对学校安排的活动时间颇有微词，并表示如果时间合适，自己是愿意参加的。三是教师关心、引导不足，"我觉得老师更喜欢给明显是'外国人'的学生拍照""老师总觉得我应该知道这个、那个，但其实我不知道，有时很尴尬""去了，回来要写作文，要做发表，很麻烦，还不如不去"等，文化活动是课堂学习的延展，但或许由于教师的教学水平不足，未能妥善利用、循循善诱，反而让华裔学生产生了反感。

（五）受访者在沪的社会融入情况

受访者中仅有 3 人获得了奖学金，其余均为自费留学生。由于上海高校住宿紧张，自费生很难申请到校内宿舍，为了节省开支，只能在离学校较远的近郊租房，导致利用校内设施、参与校园活动的时间少，与校内师生交流的机会更少。此外，还有不少受访者表示，他们在校期间为专业学习投入大量时间，也会关注专业相关的热点新闻、研究成果，却很少有全面、立体了解中国文化、上海文化的欲望。身处海纳百川的上海，面对博采众长的海派文化，上海裔的学生总认为"我已经都知道了"，而非上海裔的学生则认为"我不知道也不影响我就业"。留学时间有限，他们不愿意为此花费时间与精力。

居住在校外的华裔学生，失去了很多校园活动的机会，而在日常社会生活和居住社区中与本土人群交流的机会也不多。有受访学生坦言："我中文不够好，聊一会儿，双方都觉得累，然后开始说英语。""他们觉得我是中国人，但其实不是，有时候聊得不开心，那就不聊了。""中国人都非常忙碌，都很上进，准备出国考试、考研究生、找工作，我不好意思多打扰他们。"

二 问题分析

此次访谈调查的结果显示，本市高校对华裔留学生的中国语言文化教育，还存在一些突出问题，效果不彰。

（一）中文教学针对性不强

与对非华裔留学生的中文教学是一种外语（二语）教学不同，对华裔留学生而言，中文既非母语、也非外语，而是具有特殊习得规律的祖语。但目前上海高

校面向来华留学生的中文课程教学，并不针对华裔和非华裔分班。虽然有的会根据学生中文水平分班，但同班学生的实际中文水平依然参差。华裔学生能快速掌握教学内容，但非华裔学生需要大量的讲解、操练。华裔学生的快速应答，给非华裔学生带来挫败感；非华裔学生针对语法、语用细节的提问，又让华裔学生感到无聊。中文教师必须有极强的综合能力，才能让两类学生在同一个课堂都有获得感和成就感。华裔学生普遍希望提高自己的中文读写能力，但教师为照顾非华裔学生的水平，在课堂上主要操练听说；华裔学生渴望获得专业中文、学术中文的训练与指导，但大部分中文教师不具备这方面能力；华裔学生想提高自身跨文化交际能力，多交中国朋友，可中文课很少有相关的主题与任务。

在文化知识教学方面，各高校所使用的中文教材关注语言知识的科学编排，文化知识往往只是锦上添花的点缀，没有成为教材的有机组成部分，且内容严重滞后，也不具有地域特色。加上高校对留学生公共中文课的不重视，导致该课程师资力量薄弱，教学质量参差，失去了一块让华裔学生更好了解中国、学习如何讲述中国故事的阵地。受访的华裔学生明确表示，这样的教材对其没有吸引力，进而对课程也失去了兴趣。

（二）中国文化理解教育浅表化

各高校对华裔留学生的中国文化理解教育主要通过组织相关文化活动来落实。而这些活动的组织缺乏深度和温度，往往只是浅层的"展示"，缺乏能激发华裔学生对中国的感情、对上海的感情，有助于强化其身份认同的"走心点"。很多受访者反映，相关文化活动中，面向全体留学生的多、专门针对华裔留学生的少，参观活动多、体验活动少，游离课程内容的"走马观花"多、结合课程内容的交流研讨少，不少活动形式意义大于内容意义，为完成任务而组织活动。

（三）华裔留学生的社会融入问题未得到应有重视

大部分华裔留学生处于较为封闭的文化环境里，中文能力欠缺造成的不自信，加上陌生环境下自我价值的认同需求及情感安慰的需求，使其自甘一隅，更愿意与留学生朋友交往，故意回避或忽视对中国文化生活的主动体验。即使他们有意愿接触本土人群，也会遭遇各种问题。但学校在日常管理中没有针对华裔留学生的专门措施、特殊政策，而是将他们囫囵纳入留学生教育整体，进行同质化的教学与管理。很多受访者表示，华裔留学生的华裔身份，似乎只在侨办举行的相关活动中有所体现。

三 思考与建议

要增进华裔留学生对中国、对上海的情感,使其在学成后成为传播中国文化、讲好中国故事的特殊力量,本市有关部门应明确政策导向、加强顶层规划、完善华裔留学生教育管理体制机制,有关高校应从教材、教法、教育技术、文化活动、校园服务等方面制定对应的培养方案、管理办法,结合华裔留学生特殊的文化背景和实际需求设置特色课程,设计特色活动,做到因材施教。

(一)充分认识对华裔留学生加强中国语言文化教育的重要性

中文是海外华侨华人身份认同的主要标志,语言认同是民族认同的基础,而民族认同则是联系海外华侨华人与祖国的脐带,起着供血功能。华侨华人是推动中国文化走出去的生力军,华侨华人中外文化身份兼具的特殊性,决定了他们在中华文化传播的方法、技巧方面更具在地性。通过华侨华人缓解中文与中华文化国际传播的张力和压力,软化这一过程中的人为障碍,可以催化以语言交流为基础的经贸合作与人文交流。只有充分发掘海外华侨华人资源,培育可直接或间接服务于塑造积极中国形象的华裔留学生和华侨华人人才,并加强对华裔新生代的亲情浸濡,才能更有效推动中华文化走出去。华裔留学生与侨民处于中西文化交流的历史焦点上,他们一方面背负着几千年的中华文化传统,一方面看世界的视野更为开阔;一方面吸收了外来文化,一方面又向海外传播着中华文化。作为中西文化交融的主要载体,他们是坚实的中外文化沟通的桥梁和纽带。而华裔留学生对中国文化的理解有其特殊性。在他们的脑海里,有4个中国形象:其一为祖辈、父辈描述的形象,其二为各类媒体呈现的形象,其三为中文课堂构拟的形象,其四为他们来华后亲眼所见的形象。他们对中国似乎是熟悉的、亲近的,但也是片面的、主观的。因此,加强对华裔留学生的中国语言文化教育,既有重要的战略意义,也有极强的现实针对性。

(二)编写针对在沪华裔留学生的专用中文教材和读本

上海的华裔留学生培养院校应尽快联合编写面向来沪华裔学生、具有上海特色的专用中文教材。这套教材有别于传统的通用型中文教材,有别于海外的本土华文教材,也不同于中国高校的大学语文,要针对来沪华裔学生学习、科研、生活、工作中的不同需求设置话题,循序渐进,指导学生在不同情境下得体地用中文进行

交流，帮助学生克服中文阅读的心理障碍，锻炼学生学术写作的基本能力。教材应充分利用现代技术，制作配套微课视频和自学资料，采用线上线下融合的形式，不但能减轻课堂教师负担，增加操练时间，更能随学随用，温故知新。

在语言学习过程中，大量输入才能输出。教材之外的中文读本必不可少。尽管目前也有《"汉语风"中文分级系列读物》这样较为优秀、成熟的分级读本，但若能有可读性强且适应华裔学生中文水平的"上海历史·文化·语言系列丛书"，对他们提升中文及中国文化认知力，理解上海城市精神，了解上海方言文化，定大有裨益。

（三）加强面向华裔留学生的专业／学术中文课程建设

在配备专用中文教材之后，高校也应安排优质师资，为华裔留学生开设系统的专业／学术中文课程。这些课程的授课教师，不但要具备出众的国际中文教学能力，更要对学生专业有一定了解，方能为华裔学生学好专业课程"保驾护航"。这些课程的建设，须由负责华裔学生专业培养的院系和负责其中文教学的单位或个人通力协作。院系深知华裔学生培养的难点与痛点，能对专业／学术中文课程提出明确的教学目标，与中文教师商定适合的教学内容，并给予相关专业知识的指导。通过此类课程的教学实践，高校将进一步了解华裔留学生的需求，继而对专业／学术中文教材与读本进行优化、升级。

（四）提升中国文化理解活动的针对性

要真正用好文化活动这一向华裔学生讲述中国故事的特别课堂，必须做好整体规划、系统设计，必须与课程紧密结合、与其认知和需求相适应，必须覆盖从学生入学到毕业的全过程。同时，应当重视每一次活动的精心组织，深入挖掘能激发华裔学生对中国感情、对上海感情，有助于强化其身份认同的"走心点"。比如游览南京东路，非华裔学生能了解它从前往跑马厅的"大马路"，到"中华商业第一街"，继而成为休闲购物"步行街"的历史即可，接下来找找沿路的"老字号"，发现各种时尚"潮牌"，从一条路感受上海的"海纳百川"便是很成功的一次文化体验了。然而如果这个活动是为华裔学生策划的，就一定要引导他们了解由华侨华人投资兴建的先施百货（现上海时装股份有限公司）、永安百货、新新百货（现上海第一食品商店）和大新百货（现上海第一百货大楼）的前世今生，以及曾经只有华侨才能进入购物的华侨商店。让他们看到华侨华人为这座城市的繁荣发展所做的努力，知晓这座城市对侨民的关爱，从而加深他们与这座城市的情感联结。

（五）将中国文化理解教育融入渗透进日常教育教学

鉴于华裔留学生在中国文化理解方面的特殊性，在文化活动之外，必须将相关教育融入渗透进日常教育教学。比如，有的华裔学生对中国文化还存在误解，有的相信在中国的春节家宴上女性是不能上桌吃饭的，有的相信中国的子女必须无条件听从父母安排，还有的相信在中国只要有钱就能想干什么就干什么，甚至会理直气壮地表示"我亲眼看到过"。这种以偏概全的错误认识，需要教育者进行正向引导、加以纠正，在日常教育教学活动中及时干预，并抓住机会开展任务型作业或研究。教育教学对象包括华裔留学生的全体任课教师、思政工作者等，都应当建立这方面的意识，提升这方面的能力。

（六）重视华裔留学生的社会融入问题

在增进华裔留学生对中国和上海的情感、使其学成后成为知华友华重要力量方面，促进华裔留学生的社会融入比专业知识教学更为重要。对华裔留学生而言，一次全程几乎游离在中国社会之外的长达数年的中国留学经历是不完整的。对教育者而言，华裔留学生学成后，是否会在自己的后辈面前对上海和上海高校赞不绝口、大力推荐，是否能将自己的经历、心得在华文媒体和社交平台上进行正面分享，是否会在海外媒体对中国进行不实报道时有理有据地进行公开批驳，如果这些答案都是不确定的，那就称不上是一次成功的教育。在现有条件下，高校首先应当通过教学管理、校园服务等制度设计，着力促进华裔留学生的校园融入；其次应当通过社会实践等活动组织，促进其扩大社会交往。当然，社会融入的基础和关键是中文能力的提高，加强对华裔留学生的中文教学，是各招收华裔留学生的专业的共同任务。

四　结语

最适合讲中国故事的人，并不是国人，而是"外嘴"，华裔青年正是"外嘴"的生力军。对待华裔留学生这一特殊群体，高校更应贯彻全员育人、全程育人、全方位育人的精神，培养华裔留学生对中华文化的向心力。

（孙宜学、姚伟嘉）

国际学校中文教材调查

　　本报告所称的国际学校，是指为持有中国居留证件的外籍人员子女提供基础教育的学校。国际学校的中文教学是目的语环境下针对青少年学习者进行的第二语言教学，在中文教材的选择与使用上独具特点。为了解相关状况，探讨国际学校中文教材建设路径与方略，2019 年我们对本市国际学校选用的中文教材进行了调查分析。

一　调查概况

　　本市目前共有 30 多所国际学校，我们兼顾办学性质、覆盖学段、学生母语状况等影响中文教材选用的强相关因素，选取其中的 17 所学校进行了调查。

（一）调查对象

　　从办学性质上看，本市国际学校包括两类。一类是公办学校国际部，有别于普通高中的国际课程班，公办学校国际部依托本地学校师资和教学力量，专门面向外籍学生和港澳台生，拥有相对独立的建制及教学和管理体系。另一类是民办非企业性质的外籍人员子女学校（以下简称"民办国际学校"），办学或运营主体多为国外有关机构，也有国内有关机构创办的。两类学校在教育政策上的一个重要差别是，公办学校国际部的学生需要通过普通高中学业水平合格性考试（即高中会考，语文是重要的会考科目），而民办国际学校无相关要求，这一差别对中文教材选用具有重要影响。本次调查的 17 所学校中，公办学校国际部有 3 所，民办国际学校有 14 所。14 所民办国际学校中，10 所由国外有关机构创办，其中英国机构的最多，有 4 所，其余 6 所分别由美国、法国、德国、日本、韩国、新加坡的有关机构创办。

　　从覆盖学段上看，本次调查的 17 所学校中，有 11 所学校的教学体系涵盖了从幼儿园到高中的各学段，4 所学校开设了小学、初中、高中的课程，2 所学校设置的学段为初中和高中。

从学生母语状况看，本市国际学校中大多数学校学生的母语背景多样复杂（混合语种生源），少数学校招收同一母语背景的学生（单一语种生源）。本次调查的17所学校中，单一语种生源学校仅3所，分别为上海日本人外籍人员子女学校、上海韩国外籍人员子女学校、上海法国外籍人员子女学校。详见表1。

表1 调查对象

序号	学校名称	学校性质	覆盖学段	办学机构国别背景	生源语种类型
1	上海外国语大学附属外国语学校国际部	公办国际部	初中—高中	中国	混合语种
2	华东师范大学第二附属中学国际部	公办国际部	初中—高中	中国	混合语种
3	上海市实验学校国际部	公办国际部	小学—高中	中国	混合语种
4	上海宋庆龄学校国际部	民办国际学校	小学—高中	中国	混合语种
5	上海西华外籍人员子女学校	民办国际学校	幼儿园—高中	中国	混合语种
6	上海协和国际外籍人员子女学校	民办国际学校	幼儿园—高中	中国	混合语种
7	上海耀中外籍人员子女学校	民办国际学校	幼儿园—高中	（中国）香港	混合语种
8	上海英国外籍人员子女学校	民办国际学校	幼儿园—高中	英国	混合语种
9	上海不列颠英国外籍人员子女学校	民办国际学校	幼儿园—高中	英国	混合语种
10	上海德威外籍人员子女学校	民办国际学校	幼儿园—高中	英国	混合语种
11	上海哈罗外籍人员子女学校	民办国际学校	幼儿园—高中	英国	混合语种
12	上海美国外籍人员子女学校	民办国际学校	幼儿园—高中	美国	混合语种
13	上海新加坡外籍人员子女学校	民办国际学校	幼儿园—高中	新加坡	混合语种
14	上海虹桥德国外籍人员子女学校	民办国际学校	幼儿园—高中	德国	混合语种
15	上海法国外籍人员子女学校	民办国际学校	幼儿园—高中	法国	单一语种
16	上海日本人外籍人员子女学校	民办国际学校	小学—高中	日本	单一语种
17	上海韩国外籍人员子女学校	民办国际学校	小学—高中	韩国	单一语种

（二）调查方法

通过文献法和访谈法，我们获得了这17所学校的中文教材清单，从选用频率、编制依据、适用对象、编者信息、出版信息、语别化情况等方面进行了多维统计分析。同时，通过对相关领域专家、部分学校管理者和一线教师进行访谈，我们进一步深入了解了相关教材的选用原因、适用依据及使用效果。

二　调查结果

17 所学校的中文教材清单列有教学用书、配套用书、教辅材料，以及关于中国文化、历史、国情等的文学性读物和有关外国文学作品的中文译本等共计 67 种、325 册。以下从性质内容、选用情况、适用情况、语言情况和来源情况等方面分别对这些教材进行统计分析。

（一）性质内容

67 种教材中，教学用书共 35 种，占比 52.2%；配套用书共 5 种，占比 7.5%；教辅材料共 1 本，占比 1.5%；文学性读物共 26 种，占比 38.8%。除去文学性读物，针对中文语言教学的教学用书、配套用书、教辅材料中，覆盖听说读写方方面面、内容综合的 35 种，占比 52.2%；专门针对某一项或几项语言技能的 6 种，占比 9.0%。此外，有 8 种是国内中小学使用的语文课程教材。详见表 2。

表 2　教材性质内容

序号	教材种类名称	性质	内容	是否为国内中小学课程教材
1	语文（沪教版）	教学用书	综合	是
2	语文（人教版）	教学用书	综合	是
3	语文（华师大版）	教学用书	综合	是
4	汉语教程	教学用书	综合	否
5	汉语听说教程	教学用书	专项	否
6	汉语阅读教程	教学用书	专项	否
7	语文 语言表达	教学用书	专项	是
8	语文 阅读	教学用书	专项	是
9	中学生汉语精品教程	教学用书	综合	否
10	轻松学汉语 / Chinese Made Easy	教学用书	综合	否
11	轻松学中文 / Easy Steps to Chinese	教学用书	综合	否
12	爱汉语 / iChinese 简体版	教学用书	综合	否
13	汉语 A+	教学用书	综合	否
14	轻松学汉语 少儿版 / Chinese Made Easy for Kids	教学用书	综合	否
15	中文课本	教学用书	综合	否
16	博雅汉语 / Boya Chinese	教学用书	综合	否
17	标准中文	教学用书	综合	否

（续表）

序号	教材种类名称	性质	内容	是否为国内中小学课程教材
18	Mandarin B for the IB Diploma	教学用书	综合	否
19	古典 B：漢文编	教学用书	综合	否
20	国际少儿汉语	教学用书	综合	否
21	汉语拼音	教学用书	专项	否
22	欢乐伙伴 / New Higher Chinese for Primary Schools（HCPS）课本	教学用书	综合	否
23	快快乐乐学汉语	教学用书	综合	否
24	美猴王汉语	教学用书	综合	否
25	你好 / Chinese Language Course	教学用书	综合	否
26	你说呢？/ Nǐ shuō ne?	教学用书	综合	否
27	轻松学汉语 德语版 / Chinesisch spielend lernen	教学用书	综合	否
28	轻松学中文 德语版 / Erste Schritte in Chinesisch	教学用书	综合	否
29	書写	教学用书	专项	否
30	愉快学汉语	教学用书	综合	否
31	中国语文	教学用书	综合	否
32	中文听说读写 / Integrated Chinese	教学用书	综合	否
33	中学华文 快捷 课本	教学用书	综合	否
34	中学华文 普通学术 课本	教学用书	综合	否
35	语文 课内指导	教学用书	综合	是
36	跟我学汉语 英语版 练习册	配套用书	综合	否
37	跟我学汉语 英语版 学生用书	配套用书	综合	否
38	语文 教学参考资料	配套用书	综合	是
39	语文 练习部分	配套用书	综合	是
40	轻松学中文 / Easy Steps to Chinese 练习册	配套用书	综合	否
41	语文 一课一练	教辅材料	综合	否
42	中国成语故事	文学读物	—	—
43	中国地理常识	文学读物	—	—
44	中国古代故事	文学读物	—	—
45	中国古代科学技术	文学读物	—	—
46	中国古代哲学	文学读物	—	—
47	中国科普阅读	文学读物	—	—
48	中国历史 上	文学读物	—	—
49	中国历史 下	文学读物	—	—
50	中国神话传说	文学读物	—	—
51	中国诗歌欣赏	文学读物	—	—

序号	教材种类名称	性质	内容	是否为国内中小学课程教材
52	中国文学欣赏	文学读物	—	—
53	包法利夫人（中文译本）	文学读物	—	—
54	城南旧事	文学读物	—	—
55	传奇（上）	文学读物	—	—
56	传奇（下）	文学读物	—	—
57	地下铁	文学读物	—	—
58	杜甫选集	文学读物	—	—
59	觉醒	文学读物	—	—
60	局外人	文学读物	—	—
61	雷雨	文学读物	—	—
62	骆驼祥子	文学读物	—	—
63	名作重读	文学读物	—	—
64	目送	文学读物	—	—
65	彷徨 插图本	文学读物	—	—
66	撒哈拉的故事	文学读物	—	—
67	雅舍小品	文学读物	—	—

（二）教材选用情况

教材选用情况比较分散，67 种教材中有 2 所及以上学校同时选用的只有 10 种，选用频率最高的主要有各版本的《轻松学汉语》《轻松学中文》以及各版本的国内中小学语文教科书等。详见表 3。

不同性质学校的选用情况差异明显，体现在 3 个方面。第一，两类学校同时选用的教材只有各版本国内中小学语文教科书 3 种，其他 64 种在两类学校中都没有交集，其中公办学校国际部选用的有 7 种[①]，民办国际学校选用的有 57 种。第二，公办学校国际部都选用了国内中小学语文教科书；民办国际学校中有 7 所选用[②]，另 7 所未选用。第三，公办学校国际部教材目录中，未见文学性读物，从访谈中得知，学校会依规向学生家长公布课外读物推荐目录，但不组织统一购买；而部分民办国际学校列入教材目录，很多还结合课堂教学进行阅读讲解。

[①] 具体包括《汉语教程》《汉语听说教程》《汉语阅读教程》《中学生汉语精品教程》和《语文课内指导》《语文语言表达》《语文阅读》，后 3 种为上海市实验学校与上海师范大学合作研发的实验性课程教材。

[②] 其中上海哈罗外籍人员子女学校选用了 2 种版本，上海美国外籍人员子女学校选用了 3 种版本。

表3　有2所及以上国际学校选用的中文教材

序号	教材种类名称	使用学校		选用学校数
		公办学校国际部	民办国际学校	
1	语文（沪教版）	1	4	5
2	语文（人教版）	1	4	5
3	语文（华师大版）	1	2	3
4	轻松学汉语 / Chinese Made Easy	—	6	6
5	轻松学中文 / Easy Steps to Chinese	—	4	4
6	爱汉语 / iChinese 简体版	—	2	2
7	汉语 A+	—	2	2
8	轻松学汉语 少儿版 / Chinese Made Easy for Kids	—	2	2
9	中文课本	—	2	2
10	博雅汉语 / Boya Chinese	—	2	2

（三）教材适用情况

我们主要从教材编写所依据的大纲类型、对适用对象中文水平的要求、适用学段等方面对67种教材的适用情况进行了考察。从所依据的大纲类型看，在除文学性读物外的41种教材中，有22种根据相关中文考试或水平等级大纲编写，9种根据国内普通中小学课程大纲编写，5种依据的是IB中文课程大纲或国外课程大纲，此外还有5种教材根据学校自拟大纲编制。从对适用对象中文水平的要求看，有29种教材适用于中文母语水平学习者，主要为国内中小学语文教科书及配套教辅资料和文学性读物；在针对非中文母语水平学习者的教材中，16种适用水平为初级、12种为中级、1种为高级，还有部分跨度较大的教材覆盖了2—3个水平段，同时在初、中级水平教材的选用上呈现出较大程度的交叉，其中有7种适用于初级到中级，1种适用于中级到高级，还有1种更是覆盖了初级到高级水平。从适用学段看，在有适用学段标记的52种教材中，有47种完整覆盖了小学到高中学段的学习，5种是针对大学学段设计的。详见表4。

表4　教材适用情况

序号	教材种类名称	所依据的教学大纲	适用中文水平	适用学段
1	美猴王汉语	考试 / 水平等级大纲	初级	小学低年级
2	标准中文	考试 / 水平等级大纲	初级	小学
3	国际少儿汉语	考试 / 水平等级大纲	初级	小学
4	汉语拼音	学校自拟课程大纲	初级	小学

（续表）

序号	教材种类名称	所依据的教学大纲	适用中文水平	适用学段
5	欢乐伙伴 / New Higher Chinese for Primary Schools（HCPS）课本	学校自拟课程大纲	初级	小学
6	書写	国外（日本）课程大纲	初级	小学
7	跟我学汉语 英语版 练习册	考试 / 水平等级大纲	初级	中学
8	跟我学汉语 英语版 学生用书	考试 / 水平等级大纲	初级	中学
9	中学生汉语精品教程	学校自拟课程大纲	初级	中学
10	轻松学汉语少儿版 / Chinese Made Easy for Kids	考试 / 水平等级大纲	初级（500 汉字）	小学
11	你说呢？/ Nǐ shuō ne?	考试 / 水平等级大纲	初级（A1/A2）	中学
12	汉语 A+	考试 / 水平等级大纲	初级（400—500 汉字）	中学
13	愉快学汉语	学校自拟课程大纲	初级	小学—中学
14	中文听说读写 / Integrated Chinese	考试 / 水平等级大纲	初级	大学进修
15	汉语教程	考试 / 水平等级大纲	初级	大学本科
16	汉语阅读教程	考试 / 水平等级大纲	初级	大学本科
17	轻松学汉语 德语版 / Chinesisch spielend lernen	考试 / 水平等级大纲	初级—中级（HSK 1—4 级）	小学
18	轻松学汉语 / Chinese Made Easy	考试 / 水平等级大纲	初级—中级（HSK 1—4 级）	中学
19	轻松学中文 / Easy Steps to Chinese	考试 / 水平等级大纲	初级—中级（HSK 1—5 级）	小学—中学
20	中文课本	考试 / 水平等级大纲	初级—中级	小学
21	轻松学中文 / Easy Steps to Chinese 练习册	考试 / 水平等级大纲	初级—中级	小学—中学
22	轻松学中文 德语版 / Erste Schritte in Chinesisch	考试 / 水平等级大纲	初级—中级	小学—中学
23	爱汉语 / iChinese 简体版	考试 / 水平等级大纲	初级—中级	中学
24	快快乐乐学汉语	考试 / 水平等级大纲	中级	小学
25	你好 / Chinese Language Course	考试 / 水平等级大纲	中级	中学
26	中学华文 快捷 课本	国外（新加坡）课程大纲	中级	中学
27	中学华文 普通学术 课本	国外（新加坡）课程大纲	中级	中学
28	汉语听说教程	考试 / 水平等级大纲	中级	大学本科
29	中国成语故事	—	中级（1000汉字）	中学
30	中国地理常识	—	中级（1000汉字）	中学
31	中国古代故事	—	中级（1000汉字）	中学
32	中国古代科学技术	—	中级（1000汉字）	中学
33	中国神话传说	—	中级（1000汉字）	中学

（续表）

序号	教材种类名称	所依据的教学大纲	适用中文水平	适用学段
34	中国诗歌欣赏	—	中级（1000汉字）	中学
35	中国文学欣赏	—	中级（1000汉字）	中学
36	Mandarin B for the IB Diploma	国外（IB）课程大纲	中级（或高级）	中学
37	博雅汉语 / Boya Chinese	考试 / 水平等级大纲	初级—高级（1000—10 000词）	大学 进修
38	古典 B：漢文编	国外（日本）课程大纲	高级（繁体）	高中
39	中国语文	学校自拟课程大纲	母语	小学
40	语文 一课一练	国内中小学课程大纲	母语	小学
41	语文 教学参考资料	国内中小学课程大纲	母语	小学
42	语文 课内指导	国内中小学课程大纲	母语	小学
43	语文 语言表达	国内中小学课程大纲	母语	小学
44	语文 阅读	国内中小学课程大纲	母语	小学
45	语文（沪教版）	国内中小学课程大纲	母语	小学—初中
46	语文（人教版）	国内中小学课程大纲	母语	小学—中学
47	语文（华师大版）	国内中小学课程大纲	母语	高中
48	语文 练习部分	国内中小学课程大纲	母语	初中
49	中国古代哲学		母语	中学
50	中国科普阅读	—	母语	中学
51	中国历史 上	—	母语	中学
52	中国历史 下	—	母语	中学
53	包法利夫人	—	母语	—
54	城南旧事	—	母语	—
55	传奇（上）	—	母语	—
56	传奇（下）	—	母语	—
57	地下铁	—	母语	—
58	杜甫选集	—	母语	—
59	觉醒	—	母语	—
60	局外人	—	母语	—
61	雷雨	—	母语	—
62	骆驼祥子	—	母语	—
63	名作重读	—	母语	—
64	目送	—	母语	—
65	彷徨 插图本	—	母语	—
66	撒哈拉的故事	—	母语	—
67	雅舍小品	—	母语	—

（四）教材语言情况

教材语言情况主要可以从编写者母语背景、注释语种等方面来考察。教材主编作为教材编写理念的贯彻者和编写模式的建构者，其语言背景对教材的编写与开发具有十分重要的影响，67 种教材中，有 58 种的主编为中文母语者，其余 9 种的主编为非中文母语者。教材注释语种是体现语言教材适用对象的首要因素，同时也是二语教材区别于其他语言学习教材的突出标志。在华国际学校学生的语言背景较为复杂，且中文基础总体上较为薄弱，多数为零起点或初级水平，无法直接通过教材中的汉字文本进行学习，因此需要借助其母语或英语做注释。我们将教材注释情况分为单语注释、双语或多语注释、无注释三类，67 种教材中，单语注释的 35 种（52.2%）、双语或多语注释的 14 种（20.9%）、无注释的 18 种（26.9%）。单语注释教材中，中文单语注释的 10 种（28.6%）、英语单语注释的 20 种（57.1%）、其他语种单语注释的 5 种（14.3%）。双语或多语注释教材几乎均为中英双语（92.9%）。无注释教材中，绝大多数是文学性读物，另有 3 种语言技能训练教材。详见表 5。

表 5　教材语言情况

序号	教材种类名称	主编语言背景	注释类别	中文注释	英语注释	其他语种注释
1	语文（沪教版）	中文母语	单语	√	×	—
2	语文（华师大版）	中文母语	单语	√	×	—
3	语文（人教版）	中文母语	单语	√	×	—
4	语文 一课一练	中文母语	单语	√	×	—
5	语文 教学参考资料	中文母语	单语	√	×	—
6	语文 课内指导	中文母语	单语	√	×	—
7	语文 阅读	中文母语	单语	√	×	—
8	欢乐伙伴 / New Higher Chinese for Primary Schools（HCPS）课本	非中文母语	单语	√	×	—
9	中学华文 快捷 课本	非中文母语	单语	√	×	—
10	中学华文 普通学术 课本	非中文母语	单语	√	×	—
11	Mandarin B for the IB Diploma	非中文母语	单语	×	√	—
12	爱汉语 / iChinese 简体版	非中文母语	单语	×	√	—
13	美猴王汉语	中文母语	单语	×	√	—
14	你好 / Chinese Language Course	中文母语	单语	×	√	—
15	轻松学汉语 / Chinese Made Easy	中文母语	单语	×	√	—
16	轻松学汉语 德语版 / Chinesisch spielend lernen	中文母语	单语	×	√	—

（续表）

序号	教材种类名称	主编语言背景	注释类别	中文注释	英语注释	其他语种注释
17	轻松学汉语 少儿版 / Chinese Made Easy for Kids	中文母语	单语	×	√	—
18	轻松学中文 / Easy Steps to Chinese	中文母语	单语	×	√	—
19	轻松学中文 / Easy Steps to Chinese 练习册	中文母语	单语	×	√	—
20	愉快学汉语	中文母语	单语	×	√	—
21	中学生汉语精品教程	中文母语	单语	×	√	—
22	中文听说读写 / Integrated Chinese	中文母语	单语	×	√	—
23	标准中文	中文母语	单语	×	√	—
24	跟我学汉语 英语版 练习册	中文母语	单语	×	√	—
25	跟我学汉语 英语版 学生用书	中文母语	单语	×	√	—
26	国际少儿汉语	中文母语	单语	×	√	—
27	汉语 A+	中文母语	单语	×	√	—
28	汉语教程	中文母语	单语	×	√	—
29	汉语听说教程	中文母语	单语	×	√	—
30	汉语阅读教程	中文母语	单语	×	√	—
31	轻松学中文 德语版 / Erste Schritte in Chinesisch	中文母语	单语	×	×	德语
32	汉语拼音	非中文母语	单语	×	×	韩语
33	你说呢？ / Nǐ shuō ne?	非中文母语	单语	×	×	法语
34	书写	非中文母语	单语	×	×	日语
35	古典 B：漢文编	非中文母语	单语	×	×	日语
36	博雅汉语 / Boya Chinese	中文母语	双语或多语	×	√	日韩俄
37	快快乐乐学汉语	中文母语	双语或多语	√	√	—
38	中国成语故事	中文母语	双语或多语	√	√	—
39	中国地理常识	中文母语	双语或多语	√	√	—
40	中国古代故事	中文母语	双语或多语	√	√	—
41	中国古代科学技术	中文母语	双语或多语	√	√	—
42	中国古代哲学	中文母语	双语或多语	√	√	—
43	中国科普阅读	中文母语	双语或多语	√	√	—
44	中国历史 上	中文母语	双语或多语	√	√	—
45	中国历史 下	中文母语	双语或多语	√	√	—
46	中国神话传说	中文母语	双语或多语	√	√	—
47	中国诗歌欣赏	中文母语	双语或多语	√	√	—
48	中国文学欣赏	中文母语	双语或多语	√	√	—
49	中文课本	中文母语	双语或多语	√	√	—
50	包法利夫人	中文母语	无注释	×	×	—

（续表）

序号	教材种类名称	主编语言背景	注释类别	中文注释	英语注释	其他语种注释
51	城南旧事	中文母语	无注释	×	×	—
52	传奇（上）	中文母语	无注释	×	×	—
53	传奇（下）	中文母语	无注释	×	×	—
54	地下铁	中文母语	无注释	×	×	—
55	杜甫选集	中文母语	无注释	×	×	—
56	觉醒	中文母语	无注释	×	×	—
57	局外人	中文母语	无注释	×	×	—
58	雷雨	中文母语	无注释	×	×	—
59	骆驼祥子	中文母语	无注释	×	×	—
60	名作重读	中文母语	无注释	×	×	—
61	目送	中文母语	无注释	×	×	—
62	彷徨 插图本	中文母语	无注释	×	×	—
63	撒哈拉的故事	中文母语	无注释	×	×	—
64	雅舍小品	中文母语	无注释	×	×	—
65	语文 练习部分	中文母语	无注释	×	×	—
66	语文 语言表达	中文母语	无注释	×	×	—
67	中国语文	中文母语	无注释	×	×	—

（五）教材来源情况

67种教材的出版地涉及8个国家。中国出版的教材共56种（83.6%），含香港出版的4种和台湾出版的1种；国外出版的教材共11种（16.4%），其中新加坡出版的种类最多。国外出版的11种教材中，有9种（81.8%）是海外引进教材，另2种（18.2%）分别为上海新加坡外籍人员子女学校和上海韩国外籍人员子女学校（海外）的自主开发教材。详见表6。

表6　教材来源情况

序号	教材种类名称	出版地	教材来源
1	汉语教程	中国	国内出版
2	汉语听说教程	中国	国内出版
3	汉语阅读教程	中国	国内出版
4	语文（人教版）	中国	国内出版
5	语文（沪教版）	中国	国内出版
6	语文（华师大版）	中国	国内出版
7	中学生汉语精品教程	中国	国内出版
8	语文 课内指导	中国	国内出版

（续表）

序号	教材种类名称	出版地	教材来源
9	语文 语言表达	中国	国内出版
10	语文 阅读	中国	国内出版
11	标准中文	中国	国内出版
12	美猴王汉语	中国	国内出版
13	中国成语故事	中国	国内出版
14	中国地理常识	中国	国内出版
15	中国古代故事	中国	国内出版
16	中国古代科学技术	中国	国内出版
17	中国古代哲学	中国	国内出版
18	中国科普阅读	中国	国内出版
19	中国历史 上	中国	国内出版
20	中国历史 下	中国	国内出版
21	轻松学中文 德语版 / Erste Schritte in Chinesisch	中国	国内出版
22	中国神话传说	中国	国内出版
23	中国诗歌欣赏	中国	国内出版
24	中国文学欣赏	中国	国内出版
25	中文课本	中国	国内出版
26	汉语 A+	中国	国内出版
27	博雅汉语 / Boya Chinese	中国	国内出版
28	跟我学汉语 英语版 练习册	中国	国内出版
29	跟我学汉语 英语版 学生用书	中国	国内出版
30	轻松学中文 / Easy Steps to Chinese	中国	国内出版
31	轻松学中文 / Easy Steps to Chinese 练习册	中国	国内出版
32	语文 一课一练	中国	国内出版
33	语文 教学参考资料	中国	国内出版
34	语文 练习部分	中国	国内出版
35	杜甫选集	中国	国内出版
36	雷雨	中国	国内出版
37	名作重读	中国	国内出版
38	国际少儿汉语	中国	国内出版
39	包法利夫人	中国	国内出版
40	城南旧事	中国	国内出版
41	传奇（上）	中国	国内出版
42	传奇（下）	中国	国内出版
43	地下铁	中国	国内出版
44	局外人	中国	国内出版
45	骆驼祥子	中国	国内出版

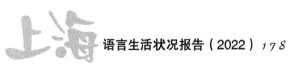

序号	教材种类名称	出版地	教材来源
46	目送	中国	国内出版
47	彷徨 插图本	中国	国内出版
48	撒哈拉的故事	中国	国内出版
49	雅舍小品	中国	国内出版
50	愉快学汉语	中国	国内出版
51	中国语文	中国	国内出版
52	觉醒	（中国）台湾	国内出版
53	轻松学汉语 德语版 / Chinesisch spielend lernen	（中国）香港	国内出版
54	轻松学汉语 / Chinese Made Easy	（中国）香港	国内出版
55	轻松学汉语 少儿版 / Chinese Made Easy for Kids	（中国）香港	国内出版
56	快快乐乐学汉语	（中国）香港	国内出版
57	你好 / Chinese Language Course	澳大利亚	海外引进
58	你说呢？ / Nǐ shuō ne?	法国	海外引进
59	中文听说读写 / Integrated Chinese	美国	海外引进
60	古典 B：漢文编	日本	海外引进
61	书写	日本	海外引进
62	Mandarin B for the IB Diploma	英国	海外引进
63	爱汉语 / iChinese 简体版	新加坡	海外引进
64	中学华文 快捷 课本	新加坡	海外引进
65	中学华文 普通学术 课本	新加坡	海外引进
66	欢乐伙伴 / New Higher Chinese for Primary Schools（HCPS）课本	新加坡	（海外）自主开发
67	汉语拼音	韩国	（海外）自主开发

三　结论与思考

调查显示，本市国际学校中文教材使用情况主要呈现以下四方面特点。

（一）语文会考制度影响教材选用基本格局

两种不同性质学校在中文教材选用方面之所以具有明显差异，根本原因在于是否需要通过高中语文会考。由于需要通过有统一要求和用书标准的高中语文会考，公办学校国际部在中文教学中侧重语言知识技能的教学训练，选用的教材种类较少、比较集中，都是国内中小学语文教科书和教辅材料。反之，民办国际学校不需要通过国内的高中语文会考，因此教材选用的种类十分多样，13 所学校选用的教材多达 60 种，其中选用学校最多的是《轻松学汉语》和

《轻松学中文》（这两套教材的体系较为完备，覆盖了从入门到高级的多个水平段），也有一定数量的民办国际学校选用国内中小学语文教科书，但多为部分选用或灵活剪裁。此外，民办国际学校在中文教学中，除了语言知识和技能，还很重视对学生人文素养的培养，选择了一批文学性读物列入教材目录，并结合课堂教学进行阅读讲解。

（二）生源母语状况是影响选用教材种类多寡的重要因素

单一语种生源学校的学生具有相同的母语背景，中文学习的特点和需求相近，因此在中文教材的选用上也相对集中。相反，混合语种生源学校的学生母语背景复杂多样，通常需要区分语种分班教学，开设面向不同语种的中文课程，选用的教材种类也就相对多样。当然，这一规律主要体现在民办国际学校中，同为混合语种生源的公办学校国际部因为高中语文会考的压力，并未区分学生母语背景而选择多样化教材。

此外，导致单一语种生源学校选用教材种类少而混合语种生源学校选用种类多的另一个重要原因是，区分学习者母语背景的语别化教材不多，单一语种生源学校可选择的范围十分有限；而混合语种学校通常包含较多的英语母语生源，以英语为基底语开发的中文教材目前则有较多成熟产品可供选用。

（三）灵活多样的教学制度是提高教材适用性的根本保证

课程教学大纲是教材选用的主要参考，对大纲的正确选择和灵活使用对于提高教材适用性具有重要影响。在现有的诸多大纲中，汉语水平等级大纲得到广泛采用，但各校在实际使用中也结合了自身情况适度修改；国外课程大纲教材则更适合主要培养学生未来进入国外大学的国际学校，同时需要考虑如何更加充分地利用目的语环境的问题；自拟大纲具有针对性强的天然优势，但在编制过程中应注意吸收其他成熟大纲的有益因素。

同时，我们发现，在一些学校的教学管理中，教材的实际使用学段与设计适用学段不完全相符，其中还包括部分目前国内各高校在留学生教学中普遍使用的教材。对于这一问题，我们采访了部分国际学校的管理者和一线教师。一方面，这些学校优先考虑学习者实际水平，而非将学段或学习者年龄作为教材选择的唯一依据。另一方面，有些教材本身对适用层次划分得较为模糊，尤其是在初、中级水平的划定上有较多重叠，这也与目前国际学校中的中文学习者大多处于初、中级水平且二者间难以界定，以及各校语言背景复杂、个体间知识迁移水平差异大等因素存在一定关系。

此外，在对一线教师的访谈中，部分老师表示在实际教学过程中，所使用教材的适用度并没有教材本身设计得那么精准，不同教材的适用性也必然会受到教学环境、学生情况、教师素养等众多不确定因素的影响。因此，提高教材适用性应着眼教学实际，构建灵活使用教学大纲、合理安排分班层次、弹性选择教材适用学段的教学制度。

（四）语别化教材的选用和开发需求迫切

语别化教材结合某种母语背景学习者的基底语迁移特点和中文习得规律，在语言项目编排、教学过程设计、教学策略选择等方面进行有针对性的开发，形式上主要表现为以某种语言作为中文教材的主要编写或注释语言。由于语别化教材对编者多语种能力要求高、开发难度大，可供选择的成熟教材十分稀少，目前较常见的做法是通过英语作为中介语进行注释。这对于母语非英语的学生而言，需要通过理解英语注释来学习中文，一方面增添了学习负担，另一方面许多语言含义极有可能在"母语→英语→中文"的两次翻译过程中丢失，不利于保证中文学习效果。针对这一问题，部分学校进行了语别化教材海外引进和自主开发的探索。单一语种生源学校积极引进海外教材，另有一些学校成立教材研发部门，基于生源母语背景自主开发了相应教材。

此外，本次调查所得中文教材中，教材主编大多为中文母语者，他们在中文学习内容编排方面具有天然优势，但也存在对不同母语背景学生而言针对性不足的缺点。也有一部分教材的主编为非中文母语者，他们作为成功的中文学习者，与同语种的国际学校学生享有共同的基底语，因此在语言迁移方面相比中文母语编者具有明显优势，对于中文学习难点的认知与经验是语别化教材开发中的宝贵资源；同时在对中文语言知识体系的把握、学习重点难点内容等的编排方面，则显然不及中文母语编者。就此而言，中外合编是开发语别化教材、保证语别化教材质量的重要路径，但此次调查未发现有中外合编的中文教材。

四 结语

在国家高度重视并不断加强国内各级各类教育教材建设与管理的背景下，

国际学校教材，特别是中文教材的建设与管理制度亟须探讨并提上议事日程。当前，首先需要加强关于国际学校中文教材状况的监测与研究，探寻基于国际学校中文教学现实需求的教材开发和选用的一般性规律，探讨符合现行管理体制的面向国际学校的中文教材建设规划，对各校中文教材的开发、选用予以科学指导和系统性支持。我们认为，应以初级水平为重点，兼顾通用型和语别化，兼顾综合性语言教学和分项技能训练，鼓励支持非英语外语语种注释版教材建设，探索有效的中外合编机制，进一步加大面向国际学校的中文教材开发力度，力争打造一批精品教材。

（钱蒙莹、陈　臻、刘思静）

第四部分

专 题 篇

上海方言文化保护传承*

　　方言承载地方特色文化，是宝贵的语言资源。保护传承方言文化，对加强社会主义文化建设、构建和谐语言生活具有重要意义。中共中央办公厅、国务院办公厅《关于实施中华优秀传统文化传承发展工程的意见》要求，"大力推广和规范使用国家通用语言文字，保护传承方言文化"。21世纪以来，本市在坚定不移推广普及国家通用语言文字的同时，就上海方言文化的保护传承进行了积极探索与实践。

一　上海方言文化概况

　　上海方言属于汉语吴方言区太湖片中的苏沪嘉小片，当代上海方言包括市区方言和郊区方言。市区方言就是通常所说的"上海话""上海闲话"，是上海方言的代表，也是现代吴方言一个重要代表，是个性十分鲜明的大都市方言，主要分布在浦西和浦东的中心城区。郊区方言也称"本地话"，包括松江、练塘、嘉定、崇明等方言小片，这些地方因各自原本的行政归属和历史发展渊源，其方言与市区方言有一定差异，互相之间也有明显不同。以下重点介绍上海市区方言（即上海话）的历史和特点，以及全市以方言为载体的地方特色文化。

（一）上海话的形成与发展

　　上海话脱胎于松江话。上海地区自古就有一条水势浩大的松江（宋代后也称吴淞江，即今苏州河），在其下游近入海处有上海浦、下海浦两条支流。北宋年间，今上海老城区一带集市成镇，因其滨于上海浦而被称为上海镇。元代（1292年）上海设县，标志着上海建城之始，上海话的形成可以追溯到这一时期。上海县隶属于当时的松江府，因此早期的上海话是松江话的一个分支，但

　　* 本文系上海市教育科学研究项目"城市语言规划视角下上海市语言文字监测与评估体系构建研究"（C2021204）阶段性成果。

在以后的发展中与松江话逐渐有所区别，特别是 1927 年上海从江苏省分出，成立上海特别市，逐步发展为近代大都市后，城市方言体现出鲜明特色。

上海话的形成和发展主要得益于工业、金融、贸易和商业发展带来的人群交往和外来移民。明清时期，上海以其地处长江口的优越地理位置，逐步发展成为一个繁华的商业港口城市。1843 年开埠后，近代工业和中外贸易快速发展，上海进一步跃升为世界性的移民城市，人口剧增，华洋杂处，五方杂居，说着不同语言和方言的人们，共同生活在这片土地上。上海人民以善于接受新生事物的开放心态、追求精致典雅的时尚情愫，推动着上海话的演变与发展，形成了特点鲜明的上海市区方言。开放包容、千姿百态、精致时尚、与时俱进是这座城市的文化基因，也是上海话的鲜明个性。

（二）上海话的语言特点

上海话保留了汉语中古音的全浊声母和入声，具有吴方言塞音三分的主要特征。随着经济社会的不断发展，上海话的语音结构逐渐趋于简化，到 21 世纪初，以老城厢方言为代表的老派音系共有 28 个声母、40 个韵母、5 个声调。新派音系以吴淞江为界，南北略有差异，南片共有 28 个声母、35 个韵母和 5 个声调；北片则为 28 个声母、39 个韵母和 5 个声调。

上海话的词汇丰富多彩，来自不同的历史层次和多样的社会生活，古代、近代、现代的不同形式，农业、手工业、工业、商业社会的各种词语，同时呈现在上海方言中。上海话吸纳了大量外来移民的生活用语，各地方言尤其是江浙吴语的词汇，撞击着以松江话为基础的上海话，迸发出的火花给上海话留下了绚丽的色彩。上海话融入了大量外来语词，其中主要来源于英语，覆盖西方近代经济和文化的各个领域，不论是商业、工艺、建筑、交通、服饰、饮食、教育、医学、音乐、体育用词，还是日常生活用语，都在上海话的词汇中留下了印迹。上海话同义词丰富，表情达意丰富细腻。还拥有大量熟语，概括力强，表现传神，气韵生动。上海话快速发展成为一个生动丰富、充满活力的大方言，主要得益于商业社会产生的巨大活力，近代以来，纺织、金融、出版、音乐、体育等领域的汉语新词很多是在上海话中诞生的，然后传播到全国各地，进而被普通话吸收。

上海话的语法既保留了吴方言的特点，又受到普通话、其他方言和外语的影响，兼容并蓄，在语序和表达的方方面面，都显示出鲜明的特色。

（三）本市以方言为载体的地方特色文化

本市以方言为载体的地方特色文化丰富多样。以市区方言为载体的地方戏曲曲艺主要有沪剧、独脚戏、上海说唱等。以郊区方言为载体的口传文化主要有松江的新浜山歌，川沙、南汇一带的浦东说书，川沙、南汇、松江、金山一带的锣鼓书，浦东沿海地区的哭嫁歌和哭丧歌，闵行的陈行谣谚，奉贤的白杨村山歌、奉贤山歌剧，青浦的宣卷，崇明的崇明山歌、崇明俗语、扁担戏，等等。此外，近代以来上海还出现了融汇各地方言、表现市民生活的独特剧种——滑稽戏。同时，上海的文化市场也为京剧、评弹、越剧、甬剧、淮剧等10多种以其他方言为载体的地方戏曲的发展提供了土壤。新中国成立后，还出现了一批上海方言影视作品。

二　上海方言文化保护

同世界上任何一种语言或方言一样，以上海话为代表的上海方言始终随经济社会的发展而处于不断变化发展之中。20世纪80年代后出生的市区居民所说的上海话，无论是语音还是词汇，甚至语法都发生了较大的变化；90年代以后，随着城乡间人员流动的加剧和郊区城市化的飞速发展，各郊区方言受市区方言的影响也发生了较大变化。面对这种趋势，迫切需要以科学的理论和方法，充分运用现代信息技术手段，通过调查、描写、记录、研究、保存、展示等，对不断变化发展中的方言进行科学保护。21世纪以来，本市在上海方言文化科学保护方面采取了一系列措施，取得了丰硕成果。

（一）将上海方言文化保护纳入文化建设和语言文字工作的重要内容

市委、市政府高度重视相关工作。《中共上海市委关于厚植城市精神彰显城市品格全面提升上海城市软实力的意见》特别指出要"保护好吴侬软语的本土方言"。《上海市人民政府办公厅关于本市全面加强新时代语言文字工作的实施意见》将"科学保护方言文化资源"列为本市新时代语言文字工作的重要任务之一。

市语委自2005年以来就逐步将上海方言文化保护问题纳入了工作视野，并积极开展相关实践，"十三五"以来进一步将其确立为语言文字工作的重要任务。《关于贯彻落实〈国家中长期语言文字事业改革和发展规划纲要（2012—

2020 年）〉的实施意见》《上海市语言文字事业改革和发展"十三五"规划》等
都对相关工作提出明确要求。

（二）推动关于上海方言文化的研究与出版

改革开放后到世纪之交，上海出版了一些方言词典、方言资料、方言文化等
研究性和普及性图书，如许宝华、汤珍珠主编的《上海市区方言志》（1988），钱
乃荣的《上海方言俚语》（1989），李荣主编的《上海方言词典》（1997）等，总
体上数量不多。21 世纪以来，相关研究与出版蓬勃发展。在方言词典方面，主要
有钱乃荣等编著的普及型大型方言词典《上海话大词典》（2007），以及《实用上
海话词语手册》（2011）和《上海话小词典》（2017）等。在方言研究著述方面，
主要有游汝杰的《西洋传教士汉语方言学著作书目考述》（2002，后又于 2021 年
增订）、钱乃荣的《西方传教士上海方言著作研究》（2014）和"那些年的上海
话"系列丛书（包括《清代末期的上海话》《19 世纪晚期的上海话》《民国前期的
上海话》等）等。在方言志方面，主要有陈忠敏、钱乃荣主编的《上海市志·民
俗·方言分志·方言卷（1978—2010）》（2021）。在方言文化类图书方面，以钱
乃荣的《上海方言》（2007）、《上海方言与文化》（2015）等 10 多种书籍影响最
大，其他还有如叶世荪《上海话熟语》（2003）、刘业雄《穿越霓虹 穿越梧桐：
触摸上海话》（2003）、褚半农《上海方言客堂间》（2010）、薛理勇《写不出的
上海话》（2011）等 30 多种与上海方言相关的图书出版。

同时，市哲社规划办对上海方言文化类课题的立项资助力度不断加大，市
语委 2006 年以来也立项开展了"上海方言保护性调查研究""上海语言文化生
态建设研究"等一系列重要研究。

（三）建设上海语言资源有声数据库

2008 年，国家语委启动中国语言资源有声数据库建设，以县域为单位，依
照统一规范，采集当代汉语方言、带有地方特色的普通话（俗称"地方普通
话"）以及少数民族语言和方言等的有声资料，并进行科学整理和加工，长期保
存，以便将来深入研究和有效地开发利用。上海是建库工作首批试点省市之一，
并于 2011 年正式启动。项目建设目标是 12 个方言调查点的上海方言语音资料
数据库、上海普通话语音资料数据库、上海方言地图等。根据上海方言的历史
和实际状况，确定的上海方言调查点分别为：浦西中心城区和周边城区各 1 个，

崇明、闵行、宝山、嘉定、金山、松江、青浦、奉贤、川沙、南汇各1个，后又在奉贤金汇地区增加了2个调查点。项目组织复旦大学、华东师范大学、上海大学和上海师范大学的专业力量共同参与，于2015年通过国家语委组织的专家验收。2016年起，在有声数据库基础上，市语委根据国家语委"中国语言资源保护工程"的要求，进一步对已完成的资料进行了整理编辑，补充采录了上海口传文化的声像数据。项目形成的《中国语言资源集·上海》即将出版。

（四）建设上海方言文化展示体验设施

2017年，奉贤区金汇镇的"元音公园"开园，宣传展示当地方言伤傣话的语言特点。据有关学者研究，伤傣话的元音多达20个，是世界上元音最多的语言（方言）。

2020年10月，市语委、市教委依托上海大学建设的上海方言文化展示体验馆开馆。该馆综合运用声光电手段，充分依托现代技术，介绍展示上海话随上海城市开埠和发展的历史源流、上海语言资源有声数据库采录的语言数据，深入浅出地介绍上海话的语音特点、词汇系统以及特有的表达方式、话语内涵、语言典故，同时通过模拟会话、趣味测试等方式，与参观者交流互动，让参观者深入体验上海话的独特魅力。

（五）将上海方言文化纳入非物质文化遗产保护

自2005年我国全面启动非物质文化遗产保护工作以来，本市已开展六批非物质文化遗产代表性项目的推荐遴选评审工作。目前，市级名录中的语言文化类项目有近20项，包括"民间文学类"的新浜山歌、上海绕口令、上海花样经、浦东地区哭嫁哭丧歌、崇明俗语、崇明山歌、陈行谣谚、白杨村山歌、上海田山歌等，"传统戏剧类"的滑稽戏、沪剧、奉贤山歌剧、扁担戏等，"曲艺类"的宣卷、上海说唱、浦东说书、锣鼓书、独脚戏等。

三 上海方言文化传承

随着经济社会的发展，人员流动加剧，上海原住居民与新移民人口结构发生变化，日常社会生活中的上海话使用范围变小，新生代少年儿童很多不会说上海话，引发了本市各界对上海方言文化代际传承问题的高度关注。21世纪以来，在语言学界、曲艺界等各界人士的强烈呼吁和新闻媒体的持续关注下，本市各界以及相关社会力量以极大的热情，在促进上海话传承方面开展了大量探索和实践。

（一）面向少年儿童的上海话传习活动

一是校园活动。在幼儿园，2013年以来全市100多所幼儿园在市语言文字工作者协会和《上海托幼》杂志的组织指导下，结合上海乡土文化教育，开展了"上海话教育体验活动"，在教学用语坚持使用普通话的前提下，在游戏、运动和日常生活会话中，教师用上海话与儿童交流，增加儿童听说上海话的实践机会，建立儿童对上海话的语言敏感，同时指导儿童学唱上海话童谣，开展上海话儿童游戏，使其听得懂、能开口、愿意说上海话，为其具备上海话会话能力打基础，活动形成大量优秀案例并结集出版。在中小学，很多学校结合各自实际，开设上海方言文化类活动课程或拓展课程，开展相关兴趣小组活动。为支持幼儿园和中小学的上海话传习活动，市语委、市教委实施"上海地方语言文化进校园"行动，邀请地方戏剧、曲艺艺术家等进校园；市语言文字水平测试中心每年组织开展面向教师特别是幼儿园教师的上海话培训；市师资培训中心在全市中小幼教师的360培训中开设了上海话类市级共享课程。

二是社会活动。如，上海人民广播电台、市群众艺术馆、长宁区文化局2011年举办的"上海话·上海情"上海话大奖赛，新民网、市民俗文化学会和长宁区文化局2013年举办的"上海话·上海情"沪语综艺大赛，中福会少年宫2014—2016年间举办的青少年沪语传承系列活动等，在全市吸引了众多少年儿童参与。又如，长宁区民俗文化中心主办的"唱响上海话"比赛已连续举办近10年，市教育报刊总社和市语言文字水平测试中心主办的"沪语小达人"比赛也已连续举办4年。再如，有关文化企业系统开展上海话培训，2012年以来先后开设1000多场上海方言文化艺术讲座，举办公众展演、网络竞赛等活动，受众达5万多人。

三是社区活动。如，静安区南京西路街道针对社区内新上海人和少年儿童人数多且学说上海话积极性高的情况，成立了"嘎三胡"俱乐部，定期组织社区内新上海人、少年儿童等开展方言学习活动。又如，普陀、虹口等区的有关街镇利用暑假开展面向进城务工人员子女的上海话培训。

（二）专业人士热心参与的上海话知识科普

一是上海话童谣、游戏类出版物大量涌现。如《海派俗语图解》《洋泾浜图说》《小八腊子开会喽：上海老弄堂游戏、童谣、风情录》《笃笃笃，卖糖粥——100 首上海里弄童谣》《小辰光：唱童谣·诵经典》等，据不完全统计，2000 年以来的相关出版物累计达 40 多种。

二是有关报纸刊发了大量专题文章。如，《新民晚报》自 2010 年 3 月起，每周（后改为双周）辟出整版篇幅开设以"传承本土文化，珍爱上海方言"为宗旨的《上海闲话》专版，刊登相关科普文章，延续至今。又如，《东方早报》于 2011 年 12 月—2013 年 5 月开设"海上心影"专栏，在报道上海话保护相关新闻的同时，刊出一系列科普文章。再如，《新闻晨报·生活周刊》于 2012 年 9 月—2013 年 4 月开设专栏，刊出了数十篇科普类小文章。

值得一提的是，这些知识科普实践得到了语言学界、曲艺界一大批专业人士的热情参与。有的语言学老专家多年来全身心投入，不仅发表呼吁文章，而且出版大量科普类图书，更在一线做讲座、开展现场教学近百场。有的曲艺界专家连续在本市"两会"上提交相关提案，就上海话保护传承积极资政建言，还录制上海话教学、诵读等音视频，为社会传习活动提供资料。

（三）丰富多样的上海话传习网络资源

2006 年起，网络上出现民间自发建立的"上海话学习网"，提供比较完整的上海话学习视频和大量相关资料，如学说上海话 MP3、上海话学习手册、上海话歌曲等。目前，在腾讯课堂、CSDN 博客、哔哩哔哩、爱奇艺、优酷、网易云课堂、淘宝、喜马拉雅、西东网、豆瓣网、多特网等各大网络平台，都可以找到上海话的学习工具和教学资源，如《上海话入门视频教程》《零基础上海话》《日常实用上海话精讲》《上海话教程》《学说上海话》《标准上海话简明教程》《上海话口语教程》等网络课程。

进入移动互联时代，上海话类自媒体纷纷涌现。2013 年 5 月起，上海人民广播电台 990 频道开设"上海闲话帮侬讲"栏目微信平台，邀请权威专家轮流主持，与听众互动讨论上海方言词语，部分内容后汇集为《妙趣横生上海话》出版。2017 年以来，"学上海话""麦唐作""吴越小猪"等微信公众号先后开通，发布大量科普类文章，还有数百篇上海话朗读作品。在短视频风行的当下，名人、艺人、网红等，甚至外国人、儿童学说或教学上海话的短视频俯拾皆是，不过多为趣味性的短视频，主要为大众提供娱乐。

（四）侧重文化体验的上海话交通播报

在普通话和英语播报的基础上，2011 年以来，市区各条公交线路以及地铁 16、17 号线增加了上海话报站，上海航空公司在相关返沪航班上增加了上海话播报，浦东机场也在有关航班的登机口增加了上海话播报。应该说，这些播报为乘客带来上海话体验的象征性意义要远甚于其信息沟通与服务功能，因为乘客不懂普通话和英语而只能听懂上海话的情况应该只是个案。

（五）助力文化大都市建设的上海话文艺创作与影视节目

在上海话小说方面，21 世纪以来先后有《上海霓虹》（2011）、《繁花》（2012）、《魔都》（2016）等出版，社会反响热烈，其中《繁花》在中国小说学会评选的 2012 年度中国长篇小说排行榜上名列第一，2013 年又获得第八届华语文学传媒大奖等多项奖项。在上海话电影方面，主要有 2021 年的《爱情神话》。在上海话话剧方面，主要有近期的《雷雨》等。在上海话电视节目方面，21 世纪以来出现了一大批用上海话播出的民生新闻类、谈话类、综艺类、情景喜剧类节目，除了 1995 年首播、延续 12 年、共播出约 900 集的《老娘舅》外，还有《新闻坊》《红茶坊》《缘来一家门》《新上海屋檐下》《阿木林》《七彩哈哈镜》《喜剧一箩筐》《开心公寓》《三人麻辣烫》《百家心》《新老娘舅》《新智力大冲浪》《侬是上海人吗》《沪语人气王》《闲话上海滩》等。

此外，近十多年来的一系列上海话文艺演出活动都引发了空前的社会反响，如静安区石门二路街道 2011 年举办的上海话春节联欢会、东方艺术中心歌剧厅 2012 年上演的"上海·爱浓——沪语童谣童声合唱音乐会"、市群众艺术馆 2017—2018 年间连续举办的上海话古诗词朗诵会等。

四　思考与建议

21 世纪以来本市有关部门积极推进、社会各界热情参与的方言文化保护传承举措与实践，为上海的城市文化建设做出积极贡献。方言问题事关国家语言政策，上海始终在坚定不移推广及国家通用语言文字的前提下，推动上海方言文化的保护传承。要使相关举措与实践进一步取得实效，未来建议从以下 3 个方面着力。

（一）继续做好上海方言的调查研究保存展示工作

面对经济社会发展、人员流动加剧而产生的跨地域语言沟通需求，方言虽然承载着地方特色文化，但在交际功能上受到地域限制而逐步走向衰微，是人力不可阻挡的大势所趋。所谓"科学保护"，既是指以科学理论为指导，用科学的方法和手段进行保护，也是指对这一趋势的清醒认识和科学态度。"调查、描写、记录、研究、保存、展示"始终是方言保护的首要任务。学界的已有研究丰赡，但数字化不够，跟踪记录描写的时间跨度也显大。语保工程解决了数字化问题，但记录描写的深度、选点的密度不够，跟踪记录描写的远景规划也尚未明晰。因此，这方面还有大量工作迫切需要去做。在此基础上，应不断丰富上海方言文化展示体验馆的展陈内容和体验方式。同时，应加强对上海方言使用情况的调查监测，及时了解把握上海方言使用人数、使用范围等的变化状况，为政府决策提供科学依据。

（二）坚持主体多样的语言政策

随着教育的发展、普通话的普及，在跨地域语言沟通问题基本解决的前提下，努力保持方言特色及其所承载文化的多样性，是和谐健康语言生活的应然态势，也是经济社会发展到特定阶段的必然追求。对跨地域语言沟通问题基本解决的上海而言，尽可能延缓、拉长上海话消退的过程，成为普遍性的社会愿望。方言学界呼吁"在使用中对方言进行活态保护""完善方言的社会交际功能，维持方言的社会活力"，而社会领域的语言应用事关国家语言政策。"推广普通话，但不消灭方言""普通话和方言并存分用""正式场合用普通话（高层语体），日常生活用方言（低层语体）""坚持普通话主体性和方言多样性的辩证统一"是关于普方关系处理的基本政策框架。从上海的语言生活实际看，实现这一目标，已经不需要强力的行政干预，机关公务、新闻宣传、教育教学依法使用普通话，公共服务领域因为从业人员来自五湖四海而自然选择使用普通话，原住居民根据不同场合、语境在普通话和上海话中自然而然地进行语码转换，过渡自然、衔接"丝滑"。保持这种语言生活状态的基础和关键是培养人的多言多语能力，使市民既掌握普通话，又具备上海话能力。而引发上海社会各界高度关注的是年轻一代的上海话能力问题，目前全国还有不少地区是要"在自然习得方言的基础上，学习、掌握、使用普通话"，而上海则是"在具备普通话能力的基础上，习得方言"的问题，因为当前的上海，方言自然习得的社会环境与改革开放之前相比,发生了深刻变化,年轻一代很多成为"无方言人"。如果不对此予以应有关照,"分用"就无从谈起,而会在一两代人之后全面"转用"。

方言口耳相传,年轻一代的方言能力自然习得。21世纪以来的各类上海话传习活动、上海话知识科普和学习资源建设等是对自然习得社会环境不足的有益补偿,未来仍可继续。而未来要打造方言自然习得的社会环境,既不现实、有悖语言发展规律和语言生活规律,更不符合国家语言政策。因此,未来的着力点应该放在社区和家庭域上,社区和家庭是符合国家语言政策框架的主要的方言使用域、传承域,甚至被学界喻为方言传承的"最后堡垒"。当然,社区和家庭域的语言规划和语言生活,重在引导而不是靠行政干预。21世纪以来本市语言学界和曲艺界等各界人士的强烈呼吁、新闻媒体的持续关注,在"引导"上已经产生明显效果,当前年轻的家长们对让孩子学一些上海话普遍持开放态度,而不像十多二十年前,努力隔绝孩子与上海话的接触,全家动员,哪怕祖辈说的是"塑料普通话",也要为孩子创设良好的普通话学习环境。此外,要努力推动孩子加强与邻居的交流,让孩子更多参与社区语言生活。

(三)融入文化大都市建设

在人员大流动、很多城市的原住民与新移民人口结构都发生倒挂的情况下,方言文化的保护传承,既不是为了解决交流问题,也不是为了社会融入,而主要是文化力的驱动。对上海而言,扩大非遗名录中的方言类项目并加大保护力度,创作更多更好的上海话文学、影视、话剧、歌曲等作品,加强对相关精品力作的传播,是吸引更多人体验、感受、关注、支持,进而参与到上海方言文化保护传承中来的重要路径和迫切任务。一个值得关注的问题是,在自媒体、短视频时代,有关部门对网络传播的上海话作品的内容应当加强管理和审核把关,引导创作者通过上海话作品共塑开放、包容、典雅、自信、创新的上海城市形象、上海人形象以及上海话形象。

(刘民钢、张日培)

甲骨文研究与传承

甲骨文是中国已知最早的成熟文字系统，加强甲骨文研究与传承对弘扬中华优秀传统文化具有重要意义。自 1899 年王懿荣发现甲骨文以来，超过 15 万件甲骨重现世间，1600 余个甲骨文单字得以释读。2016 年习近平总书记在哲学社会科学工作座谈会上指出，"要重视发展具有重要文化价值和传承意义的'绝学'、'冷门学科'……要重视这些学科，确保有人做、有传承"，其中，甲骨文研究是唯一被提及的"冷门学科"。在 2019 年甲骨文发现 120 周年之际，习近平总书记特致贺信，再次强调"甲骨文是汉字的源头和中华优秀传统文化的根脉，值得倍加珍视、更好传承发展"。今日之甲骨文承载着新的文化使命，被移出书斋，走向更广阔的社会与民众。上海是中国近现代甲骨收藏与研究的重镇之一，虽不及安阳发掘之惊世、北京收藏之丰富，但依托相当数量的甲骨藏品、坚实而活跃的研究力量，甲骨文研究与传承正迎来新的机遇。

一　甲骨收藏基本情况

自 1899 年发现甲骨文以来，学者和藏家们蜂拥进入甲骨收藏领域。公开资料显示，120 多年来先后出土甲骨 15 万片以上，流散世界，被近百个藏家收藏。其中，中国大陆 10 万多片，台湾地区 3 万多片。此外，日本、加拿大、英国、美国、德国、俄罗斯、瑞典、瑞士、法国、韩国等 14 个国家共 2 万多片。

上海自 1843 年开埠以来，经济与文化事业不断发展壮大，到了 20 世纪初，渐渐成为文化重镇，在学术研究、文化出版等方面独树一帜，成为全国的先导。上海不仅在文化行业享有盛誉，也是私人购藏包括甲骨在内的金石碑版的重要集汇之地。1949 年以后，国有博物馆、著名高校和出版社承担起了收藏和保护甲骨的使命。根据最新的调查和统计[①]，目前上海地区共收藏甲骨 5515 片，涉及 5 个

---

① 参见 2019 年上海市教育委员会"甲骨文历史文化价值的弘扬与传播"项目，复旦大学吕静教授主持。

收藏机构。（1）上海博物馆所藏甲骨 5002 片，包括接管的 2596 片、受赠的 927 片、征集的 1120 片、落实国家相关政策退还个人的 90 片、代管品 268 片、日本姬街道资料馆藏骨 1 片。受制于甲骨易粉化等不利于保护的特点，并未公开展出。（2）复旦大学博物馆所藏甲骨 368 片，缀合后 320 片，多为名家旧藏，有三分之一的甲骨来自著名史学家与收藏家束世澂，其中部分可以追溯至甲骨最早的研究者和藏家铁云（刘鹗）的藏品。受制于甲骨易粉化等不利于保护的特点，并未公开展出。（3）华东师范大学博物馆所藏甲骨约 136 片（含伪片），除 32 片来自捐赠外，其余皆是收购而来。有 83 片（含缀合）可确定为谢伯殳的旧藏。目前所有甲骨均在华东师范大学博物馆内展出，该博物馆已于 2017 年对公众开放。（4）上海师范大学所藏甲骨 5 片。（5）上海图书有限公司所藏甲骨 4 片。具体见表 1。

表 1　沪藏甲骨情况表　　　　　　　　　　　单位：片

收藏地	上海博物馆	复旦大学博物馆	华东师范大学博物馆	上海师范大学	上海图书有限公司	合计
片数	5002	368	136	5	4	5515

二　甲骨文研究著录主要成果

120 余年的甲骨文研究，在资料整理、分期断代、文字考释、商史研究、工具书编纂出版等方面成果不断。参与研究的学者遍布世界各国，著述卷帙浩繁，对促进中华文化传播、增进文明交流互鉴发挥了重要作用。上海的甲骨文研究与著录也取得了重要成果。

（一）甲骨文研究

上海甲骨研究由胡厚宣领衔。胡厚宣是 19 世纪 30 年代殷墟发掘和室内甲骨整理的亲历者，在甲骨文的汇集编撰和研究探索方面成绩斐然，国内外名声显赫。早年，胡厚宣曾为《殷墟文字·甲编》作全部释文。在 1951 年出版的《战后宁沪新获甲骨集》中，首创按王世分期、依事项分类相融合的著录形式，一改之前仅做分类或杂乱排比的旧貌，向科学著录迈出了关键一步。1956 年，其提出的《甲骨文合集》计划被国家哲学社会科学规划组采纳，列为历史学科资料整理重点项目之一，后成为甲骨文研究史上最系统、最全面的一次整理工作。胡厚宣的甲骨文研究涉及殷商封建制度、婚姻、家族、宗法、生育制度、四方风名、占梦、疾病等多方面，视野广阔、论证严密。

抗战结束后，受委托南下筹购甲骨的胡厚宣，滞留上海，进入复旦大学历史系任教。在复旦大学期间，培养了一批如裘锡圭、吴浩坤、潘悠等弟子，日后逐步成长为国内乃至世界范围内甲骨学研究大家。在改革开放之初，作为国际显学的甲骨学，出现了严重的人才断层，青年后学视甲骨文若畏途，不敢轻易问津，在胡厚宣的支持下，吴浩坤与潘悠合著了《中国甲骨学史》，1985年12月由上海人民出版社出版。该书不仅详解甲骨的发现与发掘、著录与研究、断代与辨伪等入门知识，还从古文字演变、甲骨文形体结构、字词解释、文例与文法等角度，循序渐进地引导读者认识甲骨文，并在此基础上，启发读者运用甲骨文解决文字学、古文献学、考古学方面的问题，是甲骨学研究领域最佳的入门书籍。

1979年恢复高考两年后，一大批勤奋好学的年轻人，出于对中国传统历史文化的无限好奇与热情，把目光转向以甲骨文为代表的古文字。出于对古文字学的热爱，上海的一群高校学生和青年研究人员自发组织成立了"上海青年古文字学社"，自主学习、互相激励，为甲骨文研究注入了一股新活力。该社将每位社员的文章集聚起来，自刻自印《古文字》油印刊物，受到了多位古文字学界泰斗以及前辈老师极大的关注和支持，涌现出如陈建敏等甲骨研究的青年俊才。社员祝敏申和叶保民还曾于复旦大学举办公开性的甲骨文基础知识讲座。上海青年们自发的甲骨文学习研究及其活动，持续了很长一段时间。

2004年由裘锡圭教授主持的复旦大学出土文献与古文字研究中心成立，成为21世纪以来全国古文字研究的重镇。该中心的研究者陆续出版了《甲骨金文考释论集》（陈剑）、《古文字构形学》（刘钊）、《新甲骨文编》（刘钊等）、《甲骨文常用字字典》（刘钊、冯克坚）等甲骨研究新成果。2016年《光明日报》曾发出"悬赏"公告，奖励对甲骨文字的释读成果。复旦大学出土文献与古文字研究中心研究员蒋玉斌以释读"蠢"字的成果获得一等奖，该"蠢"字的成功释读，是近十几年来甲骨文字释读中最精彩的范例。

在近百年的风风雨雨中，上海始终是甲骨学研究的阵地之一。自胡厚宣的筚路蓝缕至复旦大学出土文献与古文字研究中心的合力攻坚，穿越时光，薪火相传。

（二）甲骨集编撰

上海博物馆、复旦大学博物馆和华东师范大学博物馆是上海收藏甲骨最多的三家机构，前两家机构甲骨集的编撰业已完成，华东师范大学馆藏甲骨集在故宫博物院的助力下，正在进行中。

《上海博物馆藏甲骨文字》由濮茅左编撰，集结该馆 5002 片藏品，分上下两册，于 2009 年出版。上海博物馆收藏的这批甲骨中，有王懿荣、刘鹗、罗振玉的旧藏，有的经孙诒让、王国维等考证，还有罕见的头骨刻辞、墨书和印泥文字等珍品。著录匡正了以往失联的甲骨正、反版、臼，补全了墨拓不全者，并以藏家为类，详细补充、更正和说明了来源、流传、旧藏和旧录等相关信息，为缀合和研究提供了便利。

《复旦大学藏甲骨集》由复旦大学文物与博物馆学系的吕静率领该系教师和上海博物馆葛亮合作编撰，著录复旦大学博物馆藏 368 片（缀合后为 320 片）甲骨，其中有 80 余片为首次著录。此书全面提升了甲骨著录的技术水平，呈现如下 3 个特点：第一，拍摄高清六面彩照，全方位记录甲骨形态；第二，重新制作全部拓片和绘制摹本；第三，"影、摹、拓"三位一体展现每一片甲骨，并详列所有涉及的旧著录。《复旦大学藏甲骨集》的编撰工作在同校出土文献与古文字研究中心主任刘钊教授为首的专家的专业指导下完成，不仅在图像和文字两方面推动了甲骨精细化整理的进程，也代表了当前甲骨集编撰的最高技术水平。

华东师范大学博物馆藏甲骨共 136 片，其中 83 片（含缀合）经"故宫博物院藏殷墟甲骨文整理与研究"项目组认定为谢伯殳旧藏，收入《故宫博物院藏殷墟甲骨文·谢伯殳卷》"附编"，此卷的编撰工作正在进行中。

三 甲骨文传承思考与建议

上海在甲骨收藏、著录、出版和研究方面有着深厚的底蕴，但仅有专业研究者和少量兴趣群体对甲骨文有所认知，甲骨文的传承与传播尚未触及更为广泛的人群。如何盘活现有资源，传播与弘扬甲骨文的历史文化价值，使之走向社会、贴近群众是需要思考和有所作为的问题。我们主张建立在中小学传播甲骨文知识和在全社会普及甲骨文书法的长效机制，来扩大甲骨文的认知群体、传播中华优秀文化传统的根脉、引领国民的文化自觉和文化自信，以响应党和国家将甲骨文纳入中华优秀文化体系构建的战略目标。

（一）传播甲骨文知识

在中小学教育方面，2014 年，上海教育部门出台了《关于完善中华优秀

传统文化教育长效机制的实施意见》，中小学阶段的甲骨文知识传播应积极配合其中提出的中华优秀传统文化教育长效机制完善计划，实现中小学的纵向衔接、课堂内外和网络横向贯通、学校家庭社会三位一体的联动教育机制。在落实层面，应将甲骨文知识分层，有机嵌入到上海中小学基础型课程、拓展型课程及探究型课程的课程规划内，在语文、历史、艺术、劳动技术等校内课程和参观学习等课外活动中，从多方位、以多种形式教授甲骨文相关知识。九年制义务教育是每个青少年的必修课，从青少年阶段逐步输入甲骨文知识，有助于甲骨文借助这一持续成长的群体，缓慢扩散至社会各个角落，从而形成优质的传播网络和良性的传播循环，提高国民整体素质，增进社会主义文化繁荣。该意见出台后，已有相关活动的开展。2018 年，上海世纪出版集团凭借旗下上海图书有限公司收藏的 4 片甲骨，联合复旦大学文物与博物馆学系、出土文献与古文字研究中心的研究力量，建设了甲骨文传播教育基地，通过甲骨文主题展、WEB 甲骨文虚拟馆、VR 体验殷商穿越、系列主题讲座等途径，向青少年传播甲骨文的基础知识。其中，由上海学生阅读联盟活动平台——青衿书院举办的"追溯汉字源流 体悟汉字魅力"讲座以"汉字猜一猜"的方式，引导在场中小学生辨识甲骨文，感受汉字古今传承的文化脉络，提升学生的民族文化自豪感。

（二）普及甲骨文书法

甲骨文书法缘起于 1921 年罗振玉的《集殷虚文字楹帖》，伴随着甲骨释读和研究的推进而发展。近年来，上海甲骨文书法的热度接连攀升，众多甲骨爱好者和书法研习者参与其中，在海峡两岸和国际舞台上积极展出甲骨文书法作品，日常则通过甲骨文作品展、甲骨文书法研修班、甲骨文公益课堂等形式，自发地传播甲骨文书法。甲骨文和书法都是中华优秀传统文化的重要成员，在书写中研习甲骨文知识，在甲骨文探索中练习书写，两相增益，无疑可以成为甲骨文弘扬与传播的重要途径。更紧要的是，甲骨文的亲切感并不足以弥补其远离群众生活的劣势，而书法却拥有横跨各个年龄层的不同受众。中小学甲骨文教育长效机制的建立和完善都需要充分的时间来打磨和修正，但凭借书法的受众基础，糅入甲骨文书风和文化底蕴，可在更短时间内、更为高效地传播甲骨文。

（三）用好沪藏甲骨资源

总体而言，甲骨文知识传播和甲骨文书法普及都是传播弘扬甲骨文历史文化价值的可行路径，在扩散时长上相互补益，有助于形成可持续发展的甲骨文传承传播体系。迄今为止，上海 5515 片甲骨的收藏中，仅有 4 片甲骨为传承传播活动所使用，而剩余 5511 片依旧处于公众的视线盲区。事实上，无论是上海博物馆，还是上海高校博物馆，都在积极推动覆盖全年龄层的展示和教育活动。在保证易碎、易粉化的甲骨可安全展示的前提下，有必要充分利用沪藏甲骨的实物资源，配合各博物馆的行动方针，以展览和教育活动的方式，使甲骨文知识的传播惠及更多人群。

（吕　静、黄祎晨）

中考语文综合运用试题命制

为加强对学生语文综合素养的考查，从 2014 年起，上海中考语文大纲（初中语文课程终结性评价指南）的评价标准在文言文阅读能力、现代文阅读能力、写作能力基础上新增了"综合运用能力"标准，试题在文言文、现代文、写作基础上新增了"综合运用"题型。这一举措对提升学生语文综合素养、推动初中语文教学和评价改革具有重要意义，并已经在多个方面显示出积极作用。同时，综合运用试题命制涉及的一些深层次问题需要加强研究，应对照语文教改新要求，不断提高试题命制的质量。

一　综合运用试题的主要特点

2014 年以来上海中考语文大纲的"能力目标"部分就"综合运用能力"提出两项目标，一是能根据一定的生活情境，运用语文知识和能力解决问题；二是能根据要求，完成读写任务[1]。"综合运用"题型的试题根据该目标命制。

（一）综合运用试题的基本形式

综合运用试题选取日常生活中的具体情境，围绕该情境给出一组文字、图片、表格等材料，提出若干需要综合运用语文知识和能力解决的问题和任务，考查学生的阅读理解、文学鉴赏、写作表达、思维逻辑等多方面能力。通常的形式是一整道大题中包含 3 个小题：2 个是选择题或者填空题，1 个是涉及读写结合的大题目。整道大题总分为 10—12 分，大概占到语文试卷总分（150 分）的 6%—8%[2]。在整卷分数不变的前提下，这些分数来自文言文阅读和现代文阅读分数的压缩。以 2020 年的试题为例。

---

[1]　见 2014—2021 年上海市初中语文课程终结性评价指南。《2022 年上海市初中语文课程终结性评价指南》已进一步修订为：（1）能根据设定的情境，对各类材料中的信息进行筛选或整合，并作出判断、比较或评价等；（2）能根据设定的情境或结合教材中规定的名著阅读篇目，完成相关阅读、表达任务。

[2]　2022 年上海中考语文试卷中"综合运用"试题分数进一步已增至 20 分。

阅读下面材料，完成第23—25题（12分）

学校举行"唱响经典"歌会活动，夏夏是歌会的策划者和主持人，请你帮助他一起完成相关任务。

"唱响经典"曲目单

乐章主题	歌名	经典歌词	解说词
第一乐章 传承千年文化	《知否知否》	知否知否 应是绿肥红瘦	绿肥红瘦之间， 岁月悄然走过。
	《但愿人长久》	但愿人长久 千里共婵娟	_____， _____。
第二乐章 歌咏当代精神	《我和我的祖国》	我的祖国和我， 像海和浪花一朵。	浪花飞溅在海面， 祖国根植于心中。

23. 夏夏要为歌会写开场白，你认为最恰当的顺序是（　）。（3分）

① 尊敬的老师们、同学们，大家好！

② 为了让经典歌曲深入人心，代代相传

③ 也一定能唱出我们这个时代的精神

④ 相信我们不仅能从歌声中感知经典文化的脉动

⑤ 今天我们在这里举行"唱响经典"全校歌会

A.①②⑤④③　　B.①④③⑤②

C.①②③④⑤　　D.①④②⑤③

24. 请你结合节目单中《但愿人长久》的经典歌词，为夏夏完成解说词的仿写。（4分）

25. 夏夏想把《让世界充满爱》放进曲目单，你认为应放入哪个乐章，请结合右图的歌谱节选简述理由。（5分）

（二）综合运用试题的命制特点

一是在内容主题上，强调传统文化、彰显地域特色。从2014—2020年，上海中考的7份试卷中，出现了7组综合运用的题目，其主题分别是：爱因斯坦的上海情缘（2014）、上海弄堂游戏（2015）、上海地名文化（2016）、参观博物馆（2017）、奇葩的艺术混搭组合（2018）、面具文化（2019）、"唱响经典"歌会（2020）。不少年份的试题都涉及传统文化，如2017年、2018年和2019

年，在教育部和教材改革中提倡传统文化之前，上海中考命题就提前关注到了传统文化的主题。不少年份的试题都涉及上海地域文化，如2014年、2015年、2016年，这些都具有鲜明的地域特色，使考生倍感亲切。

二是在材料呈现上，多材料组合、常见非连续性文本。综合运用试题和传统现代文阅读的材料选取有明显差异。首先，综合运用涉及多种阅读材料的搭配和组合，有短文有片段，提供各种复杂信息，以考核学生筛选信息、整合信息的能力。传统的现代文阅读往往是单篇完整的文章，考核学生的整体阅读和深入鉴赏的能力。其次，综合运用的阅读材料往往会包含非连续性文本，如表格、图像、漫画等，这些非连续性文本材料在以往的现代文阅读试题里也是看不到的。

三是在试题结构上，依托真实情景、构建任务结构。综合运用试题在试题结构上呈现出两个特色：一是所有试题依托学生真实的生活情境展开设计，材料是耳濡目染、喜闻乐见的，任务是日常接触、力所能及的；二是在3道题目之间形成一种结构次序，互相依托、层层深入，又兼顾读和写两方面，呈现出一个完整的语文任务结构。

四是在考核方式上，读写结合、答案开放。选择题是客观题，本来只有唯一的正确答案，但在综合运用试题中，选择题在有些年份出现了分项计分，除了拿满分的答案外，还有一个可以拿部分分数的次选答案。这种分层计分机制部分缓解了对语文试题过分追求标准答案的批评。除了选择题分项计分以外，还有一道大题目是读写结合的试题。这道题目的提问往往是开放性的，要对材料进行分析，然后完成一个小语段的写作。从评分标准来看，它的答案是不唯一的，往往有较多的回答角度，只要涉及要点就能得分。

二　综合运用试题命制的思考与讨论

由于上述鲜明特点的存在，综合运用试题能够在常规的阅读和写作试题以外，对整张试卷的结构起到有益的补充作用。近年来的实践表明，以考查学生语文综合素养为主旨的综合运用试题对推动初中语文教学和评价改革发挥了积极作用，同时也有一些问题需要深入思考与讨论。

（一）对初中语文教学和评价改革的促进作用

一是可以促进大语文类的教学活动。有一些语文教学研究者和一线教师对综合运用题型抱有不同看法，他们认为，语文学科在中考中已经是一个弱势学科，如果还不能抓紧学生纯正的读写训练，而是去搞语文综合活动，很可能会影响到学生基本读写素养的培养。其实，语文学习和数理化学习有一定差别，语文活动和学生的生活现实更加密切相关。语文教学除了单纯的读写训练，还是需要通过一些有趣有益的活动培养学生对语文的兴趣。综合运用试题虽然在中考试卷中占分不多，但是它为各级各类学校开展大语文类的教学活动提供了一定的测评保障。如果中考里没有任何关于语文类活动的试题存在，失去了中考指挥棒的指导作用，那么语文教学更会陷入抄书、刷题、背范文等琐碎而重复的功利活动中去。综合运用试题的存在，至少为语文类社团的活动、校本特色的选修课保驾护航，具有一定的语文教学促进作用。

二是有区分度，有利于实现选拔功能。中考既是合格性考试，又是选拔性考试，语文的平均分如果较高，足够的区分度就难以实现。在中考语文中，综合运用试题命题角度灵活，能力考核综合，因此具有一定的作答难度，能够提供较高的区分度，对实现中考语文的选拔功能有一定贡献。

三是有利于扭转刷题等套路化训练的应试教学模式。纵观近7年的上海中考语文试卷，综合运用试题的材料如何选择，试题如何命制，都没有表现出明显的套路，这就提供了一个好的评测机制，有效规避了语文学习的套路化训练。要想在解答综合运用题时获得较高的成绩，只有在平时的语文教学中从学生的综合语文素养入手去进行教学和训练，没有刷题的捷径。

（二）需要深入研究的几个问题

其一，综合运用试题与阅读、写作试题的区分度问题。综合运用试题与阅读测试、写作测试的区分度到底体现在哪里？能否让人一眼看出它和阅读、写作是不一样的，不一样具体体现在哪里？期待我们能尽快从学理上对语文的综合运用下一个完备的定义，为相关试题的命制提供可靠的理论基础。

其二，进一步提升试题命制综合性的问题。综合运用的第一个关键词是"综合"，它是如何体现的？目前的试题看到的主要是材料的综合和任务的综合：两三个材料有连续性文本、非连续性文本，综合在一起让学生阅读；试题任务也是综合的，要读一些材料、写一个语段等。但是我们认为，所谓"综合"不能仅限于表面的综合，更应该着力在语文能力的综合上。判断、分析、整合、评论、赏析……这些语文能力能不能综合？综合运用试题对这些能力有什么具

体要求，这些能力又如何综合在一套试题上体现出来？从近年来的试题看，这些问题亟待加强研究。

其三，进一步提升试题命制精准性的问题。综合运用的第二个关键词是"运用"，这个运用当然是指在实际的生活场景中进行实践操作，但是这种应用究竟是语文能力的应用还是跨语文能力的应用？如果超出了语言文字本身的听说读写能力，而进入到社会常识、文化素养、交际情商的领域，这样的试题语文的味道还足不足？不容回避的是，部分题目对学生的文化能力、背景知识的考核要求超出了对其语文能力的考核，所以如何厘定语文之内和语文之外，也成为当下需要关注的重要理论问题。

其四，主观题的阅卷效度问题。综合运用试题具有一定的开放性，但因为阅卷时间、阅卷老师水平等限制，主观题的阅卷效度一直存在不小的问题。在具体阅卷过程中，到最终评分的时候往往还是采取踩点得分的阅卷方法，罗列出一些答题要点，答到就给分，答不到就扣分。这样的阅卷方法显然是无法有效区分学生的真实语文能力的。所以，综合运用试题的阅卷效度问题也是应当深入思考的技术难题。

三　综合运用试题命制的若干建议

基于前述观察和思考，我们对未来的综合运用试题命制提出以下三方面建议。

（一）深入研判语文教改新要求

随着教材改革、考试改革的不断深入，新一轮语文教改揭开了序幕。在接下来的一段时间，语文教学、考试的面貌都会发生很大的变化，教改提出的一些新要求对中考语文来说既是挑战又是机遇。

第一，关于语言知识的积累和应用。《普通高中语文课程标准（2017年版2020年修订）》提出了"语文核心素养"的概念，明确了语文学科的四大素养是语言建构与运用、思维发展与提升、审美鉴赏与创造、文化传承与理解，其中"语言建构与运用是语文学科核心素养的基础"。在这一背景下，语言知识的积累和应用这一问题在教学和考试中都已经无法回避。在初中语文教学中，很明显的一个变化是传统的语法、修辞和逻辑知识再次以知识小短文的方式回归到统编本教材中。而这些语言知识内容，在上一轮课改中是完全被排除的，上海在近 20 年的中考中已经不再涉及语言积累和语言应用类的题目（如修改病句、选词填空或语句排序等）。这一部分内容在今天的背景下是否会进入教学，是否会进入考试，需要认真对待。

第二，关于整本书阅读。整本书阅读是当下语文教育的一个热点问题，它在初中是以名著阅读的方式进入教材的。统编教材中规定了初中生必读的 14 种名著，很多学校已经开始教学探索和考核探索。到目前为止，上海的中考语文尚未有涉及名著阅读的试题。在新课标、新教材全面推广以后，中考要考名著阅读，恐怕是大家的普遍共识。但到底具体考什么，题型怎么考，必将会极大地影响语文教学，需要对之深思熟虑。

第三，关于口语交际。口语交际在统编教材中也规定了具体的教学内容，无疑也是中学生语文能力的一个重要指标，但在中考语文的纸笔测试中，口语交际如何测试仍然是一个艰难的问题。

（二）明确综合运用试题命制的基本原则

为了应对课改的上述挑战，综合运用试题无疑是一个进一步摸索和发展的中考题型。从实际操作的角度看，中考是一个高利害关系的考试，改革步伐不宜过大。综合运用本来就没有条条框框，受到的束缚就少一点，创新的成本就小一点，适宜成为新教材、新考试的试验田。一个要坚持的原则是：试题类型可以千变万化，任务驱动、非连续文本、群文阅读等都可以在综合运用中进行有效尝试，但是这一板块的基本骨架必须是清楚的。综合运用的骨架结构可以体现为以下 3 个基本要求：（1）指向能力，综合运用一定指向听说读写的综合能力，是将两三种能力结合在一起解决具体任务的；（2）语文基底，综合运用的材料可以涉及传统文化、地域文化、生活情景等，但这些都是面上的东西，背后的考核目标还是要测试学生的语文内能力；（3）题型创新，综合运用试题在命制时一定要与阅读试题和写作试题有明确的区分，要进行多方向、多层次的创新。

（三）探讨综合运用试题命制的具体方略

就操作层面的具体方略而言，我们建议在以下 4 个方面着力。

第一，侧重真实的语文应用。传统的阅读和写作试题都有一种侧重文学能力的倾向，主要是进行文学阅读、文学赏析和文学写作，但是综合运用试题应

该强调学生在生活情境下的真实应用,包括实用性文体的写作、口语交际、整本书阅读等。

第二,基于语识的语文素养也可以成为测试目标。语识这一概念是高中语文课标修订过程中提出的概念,和语感相对应,即从语言材料中归纳出的语言知识。这种语言知识有必要进入教学环节,并且在测试中有所体现。对初中生而言,重要词汇的积累、疑难词义的辨析、篇章的衔接与连贯、不同语体的辨别与写作,这些具体的知识内容也是语言素养,也应该在综合运用试题中占据一席之地。

第三,坚持读写结合。读写结合本质是对语文思维活动的考核。如何阅读给定的材料,在读这些材料的过程中运用了怎样的思维方式,又怎样把思维的结果表达出来,这种动态过程只有读写结合的试题才能有效考核,因而也是综合运用可以去尝试的。

第四,开放性的自我表达。可以把综合运用试题里一道分值较多的小题当成一个小作文来写来改,没有踩点得分,根据写作水平进行等第评分。这样的改革主要难度在于阅卷,能否分配更多、更高水平的老师进入阅卷中是关键。主观题容易出,但是很难改,要把它处理好需要在阅卷环节中有所配合。

(徐默凡)

高中阶段中华经典校本课程建设

课程化是构建中华经典诵读活动长效机制、推动中华经典教育落地生根的重要路径，对深入实施中华经典诵读工程、传承弘扬中华优秀语言文化、落实立德树人根本任务，具有重要意义。近年来，上海市首批中华经典诵读基地学校、市中华经典校本课程实验中心所在校——上海市市北中学（以下简称"市北中学"）持续开发面向高中生的中华经典校本课程，全面落实课程实施的各项保障，取得积极成效。

一 课程开发

近年来，市北中学积极开展中华经典教育，先后开发了 10 多门中华经典校本课程，包括选修课、社团课等。

（一）选修课

选修课主要由老师开发，语文组和艺术组老师选取自己的擅长领域开设中华经典选修课，让学生网上选课，然后依据选课学生组班，固定在每周三（或周四）下午第三、四节开课。经过多轮次的实验与不断打磨，打造了一批优质课程。

1. 长江诗话

课程以长江流域为地理空间，以长江文化为历史线索，以相关诗文为学习对象，以古今中外的人文事件为认识视野，带领学生开展语文、政治、历史、地理等跨学科研究。课程不仅面向跨年级选修班学生，还在高一年级各行政班每周开课 1 节。

2. 文史哲经典例文导读

课程以中国古代文史哲经典例文为内容线索，以"人与自然""人与社会""人与自我"为思考维度，以生活事件为引发思考自主研究的基本案例，以小论文写作交流与发表为评价方式，培养学生关注社会、学会思考的习惯。课程不仅面向跨年级选修班学生，还在高二年级各行政班每周开课 1 节。

3. 古文的脉动

课程以古文运动发展变化为线索，以代表作家为导读单元，以"识时""知人""赏文""习法"为学习构件，以新教材内容为拓展依托，以语文高考为评价参考，引导学生把握古文发展的脉动，了解不同时代、不同作家的思想特色，汲取文化养料，突显历史价值。课程不仅面向跨年级选修班学生，还在高二、高三年级各行政班每周开课 2 节。

4. 疑思问国文点读

课程以质疑与批判为总线索与目标，以认识中国当代思想创新为学习视野，以历代例文为学习对象，以问题争论为研修方法，以小论文写作和论辩会为评价方式，学习中国古代文化中的批判精神，更好地认识中华文化的批判价值，从而形成批判思维。课程在高一年级各行政班每周开课 1 节，在高二、高三年级各行政班每周开课 2 节。

5. 中学生极简文学史

课程以"史"为"线"，拓展不同时代的典型作家作品，与新教材学习互为表里，突出整体思维；以"识"为"点"，提供课题研究路径，贴近任务群的学习，强化学术研究；以"研"为"法"，强调自主创造，培养学生的鉴赏、思辨、创造能力。课程在上海市不少学校高一或高二年级各行政班每周开课 1 节。

（二）社团课

社团课由学生社团提出，聘请有专长的教师导修。历届学生接续自主创设了不少与中华经典诵写讲密切相关的社团，如诵讲写作社、水云间词社、说文解字社、《论语》研学社、古诗词合唱团等，都已有较长历史，其中最长的已达 15 年、最短的也已有 5 年。通过这些社团的探究摸索形成了届届相传的社团课程。社团课每周 1 节，每节 50 分钟。

1. 诵讲写作——语文素养融合修炼

该课程是诵讲写作社的社团课程。该社 2004 年下半年创建，迄今已累计发展社员近 200 人。课程以学习朗诵、演讲、主持及朗诵稿、演讲稿、主持稿的写作为主要内容，说写结合、讲练结合、练展结合、展赛结合，采取师生合作、生生合作、专家讲座、参赛展示等学习样式，产生了良好的效果。

2. 水云间词——中华古诗词的研习

该课程是水云间词社的社团课程。该社 2012 年下半年创建，迄今已累计发展社员逾 1000 人，在校注册社员 32 人。课程采取读词、写词、研究词、交流词、发表词等循序渐进的科学方法，采取师生合作、生生合作、专家讲座、参赛展示等学习样式，让社团与社员共同发展。

3. 国语旗风——国旗下的说文解字

该课程是说文解字社的社团课程。该社于 2010 年下半年创建，迄今已累计发展社员近 1000 人，在校注册社员 18 人。课程内容主要包括读汉字，查汉字词典，搜集交流研究成果，撰写相关的研究小论文等。优选典型在每周一升旗仪式上演讲传播，采取师生合作、生生合作、专家讲座、参赛展示、编辑《国语旗风》做教材等学习样式，让社团与社员共同发展。

4. 古诗词合唱

该课程是古诗词合唱团的社团课程。该社团特聘作曲家、歌唱家为艺术顾问，注重将古诗文经典与合唱艺术结合起来，实现学生成长与文化传承的相辅相成，探究学生"喜闻乐见、具有广泛参与性的方式"，以"创、编、吟、唱"等多种方式活化传统文化基因，实现育人意义。

5. 吟诵

该课程是友声吟诵社的社团课程。该社 2019 年年初创建，由全国十佳吟诵传习人担任教学指导，在校注册社员 16 人。课程重点传习国学大师唐文治先生所创读文法（即唐调），兼修其他传统吟诵调，社员通过抑扬顿挫、富有节奏感的读书法，充分体味古诗文独有的音律之美、意境之美、形象之美，提升古诗文鉴赏水平，提高人文素养。社团采取学吟、分享、创编、展演等方式，积极传承传播中华优秀传统文化。

6. 论语群学

该课程是《论语》研习社的社团课程，是一个包含阅读《论语》、思考辨读、活动实践等多样、开放的学习课程，以学生为主体，教师起引导作用。学生通过自学自研自省的综合性学习过程，了解我国优秀传统文化，增加文化自学，同时紧贴当下时代性，不复古不泥古，立足社会主义核心价值观，让学生实现传统与现代的有效结合。

二　课程特点

市北中学的中华经典校本课程以"厚植中华优秀文化基因，培养面向现代化、面向世界、面向未来的一代新人"为理念，主要有 3 个特点。

（一）跨学科

以国家必修课程为基础，形成跨学科特点，形成"文跨"（如"文史哲经典例文导读"）、"文理跨"（如"长江诗话"）、"校内外跨"（如"中学生极简文学史"）等多种形态，通过发散、比较学习法，促进学生形成复合思维，培养综合核心素养。

（二）生活化

课程面向社会生活，倡导"师生为友，生生为友，亦师亦友"的学友生活，着重问题驱动式学习，联系学生生活实际，在生活中发现问题。

（三）自主性

立足学生的个性化发展，突出以人为本，确立人的学习自主地位，培养人的个性特征，确立每个学生的自我发展路径，突出人文情怀、科学精神、批判思维、沟通合作、艺术素养、终身学习、健康身心协同发展的现代人格特征。如"诵讲写作"的主题与材料，方式与过程等均由每个社长与导师、社员联系不同时代的主题内容与同学们的个性来自主决定。此外，"国语旗风""吟诵""论语群学""水云间词"等课程都呈现出各自不同的自主性。

三　课程保障

为保证中华经典校本课程的实施，学校不断加大投入和支持力度，在师资、教研、经费、场地、设施等方面积极落实条件保障。

（一）师资保障

中华经典诵读校本课程开发及执教教师队伍，主要由语文组 20 余人与艺术组 4 人组成，其中特级教师 2 人，学科带头人 4 人；正高级教师 1 人，高级教师 10 余人。其中对中华经典诵、读、写等方面卓有专长者，约占 1/3。

（二）制度保障

为保证中华经典校本课程的教学质量，学校要求教师在国家课程中适当选修相关经典补充选文，且要求备有专项教案，学校教学处组织学术委员会"推门听课"，进行展评。同时，要求个性化选修课或社团课执教导师，系统而又灵活地授课互动，学校教科研室、学生处组织管理师生落实每周巡查制度、每月微信群反馈制度、每学期评优展示制度等，促进社团课程高质量开展。

（三）经费和场地保障

学校每年列支专项经费用于邀请请诵写讲专家开展讲座与辅导，以及用于对师生的奖励。设有登攀书院大楼专供各社团活动，其中专门辟有古诗词鉴赏教室、创作社教室、诵讲写作社教室、汉字研究社教室、读书会讲社教室。

四 课程成果

人民教育家、著名语文特级教师于漪老师在参加市北中学建校 105 周年主题活动时对学校的中华经典校本课程给予了高度评价，她指出，这些课程打通文史哲、融会贯通，课程设计具有中国立场和世界视野，有利于激发学生的潜能，为多元世界培育了中国人才。市北中学的中华经典校本课程建设取得的成效，主要体现在以下 4 个方面。

（一）出版了系列教材

已经出版或印刷的教材（读本）包括《守正・求实・创新——市北中学汉字研习试探》《国语旗风——国旗下的说文解字》《古文的脉动》《长江诗话》《疑思问国文点读》《中学生极简文学史》《走进经典——一人一名家教师研习》《古诗词合唱》等。

（二）探讨了教学方法

形成了科学而高效的经典诵读写的教育方法，面向全市开设了古诗词课堂

教学专场并受到好评。多位教师做客上海人民广播电台，接受"教子有方"节目长达一小时的专访，主题为市北中学的"中华传统文化教育"经验。历届"学术季"所展示的古诗词学习与创作、古诗文朗诵吟诵、读书演讲等经典案例，都受到了专家们的肯定与赞赏。

（三）促进了教学研究

学校出版了《诗性青春——市北中学文化传统教育纪实》。教师发表了《读写吟诵入诗境——〈蒹葭〉教学设计谈》《诗来吟咏有余馨——以吟诵之法指导学生格律诗词创作实践初探》等论文。《个性化社团与学生个性化发展》获市调查研究成果论文三等奖、区首届教科研成果二等奖，相关论文《"四自"社团展翅飞，五彩导师七彩虹》发表在《教研动态》上。

（四）获得了多项荣誉

多位导师荣获由中国教育学会中学语文专业委员会、写作学会等颁发的"校园文学指导师杰出奖"。诵讲写作社、词社、古诗词合唱团等荣获由中国教育学会中学语文专业委员会、写作学会等颁发的"示范明星社团"。《短长亭》《溯光》等获得由中国教育学会中学语文专业委员会、写作学会等颁发的"校园文学社团社刊示范奖"。数以百计的同学获得国家和市级古诗文创作赏析大赛一二三等奖，还有同学获得上海市"诗词达人""小作家""金话筒"等中华经典诵读大赛荣誉称号。

五 问题不足与对策思考

市北中学中华经典校本课程建设还存在一些不足，面临一些困难。面对这些不足和困难，学校将在宣传教育、课程规划、条件保障等方面积极采取对策措施，不断构建完善面向高中生的中华经典校本课程体系。

（一）问题不足

问题不足主要包括3个方面。一是课程的学生覆盖面不够广，作为选修课或社团课，主要面向文科见长、对文史哲有兴趣的学生，要不断扩大相关课程的学生覆盖面，对加强宣传教育、提升思想认识、提高相关课程教学质量与吸引力以及进一步完善相关条件制度保障，都提出了更高要求。二是课程内容的系统性有待加强，现有课程都是由教师根据自身擅长领域或学生社团根据自身特点和兴趣提出，系统性不强、结构化不足，学校在中华经典教育方面的整体理念和核心特色也有待进一步凝练。三是师生投入度不足，高中阶段面临高考压力，师生在繁重的课业负担下，要挤出相当的时间精力投入以素养提升为主旨的课程教学，殊为不易，合理安排好课时和师生精力分配，是面向高中生的中华经典校本课程体系构建的核心困难和关键问题。

（二）对策思考

面对这些不足和困难，下一步我们将在以下 4 个方面着力。第一，加强宣传教育，进一步提高师生对中华经典教育在落实立德树人根本任务、传承弘扬中华优秀传统文化、提高学生综合素养等方面的重要意义，引导师生合理安排好高考压力下的时间精力分配，切实提升对中华经典校本课程教学的投入度。第二，深入贯彻落实国家语文课程中关于中华经典的教育教学要求，不断提升教学质量，切实加强面向全体学生的中华经典教育。第三，将中华经典教育及相关校本课程建设全面融入学校"创造适合学生的教育"的办学理念，结合学校的办学特色和优势，进一步凝练本校开展中华经典教育的整体理念和核心特色，加强相关校本课程的顶层规划，努力提升校本课程的系统性。第四，进一步加大中华经典校本课程建设的组织、制度、资源保障力度，深入挖掘校内教学资源潜力，积极探索借用校外教学资源的制度措施，打通必修、选择性必修与校本选修中的中华经典教育教学，通过"渗入式""拓展式""拼盘式"等多样化教学方式，让校本课程落地生根。

（陈世东）

"书法名家进校园"活动

2014 年以来，市语委、市教委根据教育部、国家语委要求，联合市书协在全市中小学开展"书法名家进校园"活动，依托书法名家资源，带动学校提高书法教育水平，推动书法文化的传承与弘扬。本报告介绍活动开展的基本情况，基于问卷调查和访谈调研分析活动的成效与不足，并就进一步促进活动提质增效提出思考与建议。

一　活动开展情况

活动纳入"上海校园文化建设传承创新发展行动计划"，主要通过举办书法专题讲座、开展书法教研活动、建设书法视频课程、创建书法特色学校、加强书法教师培训、举办师生书法展览等途径，推动中小学扎实开展书法教育并不断提升教育质量。

（一）举办书法专题讲座

8 年来累计选派 30 多位书法名家走进 100 多所中小学校校园，围绕书法基础知识、书法鉴赏、书法与人文素养、书法文化精神等主题开展近 200 场专题讲座，共有 8000 余名师生参加讲座活动。

（二）加强书法教研引领

积极选送基层书法教师参加教育部、国家语委的中小学书法教师国培项目。同时，开展以"传承美丽汉字，提升书写能力"为主题的"书法名师与一线教师毛笔字教学同课异构"等教研活动，探讨软笔书法教学策略；组织开展教师书法教学技能展示活动，总结科学有效的课堂教学方法，全面提升教师的书法教学技能。

（三）建设书法教育资源

邀请知名书法家主讲并制作了以"魅力汉字"为主题的《书法入门常识》

《书法演变》《书法鉴赏》《中国书法的文化底蕴和内涵》《书法与音乐的共通处》《书法风格》等系列书法教学视频，作为全市书法教师培训的选修课程。鼓励中小学校结合各自实际，整合各方资源，自编书法教材，先后出版了《名师教你学书法》《"墨香书韵"中华文化书法教程》等书法通识教材。

（四）创建书法特色学校

在市区两级语言文字和教育部门指导下，全市各中小学校结合各自实际，邀请书法名家走进校园，并依托课程建设开展书法教育，积极营造良好的书法学习氛围。在此基础上，全市创建命名了近 20 所书法特色学校。

（五）开展书写展示活动

先后组织开展"墨香书法展示""楹联创作书写展示""'读懂中国，传承经典'优秀书法作品展"等一系列书写展示活动，激发学生的书法学习兴趣，提升学生的书法欣赏水平。

二　主要成效

对中小学校师生的问卷调查显示，活动取得良好成效，受到师生的积极评价。该问卷调查在全市随机抽取了 10 所学校开展，共回收有效问卷 459 份，其中学生问卷 278 份、教师问卷 181 份。

（一）师生对活动的知晓度

问卷结果显示，64% 的学生和 65% 的教师对该活动比较熟悉，并有 72% 的学生和 62% 的教师认为该活动已成为品牌活动。同时，也有 20% 的学生和 10% 的教师不熟悉此项活动。

（二）师生对书法名家教学质量的评价

问卷结果显示，79% 的学生对书法名家的教学质量感到满意。同时，有 86% 的学生认为书法名家具有良好的教学态度，很重视该活动，积极做好授课准备；81% 的学生反映书法名家为学生提供书法学习的咨询和辅导服务；81% 的学生反映书法名家会综合运用多种教学形式来提高书法教学效果。

（三）师生对活动效果的评价

问卷结果显示，78%的学生对活动开展很满意，72%的教师认为该活动效果较好。同时，28%的学生和29%的教师认为该活动有助于提升审美能力，27%的学生和教师都认为该活动有助于普及书法技法，26%的学生和27%的教师认为该活动有助于提高书写技能，19%的学生和17%的教师认为该活动有助于增强文化自信。

三 问题与不足

对市区两级语言文字部门、部分书法特色学校、有关书法名家等的访谈结果显示，本市"书法名家进校园"活动还存在以下问题与不足。

（一）活动普及度不高，受益面较小

每年全市聘请的书法名家30多位，有教育经验的书法家不多，且活动惠及的学校有限，未能普及到全市各类中小学。此外，优先安排名师走进的书法特色学校，也没能惠及到各个年级的所有学生。

（二）活动开展频率不够高，教学时间较短

活动没有固定的开展频率，往往是教学任务完成后，抽出一两次课时让书法名家进入学校，还做不到定时定点开展。此外，书法名家上课时间比较短，学生反映没有练上几个字活动就结束了。再者，受到场地和时间的限制，书法名家现场指导的机会少，与学生互动交流时间不够。

（三）活动教学内容不够系统，教学形式较为单一

目前活动的主要形式是专题讲座或创作展示，其他形式比较少，且书法名家讲解的主题具有一定的随意性，系统性不强，有时讲解的内容过于深奥专业，学生接受有一定困难。

（四）活动机制不够健全，经费缺乏保障

学校开展活动需要自主联系书法名家，且书法名家认定标准模糊，学校层面可获得的书法名家资源又很少，供需矛盾突出，缺少联络聘请书法名家的机

制保障。此外，学校缺乏专项经费，给外请书法名家带来困难，影响活动开展的可持续性。

四　思考与建议

综合问卷调查数据结果和访谈调研中各方反映的对活动的需求和期待，本报告就促进"书法名家进校园"活动提质增效提出如下建议。

（一）构建常态化活动机制

构建常态化活动机制，是促进"书法名家进校园"活动提质增效的内在要求，也是广大基层教师的强烈呼声。问卷结果显示，89%的教师认为该活动应常态化开展，更有50%左右的师生认为该活动应列入教学计划。为此，市区两级语言文字和教育部门应进一步加强对学校定期开展活动的监督检查力度，将活动开展情况纳入语言文字督学督政的指标，并加强校际间的成果展示和经验交流。各中小学校应将活动列入每学期的教学计划定期开展，提高活动开展频率，形成常态化机制；针对教学时间短的瓶颈问题，应进一步延长教学时间，增加书法名家与学生的互动机会。

（二）进一步扩大活动覆盖面

活动覆盖面较小，是近年来该活动面临的突出问题。为此，应加大活动普及力度，一是要努力使活动覆盖全市所有中小学，这在问卷调查中得到了超过半数教师的认同；二是要普及到各年级学生，切实提高学生受益面。市区两级语言文字和教育部门应着力培育典型学校，扩大书法特色学校的范围，宣传推广其做法经验，发挥其示范引领作用，进一步提升活动的品牌效应。

（三）进一步用好书法名家资源

"书法名家进校园"活动要取得实效，关键在于用好书法名家资源。而如何用好书法名家资源，从问卷调查和访谈调研的结果看，有以下两个关键点。

一是要抓紧建设"书法名家专家库"。访谈调研中，基层学校对"哪些人员是书法名家没有明确的范围""名气大的书法家联系不上、预约不到"等问题反映强烈。问卷调查中，相比"以是否为书协会员为标准""市语委设置标准进行综合认定"等选项，63%的教师呼吁建设开放的动态更新的专家库，扩大学校自

主选择的范围。为此，市语委、市教委应会同市书协，加快建设"书法名家专家库"。书法名家的界定，不能片面追求名气，需要综合考虑书法水平和教学能力，注重德才兼备，尤其应重点发挥好年轻书法家和有教学经验的书法家的作用。

二是要充分发挥书法名家对学校书法教师的传帮带作用。书法名家进校园，只是面向学生开展书法训练与展示，作用等同于学校外聘了书法教师，覆盖面、受益面十分有限。因此，各校在活动中应同步开展对本校书法教师的培训，甚至将活动的主体内容放到与本校专兼职书法教师的交流、教研上来，努力使书法名家的资源价值最大化。问卷调查中，也有54%的教师认为，与直接指导学生相比，该活动通过培训师资才能更好发挥书法名家的作用。此外，书法家在教学过程中，也应加强观察，在专兼职书法教师及广大学生中发现苗子、培养苗子，以利于学校在后续的书法教学中发挥好这些苗子的示范带动作用。

（四）进一步深入开展书法教育

"书法名家进校园"活动的根本目的在于依托书法名家资源，促进中小学深入开展书法教育，不断提升中小学书法教育水平。因此，各中小学校应充分发挥书法名家的名人效应，有效激发学生对书法艺术的习练兴趣，营造浓厚的书法教育校园氛围，加大对书法教育的重视和支持力度，进一步加大经费投入，多渠道多方式解决好书法教育的师资、教材、课时等系列问题，科学设置教学内容，丰富教学训练的手段方法，切实加强教学管理。各级语言文字、教育、人事等部门则应加大制度供给、强化服务保障，在师资政策、教材及教学资源建设等方面为基层学校的书法教育提供系统性支持。

五　结语

依托"书法名家进校园"活动资源、提升中小学书法教育水平是一个系统工程，需要语言文字和教育主管部门、书协和学校协力推进，通过制度化、常态化开展活动，最大限度地发挥其传承书法文化、培训书法师资、促进书法教学、提升书法技能的积极作用，持续提高中小学生的书法书写能力、作品鉴赏水平和传统文化素养，使活动在传承弘扬中华优秀语言文化中发挥应有作用。

（徐　梅）

民族教师国家通用语言能力在线培训

为加强民族地区各级各类学校国家通用语言文字教育教学，进一步提升民族地区、贫困地区教师国家通用语言文字水平和教学能力，2020 年 5—8 月，国家语委组织设在高校的国家语言文字推广基地对口 52 个未摘帽贫困县，开展教师国家通用语言文字能力提升在线示范培训。上海有 3 所高校的国家语言文字推广基地承担了对 4 个未摘帽贫困县的 400 余位少数民族在职教师的国家通用语言能力培训任务，其中华东师范大学对口新疆喀什地区的莎车县和伽师县、上海大学对口新疆喀什地区的英吉沙县、复旦大学对口云南怒江州泸水市。三所高校充分发挥各自学科优势以及有关高校以往开展民族教师国家通用语言能力培训的经验优势，借助信息化手段，挖掘共享资源，与当地教育系统密切合作，打造针对民族地区的推普远程教育支持服务体系，圆满完成培训任务，得到参训教师和当地教育主管部门的充分肯定。本报告述介 3 所高校在此次培训中的探索与实践，分析成效与不足，并就进一步加强民族教师国家通用语言能力培训提出思考与建议。

一　教学实践

培训针对民族教师特点和线上教学需求，在教学方案、教学团队、教学课程、教学资源、教学组织管理及训练指导等方面进行了积极的探索与实践。

（一）教学方案

培训坚持问题导向，以第二语言习得理论为指导，以贴合民族地区客观实际为原则，以提升学员的普通话能力和用普通话进行教育教学的能力为目标，科学合理安排教学内容，满足学员的迫切需求。基于对学员已有普通话水平的调研测试和需求分析，确定了"以语音教学与训练为主要内容，辅以必要的词汇、语法知识讲解，有机融入中华优秀传统文化内容，同时注重普通话的实际应用，结合教学实践开展用普通话说课或上示范课等技能训练"的教学方案，助推民族教师普通话水平和学科教学技能的双提升。

（二）教学团队

各校充分发挥综合性高校的优势，整合语言学、教育学、信息科学等学科力量，打造专业教学团队，三校相关人员累计达 90 余人参与。各团队由长期从事国家通用语言文字教学推广、理论知识扎实、教学能力过硬、具有交叉学科背景的专家学者领衔，以中青年教师为骨干并担任各课程的主讲教师，同时动员组织一大批熟悉语言教学理论、能熟练运用现代信息技术的研究生参与并担任助教。为保证教学质量，各校对教学团队进行专门培训，促进团队成员在深入领会教学方案要求的同时，全面了解学员所在地的民族语言特点及风俗习惯，正确把握民族政策，努力实现与民族地区学员的有效沟通与交流。其中，华东师范大学团队还为来自全国 50 个国家语言文字推广基地的 1163 名教师和研究生开展了"训前训"。此外，还组织了一批上海中小学骨干教师进行各学科示范课演示、指导学员开展说课技能训练。

（三）教学课程

教学课程共 60 课时，为期 12 周，对学员进行了密集的强化培训。学员按学段和学科分为幼儿园教师、中小学语文教师、中小学其他学科教师等不同班级，班内进一步根据学员普通话基础分为若干训练小组。学员都是当地中小学和幼儿园的少数民族在职教师，推普脱贫、教育教学任务繁重，为不影响其正常工作，培训采取大班同步讲授、小组异步训练的课程组织方式。大班讲授课程安排在每周末，小组训练在工作日分 4—5 次进行。大班讲授由各课程主讲教师授课，小组训练由助教分工负责。

（四）教学资源

培训分"语言能力""教学能力""中华民族共同体意识"3 个模块打造了丰富的数字化课程资源。各校都在云端开放共享已有的相关教学资源，同时将本次培训的教学视频、训练视频、作业音视频、答疑音视频等数字资料开放共享，并化整为零，将每一个文件都压缩在 10—15 分钟左右，满足学员全天候、碎片化的学习需求，创造了时时可学、处处可学的普通话学习环境。

（五）教学组织与管理

培训深入探索实践了线上教学的组织管理模式。各团队自行开发或依托"课堂派"等软件构建在线教学平台，远程服务器、计算机网页端和手机微信端三端配合。教师将教学材料上传至平台，供学员课前预习、课后自学和操练；通过平台进行课堂教学，收发作业并在线批改。平台对学员进行分班管理，记录学员每日的登录查看次数和学习时长等信息，对学员学情进行有效监督管理和精准的过程性评价。同时，通过微信、腾讯会议等网络应用弥补教学平台在即时通信方面的不足，实现教师、助教与学员之间的及时沟通，并开展补充教学和训练指导；借助科大讯飞提供的技术支持，对学员进行普通话水平模拟测试，根据学员在学习过程中的普通话能力发展状况，及时调整教学策略。

（六）训练指导

为加强训练指导，每个教学班都配备了多名助教，每名助教负责4—5名学员的训练课程。助教团队为每位学员单独定制辅导内容，并根据其工作时间和学科方向安排不同的作业验收和批改时间。考虑到时差等因素，助教根据每日教学资料的容量设置作业提交时间，登录平台进行批阅；然后通过微信或腾讯会议与学员进行一对一的语音或视频通话，做发音示范并对学员进行正音训练。若学员存在学习问题，助教进行及时辅导并帮助其完成作业提交。

同时，充分运用数字化手段提升训练指导的针对性和有效性。开发建设了学习成果数据统计与分析平台，收集分析学员学习数据，并在数据分析基础上建立了民族教师语言能力与教学能力档案，为教学训练提供大数据支撑。对教学材料进行数字化、多模态处理，向学员生动形象地展示语音对比音频、标准发音舌位图等，努力提升教学训练的有效性。利用 Praat 等语音分析软件，对学员的发音进行数字化诊断、标注和处理，通过语图或文字报表，提供与标准语音对照的语音诊断报告，及时发布学员每日语音诊断、每周学习行为数据报告，以可视化的方式呈现学员各阶段语音变化状况，为定制个性化的教学训练方案提供依据。

二　成效与不足

本次培训在提升民族教师国家通用语言能力及学科教学水平、构建国家通用语言在线培训模式、调研了解少数民族国家通用语言培训需求和特点、锻炼教学师资等方面，取得积极成效，同时也还存在一些不足。

（一）有效提升了学员的普通话水平及用普通话开展学科教学的能力

对 400 余名学员接受培训前后的普通话测试成绩统计分析结果可见，通过培训，学员的普通话水平整体提升，绝大部分（89.9%）学员的培训后测试成绩高于培训前。培训前学员的平均分为 71.04，达到二级水平的仅占 15.1%；培训后的平均分达到 73.94，提高了近 3 分，二甲、二乙、三甲水平的占比均明显提升，而三乙和未入级的占比均较大幅度下降。具体见表 1。

表 1　学员培训前后普通话水平测试成绩对比

普通话等级	二甲	二乙	三甲	三乙	未入级
培训前	0.9%	14.2%	43.9%	30.7%	10.3%
培训后	3.2%	17.6%	53.8%	21.3%	4.1%

在培训结束后对学员进行的问卷调查中，88.1% 的被调查者认为此次培训的教学和辅导方式对自己的普通话能力提升有很大帮助，11.8% 的被调查者认为有一定帮助，绝大部分被调查者对培训效果持肯定态度。

同时，在说课训练和示范课交流中，学员使用普通话授课的自信心显著增强，普通话语音面貌及词汇语法规范状况有较大改观，用普通话开展学科教学的表达能力和授课水平得到有效提升。

（二）深入探索了针对民族教师的在线推普教学模式

从民族地区实际情况出发，引入移动微学习理论和在线协作学习理论设计的远程普通话培训模式，是大规模在线推普教学的一次有益探索。针对特定民族地区语言生活特点的教学方案，基于远程信息技术的教学、测试及管理平台，由专业教师和研究生共同组成的教学团队，与当地教育部门组成的联合管理团队，以普通话能力和学科教学能力培训有机融合为特色的模块化在线教学模式，基于学员学习数据的针对性训练指导，数字化手段的积极运用等，实现了云端实时互动、因地制宜教学、个性化精准辅导。而培训过程中形成的包含有上万条普通话训练和测试数据的民族教师普通话学习数据库，对进一步加强民族地区普通话教学研究与实践具有重要价值。

（三）培养锻炼了一批推普志愿者

培训过程中，担任助教的青年学生学以致用、知行合一，积极投入到普通话教学推广的实践活动，在民族教师普通话能力训练指导、线上教学管理等方面发挥了重要作用，提高了思想认识，提升了理论素养，锻炼了实践能力，为国家和上海构建国家通用语言文字教学推广志愿者队伍奠定了基础。

（四）主要不足

远程线上教学导致的师生面对面交流和即时沟通不足，是本次培训存在的主要问题。受新冠疫情影响，本次线上培训未能实现对语言习得而言十分重要的生活化教学与训练，如：真实场景下学员普通话应用能力、存在问题等的准确观察和科学评估，师生之间围绕特定问题的即问即答，师生日常生活交流中的普通话使用与纠正，等等。而包括教师在内的民族地区人员普通话能力提升目前面临的最大问题就是缺乏语言学习和使用的社会环境。此外，对民族教师而言，结合其不同任教学科专业内容特点和需求的分学科普通话教学能力培训，也有待进一步加强。

三　思考与建议

提升民族教师的普通话能力，是加强民族地区各级各类学校国家通用语言文字教育教学、提高民族地区教育质量的重要保障。民族教师在民族地区基础教育阶段专任教师中占比高，语言生活中国家通用语言、当地通行的民族语、本民族语等多元语码共存。培训中发现，民族教师对普通话重视程度普遍较高，认同感较强，有较强烈的学习动机和较高的学习期望，内在学习动力充足，但民族聚居区普遍缺乏普通话的社会使用环境，来自父辈的语言习惯影响着民族教师的语言使用状况，其普通话应用能力明显不足。当地缺乏连续性的民族教师普通话培训项目，缺少普通话水平过硬的师资队伍，使得民族教师普通话能力提升受限，普通话水平达标率偏低。本次培训在远程线上普通话教学方面进行了积极有益的探索，基于对本次培训教学实践的总结以及成效不足的评估，我们提出以下建议。

（一）打造线上线下结合的推普培训模式

要在民族地区、贫困地区开展大面积的对口支援性线下培训，受到多方面条件限制，特别是内地高校要大团队、长时间赴民族地区、贫困地区进行推普支教尚不具备可行性。因此，线上培训应该是未来一段时期民族地区国家通用语言文字教学推广的重要发展方向。作为数字化教学的重要场景，线上培训具有不可替代的优势：可以跨越时空限制灵活、机动地组织和实施教学，可以为个性化教学提供大数据支撑，可以丰富教学手段，可以打造泛在学习环境。线上培训要解决的根本问题是增强师生的面对面交流和即时互动，解决这一问题的根本路径，是打造线上线下相结合的培训模式，在充分发挥线上培训优势的同时，积极拓展线下教学资源。华东师范大学团队在新冠疫情前对新疆泽普民族教师的试点培训中，就探索了"线上为主、面授为辅，专家开发教学资源、语言培训团队协作实施"的培训模式。本次培训实践进一步显示，线下教学资源可以以"助教"为主，重点解决好真实场景下的训练指导问题。以"助教"为重点的线下教学资源建设，一方面可以在现有政策制度和资源条件下最大限度争取"外援"（如内地大学生支教），一方面也要注重本土高校相关学科建设和人才培养，培养锻炼一支本土大学生为主的推普志愿者队伍。同时，要充分发挥"援建教师支教计划""银龄计划"等的辐射作用，内地支教的语文教师、语言学专家等既是重要的线下教学资源，又可以在培养本土人才方面发挥重要作用。

此外，打造线上线下相结合的培训模式，不是线上教学方案的简单复制、机械分割，而需要在目前基础上进一步加强与民族地区语言教学研究力量的协作，研究制定贴合当地语言生活实际、融合当地真实语言生活场景，线上线下内容一体、分工明确、及时反馈、有效互动的教学训练方案。有关部门应有计划地组织语言学、教育学等学科专家深入民族地区，联合当地学者共同开展语言使用状况实地调研，因地制宜制定培训方案。

（二）加强数字化推普教学资源建设

本次线上培训的实践经验显示，加快建设开放共享、针对不同地区语言生活特点和普通话学习需求，内容丰富、模态多样的数字化推普教学资源，对全国范围大面积开展民族地区国家通用语言文字教学训练、推动国家通用语言文字教学训练覆盖全国各偏远地区，意义重大、需求迫切。应全面总结本次培训中其他各省市、各高校的实践经验，充分整合此次具有相当规模的集中在线培训中形成的各类数字化资源，通过国家语委语言资源服务平台、国家智慧教育公共服务平台等开放共享。同时，国家有关部门应加大相关科研资助力度，探讨全国范围各类推普教学资源的共建共享机制，建设针对不同语言片区、不同地域特点、不同群体需求的普通话教学资源库、课程库；应运用数字化手段，加强对民族地区各类学员的普通话学习过程监测研究、学习数据收集分析，建立学员语言能力发展数据库，开发学习效果数据统计与分析平台，以可视化的方式直观呈现学员普通话学习发展状态和趋势，助力培训资源有效规划和配置。

（三）进一步加强面向民族教师的分学科普通话教学能力培训

提升民族教师用普通话进行学科教学的能力，对民族地区学校贯彻落实国家语言文字方针政策、推广普及国家通用语言文字，意义重大。不同学科涉及不同的专业内容，其普通话表达能力培训需要予以专门关照。华东师范大学团队在新冠疫情前对新疆泽普民族教师的试点培训中，就曾提出"学科国家通用语言教学能力"的概念框架，以学科能力、国家通用语言能力、教学能力的综合提升为目标，以第二语言习得理论为依据，深度解析人教版小学教材及教辅资料，研制国家通用语言培训用书与培训大纲，涵盖小学、初中、高中三个学段的语文、数学、道德与法治等课程，并专门开展了语文学科和数学学科教师的国家通用语言教学能力培训。本次以大面积快速提升普通话基础能力为主要目标的集中强化培训，主要通过说课、讲课的方式对民族教师用普通话进行学科教学的能力进行训练，取得了一定成效。未来，面向民族教师的分学科普通话教学能力培训还需要进一步系统化、深入化。如，在语文、数学、道德与法治等课程基础上，进一步研发更多学科的培训大纲、教材；持续建设完善面向多学科的数字化教学资源，特别是要对本次大范围培训获得的涉及多学科的说课、讲课及示范课视频资料加强整理和研究，遴选优质资料抓紧建库；分学科组织普通话教学能力培训，或者在大范围面上培训的学员分班中，在语文教师、非语文教师的基础上进一步细化分班的颗粒度，如细分为语文教师、政史地教师、理化生教师、艺术体育教师等。

（倪 兰）

第五部分

资料篇

普通话水平测试统计（2019—2021）

2019—2021年，全市共有 316 671 人参加普通话水平测试。其中，教师 1998 人，学生 268 854 人，演播人员 97 人，公务员 1986 人，窗口服务人员 834 人，其他行业人员 42 902 人。参测人员中，一级水平 821 人，占 0.27%；二级甲等 121 014 人，占 38.21%；二级乙等 153 952 人，占 48.62%；三级甲等 36 263 人，占 11.45%；三级乙等 3053 人，占 0.96%；不入级 1560 人，占 0.49%。参测人群及等级分布具体见表1。

表1　普通话水平测试统计（2019—2021）

测试对象	测试年份	参测人数	一级甲等		一级乙等		二级甲等	
			人数	占比 %	人数	占比 %	人数	占比 %
语文教师	2019	86	0	0.00	0	0.00	42	48.84
	2020	132	0	0.00	0	0.00	83	62.88
	2021	108	0	0.00	0	0.00	49	45.37
	小计	326	0	0.00	0	0.00	174	53.37
非语文教师	2019	510	0	0.00	0	0.00	110	21.57
	2020	395	0	0.00	4	1.01	206	52.15
	2021	767	0	0.00	2	0.26	354	46.15
	小计	1672	0	0.00	6	0.36	670	40.07
师范生	2019	3820	0	0.00	23	0.60	2302	60.26
	2020	2751	0	0.00	13	0.47	1988	72.26
	2021	2570	0	0.00	2	0.08	1404	54.63
	小计	9141	0	0.00	38	0.42	5694	62.29
非师范生	2019	129 691	0	0.00	327	0.25	43 922	33.87
	2020	13 621	0	0.00	41	0.30	6066	44.53
	2021	116 401	0	0.00	293	0.25	42 896	36.85
	小计	259 713	0	0.00	661	0.25	92 884	35.76
演播人员	2019	64	0	0.00	6	9.38	51	79.69
	2020	2	0	0.00	0	0.00	2	100.00
	2021	31	1	3.23	4	12.90	22	70.97
	小计	97	1	1.03	10	10.31	75	77.32

（续表）

测试对象	测试年份	参测人数	一级甲等		一级乙等		二级甲等	
			人数	占比 %	人数	占比 %	人数	占比 %
公务员	2019	1550	0	0.00	2	0.13	608	39.23
	2020	150	0	0.00	0	0.00	82	54.67
	2021	286	0	0.00	1	0.35	122	42.66
	小计	1986	0	0.00	3	0.15	812	40.89
窗口服务人员	2019	689	0	0.00	0	0.00	178	25.83
	2020	12	0	0.00	0	0.00	7	58.33
	2021	133	0	0.00	1	0.75	65	48.87
	小计	834	0	0.00	1	0.12	250	29.98
其他	2019	24 185	0	0.00	62	0.26	10 896	45.05
	2020	3414	0	0.00	12	0.35	1782	52.20
	2021	15 303	1	0.01	26	0.17	7777	50.82
	小计	42 902	1	0.00	100	0.23	20 455	47.68
总计		316 671	2	0.01	819	0.26	121 014	38.21

表 1（续）　普通话水平测试统计（2019—2021）

测试对象	测试年份	参测人数	二级乙等		三级甲等		三级乙等		不入级	
			人数	占比 %	人数	占比 %	人数	占比 %	人数	占比 %
语文教师	2019	86	34	39.53	10	11.63	0	0.00	0	0.00
	2020	132	44	33.33	5	3.79	0	0.00	0	0.00
	2021	108	52	48.15	7	6.48	0	0.00	0	0.00
	小计	326	130	39.88	22	6.75	0	0.00	0	0.00
非语文教师	2019	510	221	43.33	174	34.12	5	0.98	0	0.00
	2020	395	148	37.47	33	8.35	2	0.51	2	0.51
	2021	767	351	45.76	56	7.30	2	0.26	2	0.26
	小计	1672	720	43.06	263	15.73	9	0.54	4	0.24
师范生	2019	3820	1330	34.82	158	4.14	5	0.13	2	0.05
	2020	2751	677	24.61	64	2.33	2	0.07	7	0.25
	2021	2570	1034	40.23	99	3.85	15	0.58	16	0.62
	小计	9141	3041	33.27	321	3.51	22	0.24	25	0.27
非师范生	2019	129 691	66 527	51.30	16 897	13.03	1383	1.07	627	0.48
	2020	13 621	6224	45.69	1151	8.45	99	0.73	40	0.29
	2021	116 401	57 480	49.38	13 664	11.74	1300	1.12	768	0.66
	小计	259 713	130 231	50.14	31 712	12.21	2782	1.07	1435	0.55
演播人员	2019	64	7	10.94	0	0.00	0	0.00	0	0.00
	2020	2	0	0.00	0	0.00	0	0.00	0	0.00
	2021	31	3	9.68	1	3.23	0	0.00	0	0.00
	小计	97	10	10.31	1	1.03	0	0.00	0	0.00

（续表）

测试对象	测试年份	参测人数	二级乙等		三级甲等		三级乙等		不入级	
			人数	占比%	人数	占比%	人数	占比%	人数	占比%
公务员	2019	1550	714	46.06	212	13.68	14	0.90	0	0.00
	2020	150	60	40.00	8	5.33	0	0.00	0	0.00
	2021	286	131	45.80	32	11.19	0	0.00	0	0.00
	小计	1986	905	45.57	252	12.69	14	0.70	0	0.00
窗口服务人员	2019	689	373	54.14	134	19.45	3	0.44	1	0.15
	2020	12	3	25.00	2	16.67	0	0.00	0	0.00
	2021	133	59	44.36	8	6.02	0	0.00	0	0.00
	小计	834	435	52.16	144	17.27	3	0.36	1	0.12
其他	2019	24 185	11 010	45.52	2123	8.78	69	0.29	25	0.10
	2020	3414	1376	40.30	231	6.77	13	0.38	0	0.00
	2021	15 303	6094	39.82	1194	7.80	141	0.92	70	0.46
	小计	42 902	18 480	43.07	3548	8.27	223	0.52	95	0.22
总计		316 671	153 952	48.62	36 263	11.45	3053	0.96	1560	0.49

（市语言文字水平测试中心）

汉字应用水平测试统计（2019—2021）

2019—2021 年，全市共 31 028 人接受汉字应用水平测试。其中，学生 20 561 人，中小幼教师 10 320 人，高校教师 136 人，学校行政人员 10 人，编辑 1 人。参测人员中，一级水平 1946 人，占 6.27%；二级水平 13 317 人，占 42.92%；三级水平 12 757 人，占 41.11%；不入级 3008 人，占 9.70%。入级率 90.30%。参测人群及等级分布具体见表 1。

表 1　汉字应用水平测试统计（2019—2021）

测试对象	测试年份	参测人数	一级水平		二级水平		三级水平		不入级	
			人数	占比 %	人数	占比 %	人数	占比 %	人数	占比 %
学生	2019	7604	197	2.59	3147	41.39	3260	42.87	1000	13.15
	2020	6846	531	7.76	2794	40.81	2649	38.69	872	12.74
	2021	6111	523	8.56	2550	41.73	2711	44.36	327	5.35
	小计	20 561	1251	6.08	8491	41.30	8620	41.92	2199	10.70
中小幼教师	2019	5736	245	4.27	2705	47.16	2262	39.44	524	9.13
	2020	2304	248	10.76	1069	46.40	792	34.38	195	8.46
	2021	2280	190	8.33	979	42.94	1026	45.00	85	3.73
	小计	10 320	683	6.62	4753	46.06	4080	39.53	804	7.79
高校教师	2019	42	1	2.38	27	64.29	13	30.95	1	2.38
	2020	58	7	12.07	26	44.83	24	41.38	1	1.72
	2021	36	4	11.11	15	41.67	16	44.44	1	2.78
	小计	136	12	8.82	68	50.00	53	38.97	3	2.21
学校行政人员	2019	6	0	0.00	2	33.33	3	50.00	1	16.67
	2020	2	0	0.00	1	50.00	0	0.00	1	50.00
	2021	2	0	0.00	1	50.00	1	50.00	0	0.00
	小计	10	0	0.00	4	40.00	4	40.00	2	20.00
编辑	2019	1	0	0.00	1	100.00	0	0.00	0	0.00
	2020	0	0	0.00	0	0.00	0	0.00	0	0.00
	2021	0	0	0.00	0	0.00	0	0.00	0	0.00
	小计	1	0	0.00	1	100.00	0	0.00	0	0.00
总计		31 028	1946	6.27	13 317	42.92	12 757	41.11	3008	9.70

（市语言文字水平测试中心）

中国语言文学类本科专业招生院校统计（2021）

　　根据本市各高校 2021 年度招生简章，在教育部《普通高等学校本科专业目录》的"05 文学"学科门类下的"0501 中国语言文学类"专业类下的 9 个专业中，有 5 个专业当年招生，分别为："050101 汉语言文学"专业有 10 所高校招生，"050102 汉语言"专业有 3 所高校招生，"050103 汉语国际教育"专业有 9 所高校招生，"050105 古典文献学"专业有 1 所高校招生，"050106T 应用语言学"专业有 1 所高校招生。另 4 个专业，当年没有高校招生，包括"050104 中国少数民族语言文学""050107T 秘书学""050108T 中国语言与文化""050109T 手语翻译"。具体见表 1。

表 1　上海市普通高校"中国语言文学类"本科专业招生院校统计（2021）

序号	专业	专业代码	招生院校数	具体院校
1	汉语言文学	050101	10	上海交通大学、复旦大学、同济大学、华东师范大学、上海大学、上海师范大学、华东政法大学、上海立信会计金融学院、上海政法学院、上海师范大学天华学院
2	汉语言	050102	3	复旦大学、上海外国语大学、上海师范大学
3	汉语国际教育	050103	9	华东师范大学、上海外国语大学、上海大学、上海师范大学、上海对外经贸大学、上海第二工业大学、上海政法学院、上海师范大学天华学院、上海杉达学院
4	中国少数民族语言文学	050104	0	—
5	古典文献学	050105	1	上海师范大学
6	应用语言学	050106T	1	复旦大学
7	秘书学	050107T	0	—
8	中国语言与文化	050108T	0	—
9	手语翻译	050109T	0	—

（赵　耀）

外国语言文学类本科专业招生
院校统计（2021）

    根据本市各高校 2021 年度招生简章，在教育部《普通高等学校本科专业目录》的"05 文学"学科门类下的"0502 外国语言文学类"专业类下的 104 个专业中，有 27 个专业当年招生，包括 25 个语种专业和"翻译""商务英语"专业。语种专业中，"英语"专业招生的高校最多（28 所），其次是"日语"专业（23 所），往下依次为"德语""法语""俄语""西班牙语""朝鲜语""阿拉伯语"等专业；其中，"波斯语"等 17 个语种专业只有上海外国语大学 1 所高校招生。此外，"翻译"专业招生的 7 所高校，"商务英语"专业招生的有 6 所高校。具体见表 1。

表 1　上海市普通高校"外国语言文学类"本科专业招生院校统计（2021）

序号	专业	专业代码	招生院校数	具体院校
1	英语	050201	28	复旦大学、上海交通大学、同济大学、华东政法大学、华东师范大学、华东理工大学、东华大学、上海外国语大学、上海大学、上海理工大学、上海海事大学、上海海洋大学、上海师范大学、上海对外经贸大学、上海电力大学、上海第二工业大学、上海应用技术大学、上海政法学院、上海海关学院、上海电机学院、上海体育学院、上海立信会计金融学院、上海商学院、上海建桥学院、上海杉达学院、上海外国语大学贤达经济人文学院、上海师范大学天华学院、上海兴伟学院
2	俄语	050202	5	复旦大学、华东师范大学、上海外国语大学、上海政法学院、上海杉达学院
3	德语	050203	13	复旦大学、上海交通大学、同济大学、华东师范大学、华东理工大学、上海外国语大学、上海理工大学、华东政法大学、上海应用技术大学、上海电机学院、上海建桥学院、上海外国语大学贤达经济人文学院、上海师范大学天华学院
4	法语	050204	7	复旦大学、华东师范大学、上海外国语大学、上海大学、上海师范大学、上海对外经贸大学、上海外国语大学贤达经济人文学院

（续表）

序号	专业	专业代码	招生院校数	具体院校
5	西班牙语	050205	5	复旦大学、华东师范大学、上海外国语大学、上海杉达学院、上海外国语大学贤达经济人文学院
6	阿拉伯语	050206	2	上海外国语大学、上海外国语大学贤达经济人文学院
7	日语	050207	23	复旦大学、上海交通大学、同济大学、华东师范大学、华东理工大学、东华大学、上海外国语大学、上海财经大学、上海大学、上海理工大学、上海海事大学、上海海洋大学、上海师范大学、华东政法大学、上海对外经贸大学、上海第二工业大学、上海电力大学、上海立信会计金融学院、上海商学院、上海建桥学院、上海杉达学院、上海外国语大学贤达经济人文学院、上海师范大学天华学院
8	波斯语	050208	1	上海外国语大学
9	朝鲜语	050209	5	复旦大学、上海外国语大学、上海海洋大学、上海商学院、上海外国语大学贤达经济人文学院
10	印度尼西亚语	050212	1	上海外国语大学
11	印地语	050213	1	上海外国语大学
12	马来语	050217	1	上海外国语大学
13	泰语	050220	1	上海外国语大学
14	乌尔都语	050221	1	上海外国语大学
15	希伯来语	050222	1	上海外国语大学
16	越南语	050223	1	上海外国语大学
17	葡萄牙语	050232	1	上海外国语大学
18	瑞典语	050233	1	上海外国语大学
19	土耳其语	050235	1	上海外国语大学
20	希腊语	050236	1	上海外国语大学
21	匈牙利语	050237	1	上海外国语大学
22	意大利语	050238	1	上海外国语大学
23	荷兰语	050245	1	上海外国语大学
24	乌兹别克语	050258	1	上海外国语大学
25	拉丁语	050260	1	上海外国语大学
26	翻译	050261	7	复旦大学、华东师范大学、上海外国语大学、上海海事大学、上海工程技术大学、华东政法大学、上海杉达学院
27	商务英语	050262	6	上海外国语大学、上海财经大学、上海海事大学、上海对外经贸大学、上海立信会计金融学院、上海商学院

（赵 耀）

孔子学院（课堂）发展统计（2021）

截至 2021 年，本市共有 13 所高校和 2 所中学与海外相关机构合作设立 45 所孔子学院（课堂），覆盖 33 个国家或地区，下设课堂共 57 个，下设教学点共 260 个，注册学员 36 702 人，非注册学员 57 352 人。2021 年度举办文化活动 1555 次，参与总人数 130 179 人，汉语课共 4957 门次，汉语课学生 67 080 人，举办 HSK 考试 78 次，参与 HSK 考试人数 7600 人。具体见表 1。

表 1　上海孔子学院（课堂）发展统计（2021）

序号	中方合作机构	孔子学院名称	洲别	国家	城市
1	上海市大同中学	翩丽艾森顿文法学校孔子课堂	大洋洲	澳大利亚	墨尔本
2	东华大学	莫伊大学孔子学院	非洲	肯尼亚	埃尔多雷特
3	复旦大学	爱丁堡大学苏格兰孔子学院	欧洲	英国	爱丁堡
4	复旦大学	奥克兰孔子学院	大洋洲	新西兰	奥克兰
5	复旦大学	汉堡孔子学院	欧洲	德国	汉堡
6	复旦大学	法兰克福大学孔子学院	欧洲	德国	法兰克福
7	复旦大学	卢森堡大学孔子学院	欧洲	卢森堡	卢森堡
8	复旦大学	悉尼大学孔子学院	大洋洲	澳大利亚	悉尼
9	复旦大学	诺丁汉大学孔子学院	欧洲	英国	诺丁汉
10	华东理工大学	哈德斯菲尔德大学科技创新孔子学院	欧洲	英国	哈德斯菲尔德
11	华东师范大学	华美协进社孔子学院	北美洲	美国	纽约
12	华东师范大学	马六甲培风中学孔子课堂	亚洲	马来西亚	马六甲
13	华东师范大学	维尔纽斯大学孔子学院	欧洲	立陶宛	维尔纽斯
14	华东师范大学	科思达孔子课堂	亚洲	新加坡	新加坡
15	华东师范大学	都灵大学孔子学院	欧洲	意大利	都灵
16	华东师范大学	芝加哥孔子学院	北美洲	美国	芝加哥
17	上海财经大学	塔林大学孔子学院	欧洲	爱沙尼亚	塔林
18	上海大学	科克大学孔子学院	欧洲	爱尔兰	科克
19	上海大学	巴林大学孔子学院	亚洲	巴林	麦纳麦
20	上海大学	海峡大学孔子学院	亚洲	土耳其	伊斯坦布尔
21	上海大学	宋卡王子大学普吉孔子学院	亚洲	泰国	普吉

（续表）

序号	中方合作机构	孔子学院名称	洲别	国家	城市
22	上海对外经贸大学	布杰约维采商业技术学院孔子课堂	欧洲	捷克	布杰约维采
23	上海对外经贸大学	考门斯基大学孔子学院	欧洲	斯洛伐克	布拉迪斯拉发
24	上海对外经贸大学	卢布尔雅那大学孔子学院	欧洲	斯洛文尼亚	卢布尔雅那
25	上海对外经贸大学	萨格勒布大学孔子学院	欧洲	克罗地亚	萨格勒布
26	上海交通大学	海德堡大学孔子学院	欧洲	德国	海德堡
27	上海交通大学	新南威尔士大学孔子学院	大洋洲	澳大利亚	悉尼
28	上海立信会计金融学院	丹麦国际商学院商务孔子学院	欧洲	丹麦	科灵
29	上海师范大学	博茨瓦纳大学孔子学院	非洲	博茨瓦纳	哈博罗内
30	上海师范大学 对外经济贸易大学	福山大学孔子学院	亚洲	日本	福山
31	上海外国语大学	大阪产业大学孔子学院	亚洲	日本	大阪
32	上海外国语大学	滑铁卢孔子学院	美洲	加拿大	滑铁卢
33	上海外国语大学	马德里孔子学院	欧洲	西班牙	马德里
34	上海外国语大学	秘鲁天主教大学孔子学院	美洲	秘鲁	利马
35	上海外国语大学	哈桑二世大学孔子学院	非洲	摩洛哥	卡萨布兰卡
36	上海外国语大学	撒马尔罕国立外国语学院孔子学院	亚洲	乌兹别克斯坦	撒马尔罕
37	上海外国语大学	赛格德大学孔子学院	欧洲	匈牙利	赛格德
38	上海外国语大学	亚里士多德大学孔子学院	欧洲	希腊	塞萨洛尼基
39	上海外国语大学	那不勒斯东方大学孔子学院	欧洲	意大利	那不勒斯
40	上海外国语大学附属外国语学校	莫斯科1948教育中心"语言学家-M"孔子课堂	欧洲	俄罗斯	莫斯科
41	上海政法学院	金德尔全球大学汉语言培训与研究中心	亚洲	印度	索尼帕特
42	同济大学	汉诺威莱布尼茨孔子学院	欧洲	德国	汉诺威
43	同济大学	庆熙大学孔子学院	亚洲	韩国	水原
44	同济大学	樱美林大学孔子学院	亚洲	日本	东京
45	同济大学	佛罗伦萨大学孔子学院	欧洲	意大利	佛罗伦萨

（同济大学孔子学院办公室）

上海市语言文字工作大事记
（2019—2021）

2019 年

2月28日，市语委办召开区语言文字工作会议，总结2018年工作，部署2019年工作。

3月1日，市语言文字水平测试中心启动2019年上海市大学生中华经典诵读大赛。

3月12日，市语委办、市语协在上海外国语大学附属双语学校举行"弘传统 品诗书 做文化中国人"书香校园创建现场观摩、研讨活动。

4月19日，市语委办指导上海学生阅读联盟在新虹图书馆举办"青衿书苑"第十八期读书会暨第三届上海市民诵读节启动仪式主题活动。

5月13日，12345政务服务便民热线开通手语视频服务。

6月24—28日，市教委、市残联指导上海大学文学院举办国家通用手语培训班。

6月30日，由华东师范大学承担的市教育援疆项目"新疆喀什地区泽普县民族教师国语教学能力培养"实施完成。

7月26日，市政府办公厅印发《上海市人民政府办公厅关于调整上海市语言文字工作委员会组成人员的通知》，对市语委组成人员进行调整。

9月16日，第22届全国推广普通话宣传周开幕式暨庆祝中华人民共和国成立70周年经典诵读展示活动在华东师范大学举行。教育部有关司局和直属单位负责同志，市语委、市教委有关领导，沪苏浙皖四省（市）语言文字工作部门有关同志，华东师范大学师生以及上海各高校、各界社会群众约1200人参加活动。

10月18日，市语委办、市志愿者协会在卢湾高级中学举办语言文字监测工作推进交流暨志愿者培训活动，成立上海市语言文字志愿服务总队并授旗，为首批 20 所"啄木鸟"志愿服务定点学校授牌。

11 月 9 日，市语委办在复旦大学举行首批 5 家上海市语言文字推广基地授牌仪式暨"书法名家进校园"篆刻主题活动。

11 月 16 日，教育部语信司与市教科院共建"国家语言文字政策研究中心"续约签字仪式在沪举行。

11 月 16—17 日，教育部语信司指导、市教科院主办、国家语言文字政策研究中心承办的"新时代语言文字规范化标准化学术研讨会暨第四届中国语言政策研究热点与趋势研讨会"在沪举行。

11 月 29 日，受西藏藏语委办委托，上海开放大学在沪举办"西藏藏语言文字网"信息员培训班。

12 月 12 日，复旦大学、华东师范大学、上海大学、奉贤区青少年活动中心入选首批国家语言文字推广基地。

2020 年

1 月 1 日，12345 政务服务便民热线在电话服务渠道开设外语专席试运行。新冠疫情防控期间，12345 政务服务便民热线可提供咨询服务的语种增至 7 个，包括英语、日语、韩语、法语、德语、西班牙语、俄语。

2 月 2 日，市外办网站开设新冠疫情防控专栏，用中文、英语、法语、日语、韩语 5 种语言发布疫情防控相关信息。

2 月 22 日，市新冠疫情防控领导小组召开第 30 场新闻发布会，首次配备手语同步翻译。

3 月 20 日，市教委指导上海教育电视台等单位举办的"同诵读，共战疫"小学生课文朗读大会启动。活动历时 1 个月，鼓励全市小学生以"自然""生命"为主题积极参与战"疫"朗诵行动，在线征集朗读作品 1.4 万余个。

4 月 7 日，市语委办召开在沪高校类国家语委语言文字推广基地对口支援未摘帽贫困县教师普通话远程培训工作研讨推进会。该项在线培训工作由复旦大学、华东师范大学、上海大学承担，8 月份完成。

4 月 17 日，市语委办召开区语言文字工作视频会议，贯彻 2020 年全国语言文字工作会议精神，总结 2019 年工作，部署 2020 年工作。

4 月 27 日，市语委办、市语测中心召开普通话普及情况抽样调查工作研讨会，市公安局人口办相关负责同志参加会议。该抽样调查覆盖本市 10 个区和 1

所大学、3 所中学、5 所小学、5 所幼儿园，完成家庭调查样本数 2200 个、教师样本数 200 个、学生样本数 140 个。

5 月 20 日，市语委、市教委启动第二届中华经典诵写讲大赛（上海赛区）比赛活动。

6 月 2 日，由在沪国家语委科研基地共同执编的《上海语言生活状况报告（2020）》在教育部新闻发布会上发布。

6 月 16—18 日，市教委、市政府教育督导室对静安区政府开展依法履行教育责任综合督政，督政项目包括"城乡义务教育一体化暨优质均衡发展情况"和"语言文字工作推进情况"。

7 月 3 日，于漪教育思想诵写讲宣传展示交流会在香山中学举行，活动通过诵、写、讲三种形式，立体展现了人民教育家于漪老师的教育思想，鼓励广大教师学习于漪精神，坚守教育初心。

8 月 12—18 日，市语委办指导上海学生阅读联盟在上海书展现场举办"七天七堂课——东方哲思录"国学讲座以及"阅读，我把幸福告诉你""写作情怀与文学世界""穿越幻想时空"等系列讲座。"七天七堂课——东方哲思录"荣获 2020 年上海书展暨"书香中国"上海周"最佳活动策划"奖。

9 月 14 日，于漪教育思想诵写讲展示交流会暨市第 23 届全国推广普通话宣传周开幕式在上海教育电视台举行。

9 月 16—21 日，市残联、市盲协举办国家通用盲文培训班。

9 月 21 日，《上海市志·风俗·方言分志·方言卷（1978—2010）》（后改名为《上海市志·民俗·方言分志·方言卷（1978—2010）》）在审定会上通过审定。

9 月 22—25 日，市教委、市政府教育督导室对浦东新区政府开展依法履行教育责任综合督政，督政项目包括"城乡义务教育一体化暨优质均衡发展情况"和"语言文字工作推进情况"。

10 月 13 日，全国语言文字会议在北京召开，孙春兰副总理出席会议并作重要讲话。上海市语委主任和 30 余个市语委成员单位的负责人在上海分会场出席会议。

10 月 15—22 日，市语委办组织开展对上海音乐学院、上海海洋大学、上海政法学院、上海商学院、上海农林职业技术学院 5 所高校语言文字工作达标建设的实地检查指导。

10 月 31 日，嘉定区政府、市语委办联合举办 2020 年市民文化节青少年传

统文化大赛颁奖典礼暨校园中华戏曲大赛展演活动。

10月，市语委、市教委依托上海大学上海文化展览馆建设的上海方言文化展示体验馆开馆。

11月19日，市教委、市语委办召开"传承中华经典 厚植文化基因"上海市中华经典诵读工程推进会议。会上举行了首批20个市中华经典诵写讲基地授牌仪式和市中小学中华文化经典校本课程实验中心共建签约仪式。

2021年

1月7日，市政府召开专题会，对《上海市人民政府办公厅关于本市全面加强新时代语言文字工作的实施意见（审议稿）》进行研究。

2月1日，市政府常务会议原则同意《上海市人民政府办公厅关于本市全面加强新时代语言文字工作的实施意见》。

2月26日，市语委办召开"区域语言文字规范化水平监测行动"研讨会。

3月12日，市政府第45号令公布《上海市无障碍环境建设与管理办法》，自6月1日起实施，其中多项规定涉及无障碍语言服务。

3月12日，市政府办公厅印发《上海市人民政府办公厅关于本市全面加强新时代语言文字工作的实施意见》。

4月1日，市政府召开全市语言文字会议（视频会议），学习贯彻全国语言文字会议精神，根据本市关于全面加强新时代语言文字工作的指导性文件，部署近期语言文字工作。

4月14日，市语委、市教委启动第三届中华经典诵写讲大赛（上海赛区）比赛活动。

4月23日，《上海市志·民俗·方言分志·方言卷（1978—2010）》在验收会上通过验收。

6月28日，中共上海市委发布《中共上海市委关于厚植城市精神彰显城市品格全面提升上海城市软实力的意见》，提出"保护好吴侬软语的本土方言"。

9月3日，同济大学、上海外国语大学、上海师范大学、上海咬文嚼字文化传播有限公司入选第二批国家语言文字推广基地。

9月13日，市第24届推普周系列活动在浦东图书馆开幕。

9月17日，市人大外事委、市语委办召开国际语言环境建设立法调研座谈会。

11月5日，"党的语言文字事业百年光辉历程"上海巡展暨"党的语言文字事业在上海"展在宋庆龄陵园开展。

11月9—16日，市语委办组织开展对上海民航职业技术学院、上海视觉艺术学院、复旦大学、上海工艺美术职业学院、上海健康医学院、上海电影艺术职业学院6所高校语言文字工作达标建设的实地检查指导。

11月13日，教育部语信司指导、市教科院主办、国家语言文字政策研究中心承办的"长三角区域一体化发展中的语言治理"学术研讨会在沪举行。

11月30日，市语委办召开区语言文字工作会议，贯彻全国及全市语言文字工作会议精神，总结2021年工作，部署2022年工作。

7月—12月，市语委办组织语言文字规范化水平监测项目组，对16个区的政务、媒体、文化旅游窗口单位及公益广告语言文字规范情况进行监测，形成"一区一报告"。

图书在版编目(CIP)数据

上海语言生活状况报告.2022/张日培,赵蓉晖主编.—
北京:商务印书馆,2024
　(语言生活皮书)
　ISBN 978-7-100-23370-5

Ⅰ.①上… Ⅱ.①张… ②赵… Ⅲ.①汉语规范化—
研究报告—上海—2022　Ⅳ.①H102

中国国家版本馆 CIP 数据核字(2024)第 039768 号

上海语言生活状况报告(2022)
SHANGHAI YUYAN SHENGHUO ZHUANGKUANG BAOGAO (2022)
张日培　赵蓉晖　主编

商　务　印　书　馆　出　版
(北京王府井大街 36 号　邮政编码 100710)
商　务　印　书　馆　发　行
北京虎彩文化传播有限公司印刷
ISBN 978-7-100-23370-5

2024 年 3 月第 1 版　　　　开本 787×1092　1/16
2024 年 3 月北京第 1 次印刷　印张 15¾
定价:88.00 元